中国法学会部级课题[CLS(2018)C13]最终研究成果

南湖

法学文库

冲击与回应

智能合约在证券市场中的应用

吴京辉　李维维　王　斌　孙　琛　著

法律出版社
LAW PRESS·CHINA

北京

图书在版编目(CIP)数据

冲击与回应：智能合约在证券市场中的应用 / 吴京辉等著. -- 北京：法律出版社，2022

ISBN 978-7-5197-6845-4

Ⅰ. ①冲… Ⅱ. ①吴… Ⅲ. ①证券法－研究－中国 Ⅳ. ①D922.287.4

中国版本图书馆 CIP 数据核字(2022)第 110615 号

冲击与回应：智能合约在证券市场中的应用
CHONGJI YU HUIYING:ZHINENG HEYUE ZAI ZHENGQUAN SHICHANG ZHONG DE YINGYONG

吴京辉　李维维　王　斌　孙　琛　著

责任编辑 郑怡萍
装帧设计 贾丹丹

出版发行 法律出版社
编辑统筹 法律教育出版分社
责任校对 王晓萍　王语童
责任印制 刘晓伟
经　　销 新华书店

开本 A5
印张 9.875　**字数** 225 千
版本 2022 年 7 月第 1 版
印次 2022 年 7 月第 1 次印刷
印刷 北京建宏印刷有限公司

地址:北京市丰台区莲花池西里 7 号(100073)
网址:www.lawpress.com.cn
投稿邮箱:info@lawpress.com.cn
举报盗版邮箱:jbwq@lawpress.com.cn
销售电话:010-83938349
客服电话:010-83938350
咨询电话:010-63939796

书号:ISBN 978-7-5197-6845-4　**定价**:42.00 元

凡购买本社图书,如有印装错误,我社负责退换。电话:010-83938349

总　序

历经几回寒暑，走过数载春秋，南湖畔的中南法学在不断精心酿造中步步成长。中南法学的影响与日俱增，这离不开长江边上这座历史悠久、通衢九州的名城武汉，更离不开中南法律人辛勤耕耘、励精图治的学术精神。中南学子源于各地聚集于此，又在遍布大江南北传播法学精神，砥砺品格、守望正义的同时，也在法学和司法实践部门坚持创新、止于至善，做出了卓越的贡献。

纵观中南法学的成长史，从 1952 年 9 月成立中原大学政法学院，到 1953 年 4 月合并中山大学、广西大学、湖南大学的政法系科，成立中南政法学院，后至 1958 年成为湖北大学法律系，1977 年演变为湖北财经学院法律系，转而于 1984 年恢复中南政法学院，又经 2000 年 5 月的中南财经大学与中南政法学院合并至今，中南财经政法大学法学院已然积淀了 50 年的办学历史。虽经几度分合，但“博学、韬奋、诚信、图治”的人文精神经过一代又一代中南学人的传承而日臻完善，笃志好学的研习氛围愈发浓厚。中南法学经过几十年的积累，其学术成果屡见丰硕。“南湖法学文库”这套丛书的编辑出版，就是要逐步展示中南法学的学术积累，传播法学研究的中南学派之精神。

中南法学经过数十载耕耘，逐渐形成了自成一格的中南法学流派。中南法律人在“为学、为用、为效、为公”教育理念的引导下，历练出了自有特色的“创新、务实”的学术精神。在国际化与跨地区、跨领域交流日益频繁的今天，中南法学以多位中南法学大家为中心，秉承多元化的研究模式与多样性的学术理念，坚持善于批判的学术精神，勇于探讨、无惧成论。尤其是年轻的中南法学学子们，更是敢于扎根基础理论的研习，甘于寂寞；同时也关注热点，忧心时事，活跃于网络论坛，驰骋于法学天地。

从历史上的政法学院到新世纪的法学院，前辈们的学术积淀影响深远，至今仍给中南法学学子甚至中国法学以启迪；师承他们的学术思想，沐浴其熠熠生辉的光泽，新一辈的中南法律人正在法学这片沃土上默默耕耘、坚忍不拔。此次中南财经政法大学法学院推出这套“南湖法学文库”，作为中南法学流派的窗口，就是要推出新人新作，推出名家精品，以求全面反映法学院的整体科研实力，并使更多的学者和学子得以深入了解中南法学。按照文库编委会的计划，每年文库将推出 5 本至 6 本专著。相信在中南法律人的共同努力下，文库将成为法学领域学术传播与学术交流的媒介与平台，成为中南法律人在法学研习道路上的阶梯，成为传承中南法学精神的又一个载体，并为中国法学研究的理论与实践创新做出贡献。

晓南湖畔书声朗，希贤岭端佳话频。把握并坚守了中南法学的魂，中南法律人定当继续开拓进取，一如既往地迸发出中南法学的铿锵之声。

是为序。

吴汉东

2011 年 2 月 1 日

目　录

引　言

一、提出问题

在中国科学院第十九次院士大会、中国工程院第十四次院士大会上，习近平总书记指出："以人工智能、量子信息、移动通信、物联网、区块链为代表的新一代信息技术加速突破应用……科学技术从来没有像今天这样深刻影响着国家前途命运，从来没有像今天这样深刻影响着人民生活福祉。"[1] 习近平总书记对科学技术地位的重要论述体现出我国对科技创新的重视程度。2008 年国际金融危机以来，全球经济持续低迷，近年来全球金融市场的逐渐复苏，离不开大数据、区块链、人工智能等金融科技的强大助力。以数据、技术和算法为核心驱动力的金融科技，正在深刻改变金融行业的生态格局。[2] 也正因如此，各国的有识之士敏锐地觉察到，"人类可能也开始进入一场新的文明——数字文明——正全方位、彻底地改变着包

---

〔1〕 习近平：《在中国科学院第十九次院士大会、中国工程院第十四次院士大会上的讲话》，载中央人民政府网 2018 年 5 月 28 日，http://www.gov.cn/xinwen/2018-05/28/content_5294322.htm。

〔2〕 参见孙国茂：《区块链技术的本质特征及其金融领域应用研究》，载《理论学刊》2017 年第 2 期。

括生产、流通、消费和生活模式等各个领域”[1],数字经济时代已经来临,[2]世界各主要国家和地区纷纷出台相关的政策战略,在银行、证券等领域研究部署金融科技,开启数字化转型之路。[3]

区块链技术是金融科技的典型代表。2019 年 10 月 24 日,习近平总书记主持召开中共中央政治局第十八次集体学习时,就发展区块链技术的重要意义、区块链的发展方向等做出了深刻阐释,并对区块链技术的未来发展做出重要部署。[4] 实际上,区块链技术早在 2016 年便被纳入《“十三五”国家信息化规划》,如今已经“衍生为新业态,成为经济发展的新动能”[5]。作为运行在区块链上的一段自动执行的计算机代码,智能合约是区块链的核心构成要素,具备自治、自足、去中心、条件触发、自动执行等技术特性,与以高效率、低成本、交易安全为价值取向的证券市场存在天然契合,应用于证券市场

---

[1] 杨东:《监管科技:金融科技的监管挑战与维度建构》,载《中国社会科学》2018 年第 5 期。

[2] 从发展规模与发展趋势上来看,G20(二十国集团)国家的数字经济总量早在 2017 年就已经达到 26.17 万亿,相比 2016 年 24.09 万亿的总量规模,增长率高达 8.64%,显现出快速增长的态势,并且相比于其在 2017 年的 GDP 增速,数字经济规模增速要高约 2.12 个百分点,数字经济引领整体经济增长的趋势日益明显。数据参见中国信息通信研究院:《G20 国家数字经济发展研究报告(2018)》,载中国信通院网 2018 年 12 月,http://www.caict.ac.cn/kxyj/qwfb/bps/201812/t20181218_190857.htm。

[3] 根据 OECD(经济合作与发展组织)发布的报告《2016 经济合作与发展组织数字经济展望》所示,截至 2015 年,在 OECD 的现有成员中,已有 80% 以上的国家制定了有关发展数字经济的国家战略或部门政策。参见杨东:《区块链 + 监管 = 法链》,人民出版社 2018 年版,第 30 页。

[4] 参见金佳绪:《政治局集体学习专议这项技术发展,习近平有何深远考量》,载新华网 2019 年 10 月 29 日,http://www.xinhuanet.com/politics/xxjxs/2019-10/29/c_1125164384.htm。

[5] 工业和信息化部信息中心主编:《2018 年中国区块链产业白皮书》,载工业和信息化部网络安全产业发展中心(工业和信息化部信息中心)网 2018 年 5 月 21 日,http://www.miitxxzx.org.cn/art/2018/5/21/art_3_57.html。

能够实现自动化、去中心化的证券发行、交易和登记结算，进而提高证券市场融资效率、降低融资成本，带动证券市场“脱虚向实”，服务实体经济。

当前，随着纳斯达克区块链私人股权交易系统、Symbiont 公司智能合约证券发行交易平台的推出，以及澳大利亚区块链证券结算系统、加拿大央行区块链证券清算结算系统相继测试成功，智能合约在证券发行、交易和登记结算领域应用的潜质日益凸显。在我国，虽然智能合约的应用目前多处于概念验证阶段，尚未大面积展开，但鉴于智能合约与我国正在推行的以信息披露为中心的证券发行注册制之间存在天然契合，能够满足证券交易领域在效率、风险控制等方面的需求，实现对以中央登记、二级托管、中央对手方清算、净额结算为主体的证券登记结算体系的优化替代，并为我国证券市场长期存在的信息不对称、信任缺失、监管不到位、融资成本高昂等问题的解决提供新的思路。可以预见，智能合约在我国证券市场应用的前景可期，将为我国证券市场高效化、市场化改革的推进增添新的动力。

尽管智能合约在证券市场的应用具有诸多优势，但智能合约的应用毕竟颠覆了证券市场现有的主体结构、发行交易模式和法律关系，且智能合约本身还存在漏洞和隐患，法律属性、纠纷解决机制也尚不明确，因而智能合约的应用也可能给证券市场带来一系列技术风险，并对证券市场的法律体系和监管体系提出不小挑战。习近平总书记强调，“金融安全是国家安全的重要组成部分，是经济平稳健康发展的重要基础”[1]。证券市场具有风险点多面广的特点，易发生系统性金融风险，对安全性和稳定性有较高要求，因而为了减少智能合约在证券市场应用的负面影响，充分发挥智能合约在提高证券

---

〔1〕《习近平主持中共中央政治局第四十次集体学习》，载中央人民政府网 2017 年 4 月 26 日，http://www.gov.cn/xinwen/2017-04/26/content_5189103.htm。

市场透明度、融资效率、服务实体经济能力等方面的作用,智能合约在证券市场的落地应用必须以风险防范为基础。同时,法治是现代社会的秩序保证,只有符合法治的智能合约技术应用,方为证券市场未来发展的根本依托。基于此,为了确保智能合约能够依法合规地应用于证券市场,有必要厘清智能合约在法学层面的性质与定位,夯实智能合约与证券市场结合的法律根基。

本书依据习近平总书记在2019年中央政治局第十八次集体学习"加快推动区块链技术和产业创新发展,积极推进区块链和经济社会融合发展"[1]之讲话,基于香港证券交易所、深圳证券交易所、上海证券交易所有关"区块链+证券安全管理、清算结算"的探索试验,以及纳斯达克区块链私人股权交易平台Linq、澳大利亚证券交易所区块链结算系统的实践经验,探究智能合约在证券发行、交易和登记结算环节应用可能引发的风险,剖析智能合约应用对证券法律制度和监管制度带来的冲击和挑战,并提出相应的法律对策和监管对策,从而为监管机构调适与变革监管体系以有效应对智能合约带来的新型市场格局和金融风险提供参考,为立法机构重构面向金融科技的证券法律制度提供新思路,进而推动我国证券市场国际化、市场化、高效化改革的不断深化,打造数字经济新优势。

二、研究意义

作为区块链典型应用的智能合约,具备自治、自足、去中心、自动执行等技术特性,能够给证券市场带来市场结构与交易流程的全面优化,满足当前我国经济发展新旧动能转换、数字经济时代基础设施全面布局的时代需要,符合我国推进科创板、证券发行注册制改革的证券市场

[1] 《习近平主持中央政治局第十八次集体学习并讲话》,载中央人民政府网2019年10月25日,http://www.gov.cn/xinwen/2019-10/25/content_5444957.htm。

发展趋势，为我国进一步改造传统金融行业基础设施，提高证券行业创新能力，破解中小企业融资困境，以及打造数字经济新优势提供了契机。

机遇与风险并存。搭载于区块链之上的智能合约在证券市场具有广阔的应用前景，但智能合约的技术应用不会改变证券业务的实质与证券市场的风险本质，金融风险的潜在性、叠加性、传染性和扩散性等特征依旧显著。同时，由于智能合约具备去中心、自动执行等特性，智能合约应用下的证券发行、交易和登记结算将以自动化、点对点、数字化、匿名化的方式进行，不再需要证券登记结算机构、证券公司、银行等中介机构的参与，用于交收交割的证券和资金也不再是传统电子化证券和货币，而是数字证券和数字货币。由此，将智能合约引入证券领域，不仅可能诱发证券丢失、信息泄露、算法操纵市场、发行失败等风险，还可能从证券权利表彰形式、证券登记结算法律关系、证券种类等角度冲击证券法律规范，从监管体制滞后、监管依据缺乏、监管对象模糊、监管手段失灵、监管主体弱化五个方面挑战证券监管体制，并从数字货币合法性问题、反洗钱机制弱化两个方面冲击银行法律制度和反洗钱法律制度。

当前，虽然智能合约的技术方案还存在进步空间，但智能合约在证券市场的应用优势与未来前景已展露无遗，应用实践也正在陆续展开。在此背景下，我国应当牢牢把握数字时代的发展机遇，积极推进智能合约在证券市场的应用。但不容忽视的是，金融稳定与金融安全问题一直是我国的关注重点，党的十九大报告强调，“健全金融监管体系，守住不发生系统性金融风险的底线”[1]。智能合约在证

---

〔1〕 习近平：《决胜全面建成小康社会　夺取新时代中国特色社会主义伟大胜利——在中国共产党第十九次全国代表大会上的报告》，载中央人民政府网2017年10月27日，http://www.gov.cn/zhuanti/2017-10/27/content_5234876.htm。

券市场中的创新应用,必须要关注金融稳定,重视金融风险的防控问题。在未来新型的、以技术驱动的证券市场环境中,为了充分发挥智能合约在推动证券市场市场化、高效化、安全化和国际化等方面的作用,有必要关注智能合约应用后证券市场环境发生的新变化,以及因新技术应用与传统证券法律制度不相适应而产生的新风险,并在此基础上形成一套完整的区块链智能合约法律制度,构建面向智能合约技术的证券法律制度、银行法律制度、反洗钱法律制度、监管对策和风险防范措施。[1]

随着澳大利亚证券交易所区块链结算系统、德意志证券交易所区块链证券结算项目、俄罗斯国家结算存管机构区块链代理投票系统的测试成功,以及纳斯达克区块链私有股权交易平台 Linq 的落地应用,智能合约在提高证券市场融资效率、降低融资成本方面初见成效,国内外有关"区块链智能合约 + 证券市场"的结合研究也在如火如荼地展开。不过,现有研究虽已有相当基础,但直接针对"智能合约 + 证券市场"的研究尚不多见。同时,现有研究大多从金融学的角度论证智能合约在证券市场应用的优势,从法学角度分析智能合约应用于证券市场的风险与挑战并提出相应的法律对策的研究寥若晨星,无法为"智能合约 + 证券"行业的发展提供充足的理论支撑。

本书以"智能合约 + 证券市场"的现有研究为基础,整合区块链智能合约技术与证券市场法律制度的相关理论与学说,分析智能合约应用于证券市场的理论基础,揭示智能合约应用下我国证券市场可能面临的技术风险和法律风险,在比较法视阈下探寻智能合约应用于证券领域的法律规制进路,并对我国证券法律制度、银行法律制度、反洗钱法律制度、证券监管制度的修改完善,以及区块链智能合

---

〔1〕 参见张凌寒:《风险防范下算法的监管路径研究》,载《交大法学》2018 年第 4 期。

约基础法律规范的构建提出建议。

其理论意义在于：一方面，弥补我国在智能合约与证券法律制度结合研究方面的不足，提升面向金融科技的证券法理论研究水平，助推我国占领“智能合约 + 证券法”的研究高地；另一方面，为我国传统证券法理论研究注入新的内涵，丰富和繁荣我国的证券法理论。

其现实意义在于：降低制度因素对技术运用正效用的减损，为我国“智能合约 + 证券”行业的发展提供制度保障，为证券法律制度的完善提供参考，为市场主体和监管部门防范金融风险提供思路，进而推动我国证券法律制度优化升级，推动证券市场更好地服务于实体经济。

三、文献综述

区块链技术因比特币的发展而勃兴，当区块链技术发展到2.0时代（梅兰妮 · 斯万，2018 年），智能合约自动执行的技术优势便显露无遗，智能合约开始进入研究者的视野。凭借条件触发、自动执行、自治、自足、去中心等技术特性，智能合约能够满足证券业对于效率、安全、风险控制等价值目标的追求，在证券市场具有广阔的应用空间。但从现有研究来看，智能合约与证券市场的结合研究尚属初步，直接面向“智能合约 + 证券市场”的研究成果相对较少。综合而言，现有研究成果聚焦以下三个方面：

（一）智能合约在证券市场的应用前景

学者们主要以智能合约技术自动执行、去信任化、去中心化等特征为基础，剖析智能合约在证券市场的应用规律，探究智能合约对证券市场效率低、成本高、行政色彩浓厚等缺陷的弥补，从而分析智能合约在证券市场的应用前景。

基于智能合约去中心、去信任、自动执行、不可篡改的技术优势，罗威（2018 年）、姚国章等（2016 年）指出，智能合约有助于解决传统证券交易系统网络攻击抗性低、系统及技术风险监管压力大、资本合规性检查开支费用高等问题;赵旭(2018 年)、崔志伟(2019 年)、郭艳等(2017 年)提出,智能合约有助于构建高效率、低成本的新型协作机制,并能有效降低证券交易的出错概率与证券交易双方的违约风险,规避欺诈、操纵等明显违法行为;Michael Mainelli、Alistair Milne(2016 年),Eric wall、Gustaf Malm(2016 年)认为,智能合约能够实现共享组织间流程和交易的高度自动化,允许创建新的、无信任的市场,能够在不依赖中介机构的情况下实现托管、代理、清算的功能;Larissa Lee(2016 年)提出,智能合约应用下的证券即时结算,能够减少欺诈和裸卖空行为的发生,进而增加证券市场的整体稳定性;李淼焱等(2017 年)认为,智能合约应用于证券市场能够实现证券登记结算的自动化,使证券登记结算不再需要人工的干预,从而有助于消除结算指令错误、账户错误等常见人工操作差错;何诚颖(2018 年)主张,智能合约的应用实现了交易即结算,大幅降低了因一方违约而导致的违约风险的发生概率;The Chamber of Digital Commerce(2016 年)、曹锋等(2017 年)提出,智能合约的应用促使证券交易当天即结算("T+0")、股票交割自动化得以实现,从而大幅提升了资产的流动性;万国华、孙婷(2018 年)、刘瑜恒、周沙骑(2017 年)认为,借助智能合约,证券区块链网络能够实现证券市场交易者之间的自动配对与撮合成交,甚至能够拓展应用到资产证券化等长链条业务中实现跨界协同;何人可(2020 年)指出,智能合约应用下的证券市场可以通过机器自动判断触发证券交易、清算和交收的执行,在提高证券市场交易效率的同时,也有利于跟踪审计;WFE(2016 年)、ESMA(2016 年)、ECB(2017 年)等国际组织则在研究报告中指出,私募证券、清算交收等证券品种和业务环节是智能合约应用落地的最佳切入点。

此方面的研究表明,智能合约能够显著提升证券业的安全性和高效性，在证券市场具有广阔的应用前景，这不仅为本书的研究提供了逻辑起点，也加深了本书对智能合约在证券领域应用规律的理解，对本书揭示智能合约在证券市场应用的逻辑和模式具有重要参考价值。

（二）智能合约在证券市场应用引发的风险及法律问题

目前，学者大多认为，基于证券法律制度的滞后性以及区块链智能合约技术本身的技术漏洞，智能合约的应用将给证券领域带来新的风险，并对证券法律制度提出不小的挑战。具体而言：

针对智能合约应用可能引发的法律问题，蔡一博（2019 年）、余成峰（2018 年）指出，智能合约的应用已经对原有私法体系造成了冲击，正在持续改变法律的功能形态，并从根本上导致法律功能独特性的丧失；夏庆峰（2019 年）指出，智能合约在商业交易中可能出现受法律特殊安排财产的自动执行问题、合同漏洞产生的追责问题、合同争议管辖权问题等适用困境；卜学民（2019 年）则认为，智能合约缺乏法律规范、结算主体责任不清，将是智能合约在证券登记结算领域应用可能面临的主要法律问题；李瑞雪（2020 年）主张，去中心化的智能合约与包括证券市场在内的金融市场中多元主体集中式管理存在矛盾之处；William Magnuson（2018 年）认为，由于智能合约等金融科技依靠非实体机构与复杂的算法运作，实体义务、惩罚机制以及声誉约束等传统监管工具会失去效用。

针对智能合约应用可能引发的风险，蔡然（2018 年）认为，智能合约不断产生正向反馈，会加速市场价格的波动，进而扰乱市场稳定；王延川（2019 年）则指出，智能合约对交易方意志的弱化和对中心化架构的消解，可能引发基于自身构造的代码瑕疵、代码漏洞以及交易双方毁约权丧失等风险；韩璇等（2019 年）、欧阳丽炜等（2019 年）结合智能合约的基础架构模型，指出智能合约应用在隐私、法律、安全、机制设计、性能等方面存在风险;顾功耘(2012 年)、张才琴、金琦雯(2014 年)则将目光聚焦到高度电子化的证券交易模式,探讨智能合约应用可能出现错误交易风险以及交易异常情况的处置风险;邢会强(2016 年)、吴燕妮(2018 年)、梁建(2016 年)从黑池交易、高频交易切入,探究高速网络条件下自动化证券交易可能存在的信息风险、市场操纵风险;常健等(2018 年)认为,由于区块链智能合约的应用实现了自动结算和实时结算,证券结算将无法撤回,从而可能对投资者保护和金融欺诈的预防带来极大挑战。

可以看出,此方面的研究已经开始关注到智能合约应用下自动化、去中心化证券发行交易模式所引发的证券市场风险问题,也对智能合约应用下证券市场面临的法律问题展开了初步探究,从而不仅为本文进一步分析智能合约应用下证券市场面临的风险奠定了基础,也为本文深入研究智能合约应用对证券法律制度带来的冲击和挑战留下了空间。

(三)智能合约等金融科技在证券市场应用的法律对策

智能合约等金融科技的应用对证券法律制度和监管制度提出了新的要求。面对智能合约等金融科技对传统金融监管体制的挑战,为保障包含智能合约在内的金融科技在证券市场等金融领域的应用,杨松、张永亮(2017 年)指出,对金融科技的监管要从"命令—控制型监管"转向"调适性监管",并可采取"监管沙盒"这一创新监管方式;李伟(2018 年)、杨东(2018 年)则强调,运用监管科技是应对金融风险新形势、解决金融监管"瓶颈"、降低机构合规成本、顺应大数据时代变革的需要,智能合约等金融科技应用的背景下,应在传统审慎、行为等监管维度之外增加科技维度;张成岗(2018 年)认为应坚持技术与社会的"良性互构",完善智能合约的规则和机制设计;周仲飞、李敬伟(2018 年)、朱娟(2018 年)提出,金融监管范式应在监管理念、监管体制、规则制定、规则实施等具体方面作出转变，以构建我国区块链金融法律规制体系；袁康（2017 年）则从证券交易过程的监管入手，指出应当建立智能合约与法律合约的协调机制、监管审查机制和自动终止与修复机制；基于区块链智能合约在证券市场应用可能引发的技术风险和监管风险，翟晨曦等（2018 年）从证券市场基础设施、交易过程、交易后三个维度提出了监管对策；Geranio M.（2017 年）、European Central Bank（ECB，2016 年）基于区块链智能合约应用于证券登记结算可能诱发的技术不成熟、法律和治理机制缺失等问题，提出应当制定区块链统一标准，并解决证券记录的合法性和有效性问题；李俊（2017 年）则认为，赋予数字货币和数字资产合法地位，解决智能合约法律效力难以确认等问题，是区块链、智能合约技术在金融领域应用的前提。

该方面的研究关注到智能合约等金融科技应用对传统证券法律规范和监管制度、监管模式带来的冲击与挑战，开始针对技术应用带来的新要求重新设计法律方案。上述研究有助于本书从宏观上把握智能合约应用背景下证券法律制度和监管制度的调整方向与回应思路，为本书应对智能合约应用诱发的技术风险和法律风险提供了部分思路，为本书探究智能合约证券行业的法律保障机制奠定了基础。

从更广泛的意义上来看，智能合约在证券市场的应用风险与法律应对背后还体现着代码与规则、技术与法律间的互动关系以及网络空间治理等深层次问题，故而相关的研究也应当包括在内：郑戈（2018 年）认为，区块链和智能合约技术具有改变技术与法律边界、形成新治理模式的潜质，但也可能威胁到法律的平等、公正等非效率价值；季卫东（2018 年）指出，在现代法治体制面前，智能合约等技术都只是实现合法正义的辅助手段，切不可在司法裁判中本末倒置；面对智能合约等算法技术带来的风险，陈景辉（2018 年）、张凌寒（2018

年)认为预防原则应当成为法律因应科技风险的正确姿态,故而需要实行内容与算法并重的双轨审查机制,设立平台责任与技术责任双轨并行的责任体系,合理限制算法的生产性资源数据的收集和使用;石超(2020年)提出,为确保区块链等金融科技的有序应用,应当建立以共识协议为基础的共建共享网络法律治理模式,由利益相关者实现合作治理、自律监管;Philipp Paech(2017年)指出,无论是传统法律治理,还是区块链内部规则治理,均无法实现对区块链、智能合约技术的有效规制,集合了法律治理和区块链内部规则治理的技法融合共治方为规制区块链智能合约技术的最佳选择;Primavera De Filippi(2018年)进一步提出,技法融合共治支持将法律规则转换为区块链内部规则,从而能够实现从事前阻止违法行为的发生,弥补传统法律治理在事前防范方面的不足;汪青松(2019年)则认为,区块链、智能合约应用的背景下,有必要构建以平台为中心的监管与归责体系,并合理配置平台的中心角色与节点之间的义务关系;着眼于网络社会去中心化以及参与主体之间的强互动性等特征,熊光清(2017年),李有星、王琳(2019年)认为,多中心协同治理模式可以有效运用到网络社会治理过程中,并在此基础上提出了引入多元主体、多元规范、多元机制的合作治理模式。

总体而言,国内外现有研究对智能合约应用于证券市场的优势、风险和监管挑战进行了初步研究,也涉及了智能合约应用下证券监管制度的完善路径,对本文探索智能合约应用于证券领域的法治化进路具有重要的参考价值,但仍存在进一步探讨的空间:第一,现有关于“智能合约+证券”的应用研究,学科壁垒还较为明显,法学视角的应用研究尚不充分,诸多研究落脚于智能合约在证券市场应用的优势,对智能合约引入证券市场可能引发的风险尤其是法律风险认识不足,未能结合智能合约证券系统的运行规律,全面细致地分析

"智能合约 + 证券"与现有证券法律规则的龃龉,难以为智能合约应用下证券法律制度的完善提供坚实的理论支撑。第二,有关智能合约应用于证券领域的体系化法律对策付之阙如,相关探讨较为原则和宏观,缺乏面向证券市场业务的实操针对性;相关探讨大多从监管措施以及区块链智能合约技术规范层面提出法律对策,未对证券法律规则的完善予以必要关注;同时,相关研究中欠缺系统性的思考,难以据此推进智能合约应用背景下证券市场法律制度与监管框架的系统性调整。

本书在我国鼓励金融科技创新、推动资本市场改革、防范化解金融风险的大背景下,整合智能合约技术与证券法律制度的相关理论和学说,剖析智能合约应用于证券领域的理论基础,揭示智能合约应用下我国证券法律体系可能面临的法律风险,在比较法视阈下探寻智能合约应用于我国证券市场的法律规制进路,并对我国证券法律制度、银行法律制度、反洗钱法律制度的修改,以及区块链、智能合约基础法律规范的构建提出建议,这对于我国证券市场的健康发展而言意义巨大。

四、研究方法及创新点

(一)研究方法

鉴于智能合约在证券市场中的应用研究事关证券法理论与证券实务间的互动沟通,涉及法学、计算机科学与金融学等学科间的对话交流,具有多领域、多学科交叉的混合属性,故本书也综合运用了多种研究方法:

1. 文献研究方法。搜集整理、认真研读有关智能合约与证券市场的国内外文献资料,构建智能合约应用于证券市场的基础理论框架。

2. 规范分析方法。系统梳理国内外证券法律制度与证券监管政策概况,重点关注有关智能合约等金融科技应用监管的前沿动态。

3. 比较分析方法。分析智能合约应用条件下证券市场运作模式与传统运作模式的异同,以及基于智能合约的证券发行与 ICO 之间的异同,以便我们正确理解智能合约在证券领域的应用规律,从而分析出最符合我国国情的法律规制路径。

4. 案例研究方法。搜寻智能合约在证券市场中的探索实践与应用案例,考察"智能合约 + 证券"的运作机制与实践效果。

(二)创新点

1. 学术思想上的创新。突破现有部分研究中单纯将智能合约视为一种技术方案的局限性观点,本书关注智能合约所蕴含的能够对传统证券法律制度与证券监管制度造成冲击与挑战的"破坏因子",不仅对智能合约应用下证券市场的风险暴露予以充分关注,而且更加重视证券市场风险防范的现实需要,从证券法律制度、证券监管制度、银行法律规范、反洗钱法律规范、区块链智能合约基础法律规范五个方面入手,构建面向智能合约应用的法律回应。

2. 学术观点上的创新。对于证券市场存在的成本高、风险频发、环节复杂等问题,单纯依赖证券法的修改,抑或是智能合约技术的应用都无法完全予以解决。基于此,本文试图在技法融合共治思想的指引下提出我国证券法律制度的优化路径,最大限度激发智能合约在提升证券市场安全性、高效性、国际性等方面的优势,积极汲取区块链自治在事前预防违法行为发生、事中控制证券发行交易及登记结算流程方面的益处,充分发挥法律治理在保障智能合约规范应用和为投资者提供事后救济方面的作用。

3. 研究方法上的创新。考虑到证券市场中智能合约应用研究跨学科、跨领域的交叉属性,本文借鉴采纳了法学、金融学、计算机科学等多个学科领域的理论观点与研究方法,力求避免单学科研究视野不够开阔的问题。

第一章　智能合约的基本原理

20世纪产生于计算机领域的智能合约，随着以太坊的出现而勃兴，近年来已经逐渐成为炙手可热的金融科技。国际金融学会在2016年发布的研究报告《区块链上的智能合约》中指出，智能合约有利于提高证券清算效率、创新保险产品、增加交易透明度，在改进商业和金融领域的运作模式方面具有巨大潜力。[1] 经过多年的理论研究与实践探索，智能合约在证券市场的运用已然具备了一定的理论根基与实践基础。不过，智能合约毕竟是一项新兴技术，具有极强的专业性，因而为了便于我们深入分析智能合约与我国证券市场的契合，充分理解将智能合约引入证券市场可能带来的变革和法律风险，有必要先对智能合约的运行环境、运行原理、技术特性、法律属性进行梳理。

第一节　智能合约的运行环境

智能合约最初的模型来自自动售货机——一种自动执行业务操

〔1〕 参见王文君：《金融智能合约技术性与合法性的功能主义检视》，载《金融发展研究》2021年第3期。

作的工具,购买者向售货机投入货币并选择商品,售货机便会自动提供商品并找零。基于这一原理,尼克·萨博于 1994 年提出了智能合约概念,即"一套以数字形式定义的承诺(promises),包括合约参与方可以在上面执行这些承诺的协议"[1]。不过,由于缺乏可信的执行环境,尼克·萨博提出的智能合约一直未能付诸实践。直到区块链技术的出现,智能合约才得以从概念走向实践,并且有了更加丰富的内涵。一方面,区块链技术集合的时间戳工具能够确保交易的唯一性和有效性,从而为智能合约的运行提供可信的验证机制和存储结构;另一方面,智能合约也成为区块链上的关键技术,在诸多区块链应用中发挥着不可或缺的作用。智能合约通过主动或被动地处理数据,可以控制或管理各类链上资产,完成价值的传递和转移,从而保证链上资产与链下资产的安全交互。[2] 可见,作为区块链 2.0 时代的典型应用,智能合约与区块链技术密不可分,属于互补和共生的关系。[3] 概言之,"智能合约的运行是以区块链技术为基础的,其去信用化是依靠区块链技术来实现的"[4],因而要想真正理解和认识智能合约技术,就必须先厘清区块链的核心技术、本质和特征。

一、区块链的核心技术

区块链最早是由中本聪提出的一种包含分布式数据存储、时间

---

[1] Nick Szabo, *Smart Contracts: Formalizing and Securing Relationships on Public Networks*, First Monday (Sept. 1, 1997), http://doi.org/10.5210/fin.vziq.548.

[2] 参见贺海武、延安、陈泽华:《基于区块链的智能合约技术与应用综述》,载《计算机研究与发展》2018 年第 11 期。

[3] See Whitepaper, *Smart Contracts and Distributed Ledger*, ISDA (Jan. 3, 2019), https://www.isda.org/a/6EKDE/smart.contracts-and-distributed-ledger-a-legal-perspective.pdf.

[4] 何人可:《基于区块链的智能合约在金融领域应用及风险防控》,载《理论探讨》2020 年第 5 期。

戳工具、点对点网络、加密算法等计算机技术的新型应用模式，[1]是分布式账本、智能合约、共识机制、非对称加密等多项技术的集合。《中国区块链技术和应用发展白皮书(2016)》中便将区块链界定为："分布式数据存储、点对点传输、共识机制、加密算法等计算机技术在互联网时代的创新应用模式。"[2]正是因为集合了上述四大核心技术，作为新型信任机制的区块链，才得以在没有可信第三方的参与下，实现分布式节点之间的数据存储、验证和传递，甚至是价值的交换。

(一)分布式账本

分布式账本是一种能够提供不可变、可共享、存储于多个位置的交易记录的数据库技术，是区块链领域应用最为广泛的技术。区块链在溯源验证、司法存证、供应链管理、电子票据等领域的应用，基本都依赖于分布式账本技术。[3] 分布式账本不仅为区块链提供了数据实时共享、数据不可篡改等优点，也在塑造区块链去信任化特征中发挥了基础性作用，是区块链得以应用于证券领域的关键。

较之于传统集中式数据库，分布式账本具备以下特征：(1)数据分布式存储。在数据的存储方面，不同于传统集中式数据库将所有数据保存在同一个位置上，分布式账本是将数据进行备份后，一致地存储在多个相连的位置上的，因而不容易受到网络攻击，也不会像传统集中式数据库那样因中央服务器故障而发生数据丢失。(2)数据

---

[1] See Craig S Wright, *A peer - to - peer electronic cash system*, The Cryptography Mailing List(Aug. 21, 2008), https://papers.ssrn.com/sol3/papers.cfm?abstract_id=3440802.

[2] 中国区块链技术和产业发展论坛编写：《中国区块链技术和应用发展白皮书(2016)》，载中国区块链技术和产业发展论坛网 2016 年 10 月 18 日，http://www.cbdforum.cn/bcweb/index/article/rsr-6.html。

[3] 参见苏宇：《区块链治理的政府责任》，载《法商研究》2020 年第 4 期。

集体维护。在数据的访问和写入方面,传统集中式数据库往往仅允许受信任的管理员对数据进行读写操作,而在分布式账本中,数据是由所有节点共同维护的,所有节点均有权对数据进行读写操作,即分布式账本具有较强的公开性和透明性。[1] (3)数据不可篡改。在数据的修改方面,传统集中式数据库可由受信任的管理员单独进行,但在分布式账本中,除非经过51%以上节点的同意,否则任何主体均不能对分布式账本中的数据进行修改。而在实践中,取得51%以上节点的同意不仅难以实现,也不经济,因而分布式账本一般是难以被操控或者篡改的,具有较高的可信性。[2]

(二)智能合约

智能合约是区块链的核心构成要素,本质上是运行在区块链上的一段自动执行的计算机代码,由"if X then Y"语句构成,就理论上而言,只要合同双方在智能合约中对双方的权利义务、执行条件和执行规则等进行了设置,一旦特定的执行条件X被满足时,智能合约便会依照预先设定的执行规则自动执行,从而产生结果Y。[3] 以智能合约创始人尼克·萨博所使用的经典例子来说明:当买家把足额硬币投入自动售货机,机器内部预设的买卖合同即成立,出货指令会被自动激活,此时自动售货机会自行吐出货品以完成交易。由此,智能合约的执行条款都是预先订立的,一旦触发自动运行,任何主体均无法对其进行干预。同时,智能合约的执行具有较高的准确性与一致

---

〔1〕 See Alistair Milne & Michael Mainelli, *The Impact and Potential of Blockchain on the Securities Transaction Lifecycle*, SWIFT Institute Working Paper(May 9, 2016), https://papers.ssrn.com/sol3/papers.cfm?abstract_id=2777404#.

〔2〕 参见汪青松:《区块链系统内部关系的性质界定与归责路径》,载《法学》2019年第5期。

〔3〕 See Morgan N. Temte, *Blockchain Challenges Traditional Contract Law: Just How Smart Are Smart Contracts*, 19 Wyoming Law Review 87 (2019).

性，因为相同条件的指令输入会导向标准一致的指令输出，执行结果不差分毫。

智能合约是一种嵌入式程序化合约，具备数据存储、链上智能资产管理、价值存储和发送等功能。[1] 如果说“互联网之于信息流动的重要意义，正如一个世纪前，跨州铁路之于货物流通的重要意义”[2]，那么智能合约之于价值传递，也具有同样重要的地位。依托链上节点共同维护的可靠数据库，智能合约能够有效保障交易数据的真实性与完整性，而凭借去中心、去信任、高效运行、自动执行等技术特性，智能合约能够提供高效安全的信息交互与价值传递。同时，智能合约通过条件触发与自动执行精准执行交易命令，达成交易目的，不仅满足了证券市场运行的内在需求，还解决了传统互联网内生性的“基于信用模式”的弱点。此外，智能合约所提供的由技术背书的强信任机制，有效降低了金融活动价值转移时的成本，[3] 奠定了证券交易的信用基础。

（三）非对称加密

“非对称加密是为满足安全性需求和所有权验证需求而集成到区块链中的加密技术。”[4] 非对称加密使用一对公钥和私钥实现对数据的加密和解密，其中公钥具有公开性和非专属性，由交易见证者持有，私钥则具有非公开性和专属性，由交易双方当事人单独保管。非对称加密技术与对称加密技术的最大不同在于，一旦数据经私钥

---

〔1〕 参见贺海武、延安、陈泽华：《基于区块链的智能合约技术与应用综述》，载《计算机研究与发展》2018 年第 11 期。

〔2〕 John Markoff, *Building the Electronic Superhighway*, Business, New York Times (1993).

〔3〕 参见常健、罗伟恒：《论区块链技术下我国互联网金融法律的制度演化》，载《北京行政学院学报》2018 年第 6 期。

〔4〕 袁勇、王飞跃：《区块链技术发展现状与展望》，载《自动化学报》2016 年第 4 期。

或者公钥加密,只有通过对应的私钥或者公钥对该加密进行解密后,才能对该数据进行访问和查看。同时,公钥是通过椭圆曲线算法由私钥生成的,具备不可逆的特性,任何人均无法通过公钥推算出与其对应的私钥。得益于此,区块链网络中的数据安全可以得到充足保障,毕竟只有持有私钥和公钥的参与双方才能访问和查看相关数据,因而区块链系统中的数据泄露风险和数据篡改风险比降低。同理,如若将非对称加密技术应用于交易环节,使用户以公钥作为银行收款账户,以私钥进行数字签名,则区块链上的交易的安全性和可信性也能得到极大保障。[1]

非对称加密技术是区块链的关键组成部分,目前主要被用于信息加密、数字签名、登录认证等场景。在信息加密场景中,当信息发送者利用信息接收者的公钥对信息进行加密后,只有持有私钥的信息接收者才能对该信息进行解密和查看。在数字签名场景中,信息发送者用自己的私钥对信息进行加密后,信息接收者使用信息发送者的公钥对该信息进行解密,以此确认信息源于信息发送者。在登录认证场景中,客户端会使用私钥对登录信息进行加密,服务器接收到登录信息后用客户端的公钥进行解密和认证。

(四)共识机制

共识机制是所有记账节点共同维护区块链账本的规则,是区块链的基层协议内容,主要包括工作量证明和权益证明两种。工作量证明将记账权赋予算力最高的节点,因而要想攻击或者篡改区块链中的数据,必须拥有强大的算力,并付出巨额的成本——特定的计算硬件和大量的电力供给。权益证明则是将记账权赋予区块链中权益

---

〔1〕 See Claire Henly & Sam Hartnett et al., *Energizing the future with blockchain*, 39 Energy Law Journal 197 (2018).

最高的节点，此时节点如若要对区块链中的数据进行修改，不仅需要拥有最高的权益——币龄，还会消耗一定的币龄。因此，无论是在工作量证明机制下，还是在权益证明机制下，任何试图修改数据的行为将是不经济和难以实现的。[1] 这意味着，区块链中的数据极具真实性和可靠性。一言以蔽之，共识机制不仅有益于破解区块链节点之间的信任问题，也有助于区块链去信任化和不可篡改特征的形成。

二、区块链的本质与特征

诚然，区块链技术是智能合约、非对称加密等多项技术的集合，但从本质上来讲，分布式账本技术才是区块链最核心、最基础的技术。作为一种集体维护的分布式数据库，区块链能够借助非对称加密技术保证数据传输和访问的安全性，利用共识机制确保数据生成和更新的准确性，并凭借智能合约实现数据的自动化编程和操作。[2] 在此基础上，区块链技术具备以下基本特征：去信任化和去中心化、客户数字化、不可篡改性。

（一）去信任化和去中心化

去信任化是区块链技术的本质特征，2015 年发表在《经济学人》上的一篇文章便将区块链技术称为"信任机器"。[3] 当然，去信任化并不是说区块链系统不再需要信任，而是指区块链仅通过技术背书就能解决主体之间的信任问题，不再依赖物的担保以及传统中心化权威机构的信任背书。具体而言，由于区块链网络中的所有信息都

---

〔1〕 See Pinna Andrea & W Ruttenberg, *Distributed Ledger Technologies in Securities Post – Trading Revolution or Evolution?*, ECB Occasional Paper 172(April, 2016), https://www.ecb.europa.eu//pub/pdf/scpops/ecbop172.en.pdf.

〔2〕 参见赵刚：《区块链技术的本质与未来应用趋势》，载《人民论坛 · 学术前沿》2018 年第 12 期。

〔3〕 参见郑戈：《区块链与未来法治》，载《东方法学》2018 年第 3 期。

会在经过各节点的验证后,被保存在可追溯、不可篡改和公开透明的分布式账本上,即使不借助中心化的权威机构,区块链上的数据和交易的真实性、唯一性与透明性也能够得到充足保障,区块链网络中各个节点之间的信任问题也就随之得以解决。[1]

同时,由于区块链是一个分布式的信任系统,通过技术背书而非中心化的权威机构来构建信任关系,因此区块链技术也具备去中心化特征。区块链的去中心化特征一方面表现为区块链中的每个节点都保存有一份数据副本,任何节点丢失数据或者遭受攻击都不会对其他节点造成影响,另一方面则表现为区块链中的交易是无须依赖第三方权威机构或者中介机构的点对点交易,这与目前需要诸多中介机构参与的中心化金融交易模式大相径庭。

(二)资产数字化

区块链是数字化资产的分布式账本,其运行需要数字化资产的支持,"智能合约中最为重要的一环是资产上链"[2]。只有实现了资产数字化——现实世界中的房产、土地、股权等资产均以数字化的形式上链,区块链交换价值、创造价值的功能才能得以发挥,智能合约不依赖人工干预的自动执行特征才能得以凸显。是以,资产数字化不仅是区块链的重要特征,也是区块链系统正常运行的根基。可以预见,随着区块链技术的日臻完善,未来社会全部资产的所有权与使用权都将通过货币的有效确认和计量后,被转化为数字形式保存在区块链上,资产产生、交换和消费的全过程也都将以数字化的形式在

---

〔1〕 See Ashley N. Longman, *The Future of Blockchain: As Technology Spreads, It May Warrant More Privacy Protection for Information Stored with Blockchain*, 23 North Carolina Banking Institute 111 (2019).

〔2〕 高奇琦:《智能革命与国家治理现代化初探》,载《中国社会科学》2020 年第 7 期。

区块链中开展。

(三)不可篡改性

不可篡改性是区块链区别于传统集中式数据库的核心特征之一,也是区块链具备去信任化特征的重要前提。原因在于,基于不可篡改特征,区块链本身便能确保数据的真实性,而不再需要中心化权威机构的信任背书。实际上,区块链的不可篡改特征是由非对称加密技术和共识机制共同保证的:一方面,由于非对称加密技术仅允许持有公钥和私钥的特定主体对数据进行访问,安全性较强,篡改经过加密的数据基本上是不可能实现的;另一方面,基于区块链技术的工作量证明机制和权益证明机制,要想对经过共识验证并保存在分布式账本中的数据进行修改,就必须拥有强大的算力或者权益,而这不仅难以实现,也不经济,因而现实中区块链网络中的数据被篡改的可能性极低。[1]

第二节 智能合约的运行原理

智能合约是"区块链系统中的应用,是已编码的、可自动运行的业务逻辑"[2]。研究智能合约的运行原理,是探讨智能合约在证券市场应用的前提,也是确定智能合约规制框架的基础。通常情形下,智能合约的运行过程如下:

---

〔1〕 See Nathan Fulmer, *Exploring the Legal Issues of Blockchain Applications*, 52 Akron Law Review 161 (2018).

〔2〕 中国区块链技术和产业发展论坛编写:《中国区块链技术和应用发展白皮书(2016)》,载中国区块链技术和产业发展论坛网 2016 年 10 月 18 日,http://www.cbdforum.cn/bcweb/index/article/rsr-6.html。

一、合约的生成

合约的生成是明确各方权利义务、确定执行条件和执行规则的过程。就目前而言,智能合约主要通过以下两种方式生成:其一,合同双方当事人在链下就双方的权利义务、执行条件、执行规则等协商一致后,将其翻译成计算机代码,并用各自的私钥对编制好的智能合约进行签名;其二,交易发起方直接将包含交易价格、交易数量、触发条件、执行规则等内容的要约翻译成计算机代码,并用私钥进行签名后发布到区块链网络中,待交易对手方通过点击设置在合约中的"同意"复选框或者向智能合约转移资金、资产等方式对该要约作出承诺,并用私钥进行签名时,智能合约成立。

在第一种合约生成方式中,当事人在智能合约制定之前就已经达成了合意,智能合约仅仅意在保障先前签署的合同能够精准、自动执行。由于需要事先确定合约的内容,此种合约生成方式往往适用于合同当事人较少且相互之间具备信任基础的场景。而在第二种合约生成方式中,交易发起方制定的智能合约仅为一个要约,尚需交易对手方对智能合约作出承诺,合同方才成立,即在第二种合约生成方式中,合同的订立和执行都是通过智能合约来完成的。可以发现,第二种合约生成方式与自动售货机的运行原理类似,能够满足人数较多的陌生人之间的交易需要。由于证券发行多数情况下并非面向特定人,证券交易往往在陌生人之间进行,若要求发行人与每个投资者一一订立认购协议或是互不相识的证券投资者之间事先订立证券买卖合同后,再将其翻译成对应的智能合约,不但难以实现,也不符合证券发行在效率和成本等方面的追求。相较之下,应用于证券领域的智能合约宜采取第二种合约生成方式。

二、合约的验证

制定好的智能合约被提交到区块链网络中后,会通过区块链网络扩散到各个节点，由各个节点进行验证。待通过各节点的验证之后，智能合约才会被存储在特定的区块中。实际上，验证是智能合约成为区块链意义上有效合约的必经程序。[1] 只有通过节点的验证，智能合约方为有效。同时，智能合约经过验证后会被保存在分布式账本上，此时除非经过51%以上节点的同意，否则部署在区块链上的智能合约不可能被删除或者修改，而取得51%以上节点的同意往往是难以实现的。因而可以说，运行在区块链上的智能合约具备不可篡改的特征。

三、合约的执行

智能合约经过验证并被部署在区块链网络中后，会通过预言机定期检查外部数据源，确认预先设定的执行条件是否达成。当执行条件达成时，智能合约便会根据事先设定的执行规则自动执行。以证券交易为例，当证券交易达成时，由于满足了预设的执行条件，智能合约会自动向卖方的账户转移资金，并同时向买方的账户转移证券私钥。当智能合约中包含的事务都执行完毕后，状态机会变更智能合约的状态为完成，并将该智能合约从区块链中移除。[2] 执行完毕后，合约的执行结果还将公布在区块链网络上，经验证并加盖时间戳后被记入特定的区块中。而当该区块通过节点验证并被接入主链中后，智能合约的整个运行过程方才结束。[3]

---

〔1〕 参见王延川：《智能合约的构造与风险防治》，载《法学杂志》2019年第2期。

〔2〕 参见黄斯狄：《区块链金融：重塑互联网经济格局》，电子工业出版社2018年版，第67～69页。

〔3〕 参见欧阳丽炜、王帅等：《区块链智能合约的发展现状：架构、应用与发展趋势》，载《自动化学报》2019年第3期。

第三节　智能合约的技术特性

“智能合约系区块链架构中的合约层”[1]，是运行在区块链上的一段自动执行的计算机代码，除具备自治、自足、自动执行等独有特征之外，还具备区块链去中心化、匿名化和去信任化等特征。具言之，智能合约的技术特性如下。

一、自动执行性

自动执行性是智能合约区别于传统合同的核心特征。一般而言，传统合同往往需要人工判断履行条件是否满足，并通过合约当事人或者第三方的行为才能完成履行，有时甚至还需要法院、仲裁机构等第三方的督促。而智能合约本质上是一种基于算法的自动执行协议，能够通过预先设定执行条件和执行结果，并控制合约涉及的资产的方式，实现合约的自动执行，而不需要第三方的干预。自动执行性是智能合约的核心特征，也是“智能合约 + 金融”系统具备低成本、高效率优势的直接原因，自动执行性对于智能合约在证券市场的应用至关重要。基于智能合约自动执行特征，证券交易和结算不仅能够自动、高效地进行，还能避免人工干预带来的错误和高成本。

二、去中介化

智能合约是运行在区块链上的计算机代码，由于区块链上的所有数据都会保存在公开透明、不可篡改的分布式账本上，并由所有节点共享、验证和监督，即使不借助中介机构或者中心化权威机构提供的信任背书，区块链中的数据的真实性、公开性也能得到保障，智能合约中的参与各方能够直接建立信任关系，即智能合约具备去中介

[1] 郭少飞：《区块链智能合约的合同法分析》，载《东方法学》2019 年第 3 期。

化特征，能够通过共识机制、非对称加密、时间戳，而非中介信用来构建主体间的信任关系。由此，智能合约能够实现点对点的自动执行，理论上只要智能合约被部署于区块链上，并且预设的执行条件被满足，合约内容便会在合约双方之间自动执行，而不依赖于第三方的信任背书。[1]

三、匿名性

如前文所述，由于智能合约中的当事人以信息的公开、透明和真实来解决信任问题，因此不再需要通过公开身份的方式建立信任关系。智能合约中的用户都是匿名的，智能合约中的交易均以匿名的方式开展，其他节点和交易对手方仅能看到用户的地址，而用户使用的地址是用户自己创建和保存的，脱离了第三方的干预，地址与用户的身份信息之间没有直接联系，虽然智能合约执行完毕后相关信息都会在区块链网络中公开，但是其他节点实际上并不知道交易双方的真实身份。[2] 匿名性是智能合约区别于传统合同的重要特征，对于传统合同来说，当事人的姓名或者名称和住所是必备要素，当事人之间的身份信息是公开的，而非匿名的。

四、不可中止性

智能合约是一种通过计算机代码实现自动执行的协议，只要参与各方将权利义务、执行条件、执行规则翻译成代码，并部署在区块链网络中，就能实现交易在满足特定执行条件时的自动执行。[3] 智

---

〔1〕 参见袁勇、王飞跃：《区块链技术发展现状与展望》，载《自动化学报》2016 年第 4 期。

〔2〕 参见邵奇峰、金澈清等：《区块链技术：架构及进展》，载《计算机学报》2018 年第 5 期。

〔3〕 参见蔡一博：《智能合约与私法体系契合问题研究》，载《东方法学》2019 年第 2 期。

能合约的自动执行特征意味着,智能合约的运行不再需要人为的干预,排除了人类的自由裁量权和法律的介入,即一旦预设的执行条件被满足,智能合约便会自动执行,无论是合约当事人还是监管机关、法院等均无法对其施加干预。同时,由于区块链具有不可篡改特征,智能合约一旦通过验证并被部署在区块链网络中,便不能被删除和修改。也就是说,任何人不能通过删除或者修改智能合约的方式来中止智能合约的执行。[1] 可见,"智能合同本身并不支持任何人乃至法律程序强制中断或中止合约内容的执行"[2],而对于传统合同来说,完全可以通过法律程序或者人为干预来中止合同的履行。

第四节　智能合约的法律属性

智能合约一般部署于可共享的分布式数据库(区块链)上,自身具备状态,通过事件驱动、条件触发的形式实现与现实世界的交互。当外界触发条件成就时,智能合约按照预设的规则和流程予以验证并返回结果,并且该执行具有准确性与一致性。因此,从实现方式上来看,智能合约的工作原理类似于计算机程序的"If – then"语句。[3] 尽管"Smart Contract"习惯上被直译为"智能合约",但其作为交叉学科的产物,并不能当然地列入"合同"的范畴。从世界范围来看,目前包括我国在内的大部分国家尚未对智能合约的法律属性予以明确,仅美国亚利桑那州等于 2017 年通过立法承认了智能合约的合同属性。在学界,智能合约的法律属性也一直是一个颇具争议的话题。

---

〔1〕 See Jeremy M. Sklaroff, *Smart Contracts and the Cost of Inflexibility*, 166 University of Pennsylvania Law Review 263 (2017).

〔2〕 陈吉栋:《智能合约的法律构造》,载《东方法学》2019 年第 3 期。

〔3〕 参见何蒲、于戈等:《区块链技术与应用前瞻综述》,载《计算机科学》2017 年第 4 期。

明确智能合约的法律属性，是智能合约在证券市场应用的前提，因为只有智能合约的法律属性得以明确，智能合约应当适用的法律才能确定，智能合约在证券发行、交易和登记结算中的应用才能依法合规地进行，投资者、发行人等证券市场参与者在发生纠纷时才能依法获得救济。因而在探究智能合约在证券市场应用的优势、风险和法律应对措施之前，有必要先对智能合约的法律属性予以探讨。

一、智能合约的法律属性之争

作为一项新兴的颠覆性技术，智能合约自产生之日起，学者就针对其法律属性展开了激烈地探讨。但时至今日，学者对智能合约法律属性的认识仍然未能达成一致。总体而言，学界对智能合约法律属性的认知可分为以下两类。

（一）智能合约是法律上的合同说

一类看法认为，智能合约仍然属于合同的范畴，应当被置于传统合同法律制度框架下加以讨论。如夏庆锋（2019 年）认为，虽然智能合约是以代码形式达成的，但是它完全具备传统合同的要约承诺构造，能够体现合同当事人之间的合意，也具备对价要件，因而可被视为民法上的合同；[1] Reggie O. Shields（2017 年）、陈吉栋（2019 年）认为，在传统电子合同的基础上，智能合约又前进了一步，其合约内容体现在计算机代码所构建的程序当中，[2] 因此可以说智能合约是传统电子合同的升级版，是一种书面法律行为；柴振国（2019 年）、倪蕴帷（2019 年）则提出，智能合约作为区块链技术下的应用，尽管不同于传统合同法所规定的合同形式，但仍可看作对传统合同法进行技

〔1〕 参见夏庆锋：《区块链智能合同的适用主张》，载《东方法学》2019 年第 3 期。

〔2〕 See Reggie O'Shields, *Smart Contracts: Legal Agreements for the Blockchain*, 21 N. C. Banking Inst 177 (2017).

术利用的合同方式,[1]其本质是在传统合同的基础上,以技术手段附带担保机制;[2]蔡一博(2019 年)在将智能合约予以层次解构后指出,根据外部触发条件的不同,智能合约可以分别转化为私法意义上的附条件或附期限的格式合同。[3]

(二)智能合约是合同执行机制说

另一类看法则针锋相对,不仅否认智能合约的合同属性,甚至直接否认其具备法律属性。如 Kevin Werbach(2016 年)、Savelyev Alexander(2016 年)认为,智能合约只是自动执行协议特定条款的一组计算机程序代码,[4]并不具备传统合同法所规定的合同成立要件,充其量是一种促进原合同履行的辅助手段;[5] Max Raskin(2016 年)通过债权人利用智能合约远程控制汽车的例子说明,智能合约与原合同是相分离的,智能合约起到的是类似于《美国统一商法典》第 9-606 条项下"违约后担保权人取得占有的权利"的作用,是一种中介机制或自助行为;[6]史明洲(2019 年)提出,看似突破经典"不完全合同理论"的智能合约,实际上仅是协议的自动执行程序,智能合约采用去中心化架构,仅仅追求机器执行的绝对效力,并不是真正意

---

〔1〕 参见柴振国:《区块链下智能合约的合同法思考》,载《广东社会科学》2019 年第 4 期。

〔2〕 参见倪蕴帷:《区块链技术下智能合约的民法分析、应用与启示》,载《重庆大学学报(社会科学版)》2019 年第 3 期。

〔3〕 参见蔡一博:《智能合约与私法体系契合问题研究》,载《东方法学》2019 年第 2 期。

〔4〕 See Werbach K. D., *Trustless Trust*, SSRN Electronic Journal (2016).

〔5〕 See Alexander Savelyev, *Contract Law 2.0: "Smart" Contracts as the Beginning of the End of Classic Contract Law*, 26 Information & Communications Technology Law 116 (2017).

〔6〕 See Max Raskin, *The Law and Legality of Smart Contracts*, 1 Georgetown Law Technology Review 304 (2017).

义上的合同;[1]金晶(2017 年)主张,智能合约的执行是通过代码完成的,不依靠法律的强制性,且其完全摒弃了传统合同法上的合同救济、合同语言的解释、不完全合同等经典理论,因而并非传统意义上的合同,而是传统合同的履行机制或者执行程序。[2]

智能合约的法律属性之争如此激烈,其原因除了智能合约作为一种新兴技术,并不为大多数人所熟知外,还在于其作为计算机、金融、法律等多领域交叉概念,本身便具有技术性与社会性的双重属性,部分观点也正是因此偏向了智能合约技术属性的探讨。在法律的观察视野下,智能合约具有毋庸置疑的法律意蕴:其既有通过代码实现的规范性,也有独立于第三方权威的自治性,[3]在智能合约达成经济利益目标的过程中,必然也伴随财产性民事权利义务的设立、变更或终止。关于智能合约法律属性的探讨虽众说纷纭,许多观点也确有可取之处,但从中可以看出,核心争议仍在于对智能合约合同属性的判断上。

本书认为,对于智能合约的法律属性,不能一概而论,而是要以智能合约的类型为基础。实际上,智能合约大致可分为两种类型:一种为合同型智能合约,即作为缔约工具存在的智能合约,此种智能合约能够体现双方当事人意思表示一致,也包含对价。另一种则是作为执行工具存在的智能合约,如可以自动完成股东投票、执行法律的智能合约。这两种智能合约不仅在生成方式、用途方面存在差异,在法律属性方面也有所不同。

---

〔1〕 参见史明洲:《区块链时代的民事司法》,载《东方法学》2019 年第 3 期。

〔2〕 参见金晶:《数字时代经典合同法的力量——以欧盟数字单一市场政策为背景》,载《欧洲研究》2017 年第 6 期。

〔3〕 参见许可:《决策十字阵中的智能合约》,载《东方法学》2019 年第 3 期。

二、作为缔约工具——符合合同构造的电子合同

在数字时代,合同法面临的挑战虽无处不在,但这种挑战并无颠覆性危险,经典合同法的体系依然稳固,[1]从某种程度上来说,智能合约的出现更彰显了合同法的作用。[2] 应当说,在很多方面,作为缔约工具的合同型智能合约与传统合同并没有本质区别。在探讨合同型智能合约的法律属性时,我们可以从三个角度加以观察。

(一)合同基本原则

是否冲击了合同的根本原则,是考察合同型智能合约是否具备合同属性的价值性衡量标准。智能合约实现的前提,是由对等网络中的交易节点在自愿充分的合意基础上,在区块链的共识网络中形成可识别、可执行的有效协议,而后将协议内容植入智能合约的底层代码部署执行。因此,从功能上看,智能合约是权利义务的部署与实现机制,可以在计算机网络环境下依托代码运行实现协议内容,充分体现出自愿、平等的契约自由精神。同时,“智能合约通过放弃传统的交易媒介将信用风险连根拔起”[3]。智能合约模板中的执行条款被合同双方预先设定,一旦触发运行,除非原本具有命令更改的逻辑设定,否则任何一方无法干预或者阻断智能合约的执行,因而智能合约又是契约严守的体现。技术规则的加持下,智能合约的使用者很难随意毁弃合同约定、违背契约精神。并且,在智能合约所依托的分布式网络中,每个节点均参与到系统的治理过程中,系统使用者构成

---

〔1〕 参见金晶:《数字时代经典合同法的力量——以欧盟数字单一市场政策为背景》,载《欧洲研究》2017 年第 6 期。

〔2〕 See Werbach Kevin & Cornell Nicolas, *Contracts Ex Machina*, 67 Duke Law Journal 127 (2017).

〔3〕 王潺、杨辉旭:《智能合约的私法挑战与应对思考》,载《云南社会科学》2019 年第 4 期。

形散而神凝的透明网络关系，利用共识认证与不可更改的时间戳，共识网络中的信息的真实性与完整性能够得到保证，配合智能合约的自动执行特性，有利于当事人按照诚实信用的原则进行履约。

（二）充分合意

从现有研究来看，无法运用传统合同的语言解释方法和合同救济途径，是部分学者否定智能合约法律属性的直接原因。但从合同的构成要素上来看，智能合约的当事人之间是否达成了充分的合意，以及智能合约是否符合对价特征，才是考察智能合约是否为合同的关键。由于符合一方支付价款、另一方交付商品或者服务的特征，合同型智能合约具备对价要素自不待言。〔1〕学者们的分歧主要集中在智能合约是否具备合意要素方面，部分学者认为，智能合约表现为极具专业性的计算机代码形式，难以为一般人所理解，因而无法认定智能合约是当事人真实意思的表达。其实，在互联网信息时代，通过电子形式订立合约已经越来越普遍，特别是在金融领域。在当事人意思表示方面，通过电子形式订立合约与签订纸质合同并无不同。

实际上，多数合同都能以智能合约的形式在区块链上订立、生效和履行。一方当事人将要约内容以代码的形式写入智能合约，并输入智能合约的执行条件，待智能合约扩散至各节点并存入区块链后，即视为要约发出。而当另一方当事人"调用并执行这段代码"时，如将一定数量的证券或者资金的控制权交给代码，则视为做出了承诺。〔2〕至此，基于智能合约的合同即告成立。〔3〕以用于证券发行

---

〔1〕参见王文君：《金融智能合约技术性与合法性的功能主义检视》，载《金融发展研究》2021年第3期。

〔2〕参见陈吉栋：《智能合约的法律构造》，载《东方法学》2019年第3期。

〔3〕《民法典》第483条规定，承诺生效时合同成立，但是法律另有规定或者当事人另有约定的除外。

的智能合约为例,发行人将内含证券发行数量、价格、对象等信息的智能合约发布到区块链上的行为,即为民法上的要约。而当投资者向发行人制作的智能合约转移资金时,即表明投资者同意发行人的要约条件,具有同发行人订立认购协议的意思表示,由此构成对要约的承诺。可以发现,作为缔约工具存在的合同型智能合约,完全具备合同的"要约和承诺"要素,能够体现当事人的合意,是一种完全意义上的合同。

智能合约使用代码与算法,以数字形式的合约取代了传统的契约方法,作为一种关系处理机制,智能合约蕴藏着交易双方基于某种特定目的确立特定关系,并通过合约履行实现双方权利义务变动的意思。[1] 在不同的时代与法治背景下,合同的含义有所不同,但合同最本质的内容仍在于当事人之间意思表示的达成或称合意。二进制代码形式呈现的合同型智能合约,因包含当事人之间的充分合意,其合同属性显而易见。同时,由于表现为数字形式,智能合约可被视为升级版本的电子合同。[2]

(三)合同形式和履约方式

智能合约与传统合同的最大不同,表现在合同的形式与履约方式上。智能合约是一种以技术代码显现的符号逻辑,能够将合同双方的合意转变成精准执行、可验证的技术规则,从而降低合同双方发生误解的可能性。从合同的表达方式上来看,智能合约对合同内容的表达,不过是由传统合同口头与书面的区分,变成了人读语言与机读语言的区别。我国《民法典》第 469 条第 1 款、第 490 条第 2 款规定,"当事人订立合同,可以采用书面形式、口头形式或者其他形式",

---

〔1〕 参见郭少飞:《区块链智能合约的合同法分析》,载《东方法学》2019 年第 3 期。
〔2〕 参见陈吉栋:《智能合约的法律构造》,载《东方法学》2019 年第 3 期。

当法定或约定采用书面形式,"……当事人未采用书面形式但是一方已经履行主要义务,对方接受时,该合同成立"。《美国统一电子交易法》(UETA)也认为,借助计算机程序或其他的独立自动化手段,可以无须人们审查或作为自动执行动作,部分或全部地对电子记录或履约表现做出反应。同时,《美国统一电子交易法》还提出了电子代理人的概念。[1] 可见,合同形式并非判定合同效力的决定性因素,更无法导致合同属性的湮灭。合同型智能合约虽然表现为代码形式而非传统书面形式和口头形式,但本质上仍然属于民法上的合同。

从合同的履行方式上来看,由于智能合约可以将表彰合同义务的静态标准文本变为精确的计算机程序代码,并借助技术代码的运行来动态执行合同内容,智能合约在履行方式方面呈现自动性和强制性的特征,一定程度上代替了法院的司法强制力,并有效杜绝了瑕疵给付、加害给付等问题,相当于在履行合同的过程中附加了技术加持的信用担保。智能合约本身就是"协议 + 执行",可被简单理解为包含承诺协议的自执行程序,尽管其在合同内容的履行方面具有自动性,具有不同于传统合同的履约方式,但其法律效果的实现仍取决于预先的当事人合意过程,依旧没有突破自身所具有的合同属性。

综上所述,智能合约并非法律与契约精神的"叛逃者",相反地,借助新一代信息网络技术的力量,智能合约成为法律信仰与契约精神的坚定支持者,体现出明确的合同属性。在确认合同当事人意思表示真实合法、双方权利义务对等的基础上,认定智能合约是一种合同行为的表达毫无疑问。相对于传统合同,智能合约只有"量"的增减,并无"质"的改变,其产生在本质上是私法自治的结果,目的是降

---

〔1〕《美国统一电子交易法》第2条第6款。

低社会成本,巩固私法的效率与公平价值。[1]

三、作为执行工具——基于技术实现的担保机制

智能合约经由条件触发便可自动执行预设指令。从理论上来讲,任何条件触发的事件,如要约、承诺、合同以及法律规则等,均可依靠智能合约完成。[2] 实践中,由于代码和通用的意思表达方式存在语言壁垒,当事人通常会选择由专业的代码服务者将意思表示或法律文本作上链处理,并由代码审计机构对智能合约进行审核。在此基础上,上传到区块链上的数字指令经智能合约执行,能够保持实际结果与预设结果的一致性。

从担保法角度看,作为执行工具的智能合约可以保障事务履行,促进债权实现,属于一种担保机制。[3] 传统担保一般通过提高债权优先性或增加责任财产的方式实现债权,不同的是,智能合约可以通过技术手段促进债权的实现。具体而言,通过将待执行的事务内容代码化为智能合约,并部署于区块链之上,可以使得行为效果指向的财产利益能够得到确定的移转,从而确保当事人的债权能够优先于其他债权人完成偿付。[4] 如果对担保的内容进行扩大解释,那么不单是债权,其他被施加了优先性的事务也可以视为进行了担保。因此智能合约不仅是促进债权实现的工具,也是保障其他事务得以可靠履行的机制。

---

〔1〕 参见王潺、杨辉旭:《智能合约的私法挑战与应对思考》,载《云南社会科学》2019年第4期。

〔2〕 参见李中、周思宇、李杨编著:《审慎变革:区块链与证券市场的未来之路》,清华大学出版社2018年版,第111页。

〔3〕 See Werbach Kevin & Cornell Nicolas, *Contracts Ex Machina*, 67 Duke Law Journal 127 (2017).

〔4〕 参见蔡一博:《智能合约与私法体系契合问题研究》,载《东方法学》2019年第2期。

智能合约作为担保机制具有三方面的优势：用时短、可靠、成本低。“用时短”指的是，触发条件满足时，智能合约便进入自动执行环节，按照预设程序自动改变数字对象的状态或数值以完成事务的执行，整个过程用时非常短。[1]“可靠”是指基于分布式账本，智能合约的执行结果可以得到众多节点的验证，并存储在不可篡改、公开透明的数据库中，形成具有证明力的记录，从而确保运行结果的真实有效。“成本低”指智能合约的执行过程无须人工干预，通过改变区块链中数字对象的状态和数值即可完成事务的履行，从而避免人工干预带来的高成本。

四、“代码法律化”浪潮下的智能合约

肇始于互联网兴起之时的“代码即法律”的讨论，何以会影响智能合约的法律定位？原因在于，智能合约作为互联网环境下发展出来的数字技术，当然地受到网络世界规则的制约。“代码即法律”所反映的正是网络世界双轨制的规则体系：传统的法律之治与新兴的代码之治。因此，智能合约的应用与治理过程，包括其应用过程中的风险产生，必然映射着网络治理双轨制的时代印记。对于智能合约的法律讨论，须置于“代码即法律”浪潮的大背景中。

（一）“代码即法律”的由来

“代码即法律”的浪潮，可以追溯到密码学与互联网的发展。早在1988年，密码朋克运动[2]发起人之一的蒂莫西·梅便提出：“幽

[1] 参见贺海武、延安、陈泽华：《基于区块链的智能合约技术与应用综述》，载《计算机研究与发展》2018年第11期。

[2] 密码朋克运动的说法是由埃里克·休斯在其1993年出版的著作《密码朋克宣言》中率先提出，该概念结合了电脑朋克的思想，排斥政府主导的密码系统，认为应当使用强加密算法以加强个体隐私安全的保护。参见［法］普里马韦拉·德·菲利皮、［美］亚伦·赖特：《监管区块链：代码之治》，卫东亮译，中信出版集团股份有限公司2019年版，“导论”。

灵萦绕着现代世界。"[1]所谓的"幽灵",是"密码学无政府主义"的体现。[2]"密码朋克"认为,密码学工具以及点对点网络的使用能够削弱政府、公司等组织机构的霸权,有效抵制他们对个体自由的侵蚀。[3] 1996 年,现代互联网理论的先驱约翰·佩里·巴洛在《网络空间独立宣言》中也将互联网描述为——一切财产、表达、身份、行为以及相关法律概念都已不再适用,"网络公民"可以依托去中心化网络摆脱政府控制实现自治——一个全新的世界。[4]

诚然,"密码学无政府主义"与网络自由公民的说法,一定程度上体现出信息网络技术对传统秩序价值的威胁。但是,正如学者劳伦斯·莱斯格在其经典著作《代码 2.0:网络空间中的法律》中所指出的那样:"在进入 21 世纪时,另一个值得我们关注的规制者——代码,威胁着自由。"[5]他提出,现实生活中的个体都受到法律、准则、市场和架构四种不同力量的规范,并且这四种力量并不会受制于某一个体的控制。换言之,"生而自由"的网络空间并不自由,网络空间也自有其规则体现:社会权力的表现形式,从国家权威加持、立法机关制定的法律规则,转向去中心、去信任的网络底层软件协议与代码规则(通常为不可见)。在互联网世界中,直接控制网络世界的是代码与算法,传统法律之治在某种程度上被代码之治所取代,这即是所

〔1〕 Timonthy May, The *Crypto Anar - chist Manifesto*, (22 November 1992), https://activism. net/cypherpunk/crypto - anarchy. html.

〔2〕 See Timonthy May, The *Crypto Anar - chist Manifesto*, (22 November 1992), https://activism. net/cypherpunk/crypto - anarchy. html.

〔3〕 See Eric Hughes, *A Cypherpunk's Manifesto*, (9 March 1993), https://www. activism. net/cypherpunk/manifesto. html.

〔4〕 See John Perry Barlow, *Declaration of Independence for Cyberspace*, (8 February 1996), https://www. eff. org/cyberspace - independence.

〔5〕 [美]劳伦斯·莱斯格:《代码 2.0:网络空间中的法律》,李旭、沈伟伟译,清华大学出版社 2009 年版,第 136 页。

谓的“代码即法律”。

从起源上看，法律与代码同属于理性主义的产物，他们都不满足于零散的经验而将其进行修剪和排列，想要将经验制成结构化的知识，从而将混沌的现实置于整齐的认知框架内。[1] “代码即法律”并不意味着网络世界是自成一界的脱法领域，恰恰相反，从现实角度看，智能合约此类代码技术之所以受到关注，背后体现出来的是人们对传统“权威主义”秩序维护模式的不信任，所以人们转而寻求“技术理性”。尽管二者使用不同的工具手段，但都是缔造人与人之间相互信任的机制，是维持社会秩序的可用方式。[2] 依靠算法代码进行的社会运作，代表着一种新的社会结构——借助代码编程与算法程序，将社会运行规则与成员行为规范通过自治代码进行定义和实施。这便同时意味着，现行的法治体系与监管框架可能被借助代码的算法治理系统所取代。当然，在该假设中还存在一个不可忽视的问题：如果缺少了政府的适当介入和监管的必要覆盖，在算法机器面前，个体利益的保护无疑是极其脆弱的。因此，法律与监管仍是智能合约未来发展的必由之路。[3] 数字经济时代背景下的风险治理与防范，应当充分考虑技术治理与法律治理间的交叉与融合，采取技术控制与法律控制相结合的综合治理机制。[4] 随着网络世界与现实世界之间的交融与互动愈加明显，对智能合约这类代码技术的考察，更加不能脱离大背景进行独立讨论。

---

〔1〕 参见蒋舸：《作为算法的法律》，载《清华法学》2019 年第 1 期。

〔2〕 参见张庆立：《区块链应用的不法风险与刑事法应对》，载《东方法学》2019 年第 3 期。

〔3〕 参见凯文·沃巴赫、林少伟：《信任，但需要验证：论区块链为何需要法律》，载《东方法学》2018 年第 4 期。

〔4〕 参见吴汉东：《人工智能时代的制度安排与法律规制》，载《法律科学（西北政法大学学报）》2017 年第 5 期。

(二)“代码即法律”背景下的智能合约

以现在的眼光回看互联网发展早期的无政府主义浪潮,无疑会觉得天真而幼稚。历史的经验表明,即使是虚拟化的网络世界,也并不存在绝对的自由空间。因为数字化的运行系统离不开实体的硬件设施以及为网络提供技术服务的中介机构,这些存在于物理空间的物质实体容易被监管。而且,作为系统运行控制中枢的代码总是会受到编写者的影响,故而系统也在间接地受到市场和社会规范的影响。因此,即便是虚拟世界的代码,对其进行规制也具有现实上的可能性,“代码即法律”体现出的正是虚拟世界的代码规范。智能合约为达成特定交易目标,依托底层代码在区块链网络中进行价值传递,它既是一种技术手段,也反映出当事人之间的权益变动与利益调整,具有技术与法律的双重意涵,智能合约依然是“代码即法律”浪潮的延伸,须置于法律规范的框架范围内进行认知。

传统法律秩序是以法律设定的权利义务合约对社会进行调整,通过约束社会关系以及社会行为达到规范化状态,而智能合约则通过迥异于传统契约的数字合约方式,约束和塑造着当事人之间的权利义务关系。网络世界的交易记录和数据信息在当前已经被视为重要的新型资产,算法也经由自身的运作逻辑,从最初的“提炼自这个世界,来源于这个世界”,转向“开始塑造这个世界”。[1] 这些因素共同作用,逐渐形成了涵摄政治、经济、文化与社会发展的数字化生态,塑造了以数据和算法为基础的新型法权关系,实现对人类社会秩序的深度变革与重构。[2]

数字时代背景下,技术与法律都对其所指向的对象具有强制力,

---

〔1〕 参见[美]卢克·多梅尔:《算法时代:新经济的新引擎》,胡小锐、钟毅译,中信出版集团股份有限公司2016年版,第214页。

〔2〕 参见马长山:《智能互联网时代的法律变革》,载《法学研究》2018年第4期。

均可作为治理手段搭配或替代使用。因此,“代码即法律”背景下的智能合约,也同时反映着传统法律之治与新型代码之治的并轨以及法律规则与代码规则的结合。由于代码具有可规制性,政府可以借助智能合约技术建立自己的规则体系,将法律和合同条款转化为简要而确定的代码规则,利用自治执行的智能合约予以精准地执行与实施。智能合约代码的精确性与区块链的不可篡改性保证了法律规则在代码世界中能够确定与稳定地适用,确保了规则的实现具有一致性与可预测性。依托强大的算力支持,代码与算法程序可以锁定个体进行更为精细化的规范调整,根据个体的具体情况进行动态调整。此外,植入了法律规则体系的代码系统将不再沿袭法律惯常的事后惩戒与救济机制,而是通过技术控制,在事前阻止违法违规行为的发生,因此法律也得到了更大限度的遵守。

第二章　智能合约与证券市场的契合

随着智能合约技术的蓬勃发展，以及“智能合约+证券”实践经验的日渐增多，越来越多的国家开始探索将智能合约应用于证券发行、交易和登记结算领域，以提升证券市场的效率和透明度。世界各国有关“智能合约+证券”的实践探索，一定程度上验证了智能合约在证券领域应用的可行性与优越性。国际证监会组织[1]、欧洲中央银行[2]、欧洲证券和市场管理局[3]也在研究报告中指出，智能合约的技术特性与证券市场的发展改革方向高度契合。但值得注意的是，各个国家的证券市场环境和证券法律制度往往存在较大差异，因而对于智能合约技术是否适用于我国证券市场，还需结合我国现有的证券法律制度具体探讨。

---

〔1〕 See *Research Report on Financial Technologies (Fintech)*, IOSCO (Feb. 2017), https://www.iosco.org/library/pubdocs/pdf/IOSCOPD554.pdf.

〔2〕 See Pinna Andrea & W. Ruttenberg, *Distributed Ledger Technologies in Securities Post – Trading Revolution or Evolution*, ECB Occasional Paper 172 (April 2016), https://www.ecb.europa.eu//pub/pdf/scpops/ecbop172.en.pdf.

〔3〕 See *The Distributed Ledger Technology Applied to Securities Markets*, ESMA (June. 2, 2016), https://www.esma.europa.eu/press – news/esma – news/esma – assesses – usefulness – distributed – ledger – technologies.

第一节　智能合约与证券发行的内在契合

智能合约是运行在区块链上的可自动执行的计算机代码，其被应用于证券发行领域能够实现自动化、点对点的证券发行，满足证券市场在效率、安全和成本等方面的需求，被认为是最有可能改变现有证券发行模式的新一代颠覆性技术。当前，证券发行已成为智能合约的重要应用场景，法国兴业银行、阿布扎比 Al　Hilal 银行、美国零售业巨头 Overstock 等均已完成了基于区块链、智能合约技术的证券发行，美国 Nasdaq 证券交易所也推出了区块链、智能合约技术支持下的私人股权发行交易平台——Linq。虽然智能合约技术在我国尚未得到广泛应用，但鉴于智能合约符合我国证券市场的改革方向，与我国证券发行注册制改革的内在逻辑——信息披露中心主义存在天然契合，[1]可以预见，智能合约在我国证券发行领域具有广阔的应用前景，其将成为推动我国证券发行市场化、高效化改革的新动能。

一、智能合约与我国证券发行改革方向的耦合

2018 年 11 月 5 日，国家主席习近平在首届中国国际进口博览会开幕式上公开表示，我国将“在上海证券交易所设立科创板并试点注册制”[2]。2019 年 1 月 23 日，中央全面深化改革委员会审议和正式通过了关于设立科创板并试点注册制的总体实施方案与实施意见，随后证监会正式发布《科创板首次公开发行股票注册管理办法（试行）》和《关于在上海证券交易所设立科创板并试点注册制的实施意

---

〔1〕 参见陈洁：《科创板注册制的实施机制与风险防范》，载《法学》2019 年第 1 期。

〔2〕 新华社：《习近平出席首届中国国际进口博览会开幕式并发表主旨演讲》，载中央人民政府网 2018 年 11 月 5 日，http://www.gov.cn/zhuanti/zhibo/jbhkmszb.html。

见》。短短数月,科创板与试行注册制便在上海证券交易所正式落地实现,这是我国证券领域研究者数年理论探讨与经验积累的"厚积薄发",也是我国着力推进证券市场化改革的集中体现。更可喜的是,2019 年 12 月通过的新《证券法》从整体上确立了证券发行注册制,并授权国务院在未来对注册制的范围、实施步骤作出具体规定,以推动注册制在证券市场全面施行。

对于智能合约在证券市场的应用而言,科创板的设立以及注册制改革的推进意义有二:一是关于科创板的定位,根据证监会发布的《科创板首次公开发行股票注册管理办法(试行)》第 3 条的规定,科创板的定位为"面向世界科技前沿、面向经济主战场、面向国家重大需求",而"拥有关键核心技术,科技创新能力突出"为科创板企业的显著特点,智能合约作为一项颠覆性的创新技术,其在证券市场的应用正符合科创板的创新引领导向;二是证券发行管理模式的选择可以说是一国资本市场中政府和市场关系本质的集中体现,[1]科创板设立和注册制改革体现出政府简政放权、推动证券市场市场化改革的政策指向,也同样符合智能合约去中心、弱监管的功能特性。同时,智能合约去中心、自执行的典型运行特征,意味着其在证券市场的应用应当尽可能地减少人为干预,充分发挥算法理性弥补人类有限理性的优势。事实上,这也暗合资本市场改革的市场化方向:打破政府"全知全能"的理想化预设,回归市场理性。注册制是证券发行领域市场化改革的重要体现,其试点与推进清晰显示了证券市场主导力量从行政力量转向市场力量的改革路线图。[2] 展望智能合约在证券市场中的未来发展,证券发行注册制的改革正当其时。

---

〔1〕 参见陈洁:《科创板注册制的实施机制与风险防范》,载《法学》2019 年第 1 期。

〔2〕 参见李曙光:《新股发行注册制改革的若干重大问题探讨》,载《政法论坛》2015 年第 3 期。

二、智能合约契合我国证券发行注册制的内在逻辑

结合我国现行证券发行制度来看，智能合约在证券发行领域应用的可行性还体现在：智能合约与我国证券发行注册制改革的内在逻辑之间存在天然契合。

（一）我国证券发行注册制改革的内在逻辑：信息披露中心主义

从整体上看，我国证券发行制度一直朝着去管制化和市场化的方向发展。以股票发行制度为例，我国大致经历了从审批制到核准制，再从核准制到注册制的演变过程。随着核准制弊端的不断凸显——权力寻租、IPO造假、市场投机盛行等，注册制开始在新三板和科创板试点实施，我国新《证券法》第9条改核准制为注册制，规定由国务院证券监督管理机构或者国务院授权的部门对公开发行证券进行注册，为证券发行注册制的全面实施提供了法律保障。

本质而言，核准制和注册制的差异主要体现在内在逻辑上。在核准制下，证券监管机构在证券发行中占据主导地位，不仅掌握着分配上市资源的权力，也对上市规模、发行节奏、发行价格等事项享有控制权。[1] 在证券发行过程中，证券监管机构不仅要审查发行人是否依法进行了信息披露，还要审核发行人是否具备法律规定的盈利能力、财务状况等实质要件，事实上行使了证券交易所的上市审核权，承担起了判断发行人资质及其证券价值的责任。[2] 由此可见，核准制奉行的是管制主义的逻辑，旨在通过证券监管机构的实质审核筛选出优质的上市公司，从而为投资者提供良好的投资环境，进而维护证券市场稳定。而在注册制下，发行人能否顺利发行证券取决

---

〔1〕参见郭锋、邢会强、杜晶：《股票发行注册制改革风险评估与对策建议》，载《财经法学》2016年第6期。

〔2〕参见叶林：《关于股票发行注册制的思考——依循“证券法修订草案”路线图展开》，载《法律适用》2015年第8期。

于市场和投资者的判断，证券监管机构不再对发行人的资质进行实质审核，也不再负责判断证券的价值，而只负责对发行人的信息披露是否符合证券法的规定进行审核，并在事中和事后对证券发行中的违法违规行为进行监督和查处。[1] 可见，注册制奉行的是信息披露中心主义的逻辑，旨在通过保障投资者充分、及时、完整获取投资所需信息的方式，维护投资者利益，促进证券市场资源的合理配置。

无论是管制主义，还是信息披露中心主义，均意在维护投资者利益以及证券市场的安全运行。然而，理念的正确却未必能确保目的的达成，由于在一定程度上排除了市场在资源配置中的作用，管制主义逻辑下的核准制在实践中非但没有发挥出保护投资者的效能，反而滋生了权力寻租、IPO 造假等乱象，导致证券市场陷入了“发行难”、“发行慢”和“发行贵”的困境，严重抑制了证券市场融资功能的发挥。[2] 鉴于此，为了革除管制主义逻辑带来的种种弊端，充分发挥证券市场服务实体经济的功能，我国证券发行领域必须逐渐全面推行注册制，践行信息披露中心主义。

综上所述，信息披露是证券发行注册制的实质与核心。[3] 在实行发行注册制的证券市场中，投资者实际上是依据发行人披露的信息，判断发行人的公司治理是否完善、财务结构是否合理、生产经营是否正常以及发展前景是否可期，进而判断其发行的证券是否具有投资价值。随着证券发行注册制改革的深入推进，信息披露中心主义已经成为我国证券发行制度改革的内在逻辑。在此基础上，智能合约技术与信息披露中心主义的天然契合，是引入智能合约技术以

---

〔1〕 参见高达、王鹏：《股票发行注册制改革背景下保荐人制度重构》，载《学术探索》2016 年第 12 期。

〔2〕 参见李文莉：《证券发行注册制改革：法理基础与实现路径》，载《法商研究》2014 年第 5 期。

〔3〕 参见席涛：《〈证券法〉的市场与监管分析》，载《政法论坛》2019 年第 6 期。

变革现有证券发行制度的基础和前提。

（二）智能合约与信息披露中心主义的契合

智能合约技术具备可追溯、不可篡改等特性，能够实现公开化、透明化的证券发行，与证券发行注册制下的信息披露中心主义存在天然契合。具体而言，智能合约与信息披露中心主义的契合主要表现在以下几个方面：

1. 智能合约与信息披露中心主义在去除管制、回归市场理念上的契合。信息披露中心主义剔除了证券监管机构对证券发行人的严格审查，将证券的价格和质量交由市场自行决定，是一种市场化的运作逻辑，具有去管制的特征。而"区块链自初兴之时起即体现了较强的自治意识"〔1〕，智能合约的设计初衷在于摆脱对中心化权威机关的依赖，将"代码即法律"视为技术运行的重要原则，〔2〕以实现系统运作的自治性。也就是说，智能合约本身也暗含着去管制的意味。〔3〕因此，在去除管制、回归市场理念方面，智能合约与信息披露中心主义之间是存在契合点的。

2. 智能合约与信息披露中心主义在建立信任关系方式上的契合。在解决发行人与投资者之间的信任问题上，不同于管制主义，信息披露中心主义依赖的是发行信息的公开透明，而非证券监管机构的信任背书。与之类似，智能合约具备去信任化特征，能够通过信息的公开、共享、透明、真实和不可篡改来解决各节点之间的信任问题，而不需要依赖中心化权威机构、中介机构等第三方的信任

〔1〕 苏宇：《区块链治理的政府责任》，载《法商研究》2020 年第 4 期。

〔2〕 "代码即法律"，是指在区块链系统中，智能合约代码类似于现实中的法律，具有准则意义。

〔3〕 See Usha R. Rodrignes, *Law and the Blockchain*, 104 Iowa Law Review 679 (2019).

背书。由此可见,在建立市场主体之间的信任关系方面,智能合约与信息披露中心主义秉承的逻辑是极其相似的。

3. 智能合约能够为信息披露中心主义逻辑下的注册制的推行扫清障碍。注册制的推行需要以成熟的证券市场为基础,以完备的证券监管制度、充分自律的市场主体、严格的信息披露制度为前提。[1] 然而,我国证券市场尚未发展成熟,也未建立起完善的信息披露制度,且实践中中介机构屡屡背离"看门人"角色,做出有悖于市场运行逻辑的行为,以上种种导致证券发行注册制在我国全面推行的最佳时机一直没有到来。运行在区块链上的智能合约具备可编程、去信任、不可篡改等特征,应用于证券发行领域能够实现点对点、全程可追溯的证券发行和实时自动的信息披露,从而不仅能够有效提高证券发行的透明度,弥补信息披露制度的不足,也能避免中介机构背离"看门人"角色,化解证券发行领域信任缺失的问题。由此可见,智能合约的应用有助于突破证券发行注册制改革的现实阻碍,为我国的证券发行注册制改革带来新的契机。

第二节　智能合约与证券交易的内在契合

证券交易是智能合约最先落地应用的领域之一。[2] 这一方面是因为证券交易大多在互联网上进行,大部分数据已存储在网络中,为部署智能合约及其底层技术区块链提供了便利;另一方面是由于证券交易较为程式化,在应用智能合约方面具有先天优势。当然,就

[1] 参见杨峰:《我国实行股票发行注册制的困境与路径分析》,载《政法论丛》2016年第3期。

[2] 参见苏拓:《区块链:数字经济新势能》,中国财政经济出版社2018年版,第6页。

本质上而言,智能合约与证券交易领域内在需求之间的契合,才是智能合约在证券交易领域应用的基础和前提。

一、证券交易领域的内在需求

证券市场的现有特征折射出证券交易领域的内在需求。从证券市场的业务发展来看,当今的证券市场无论是体量规模还是交易频率都很可观,深圳证券交易所2020年统计年鉴显示,2020年仅股票市场的成交笔数就高达7,996,718,579.00百万笔,日均32,908,306.90百万笔,相当于每秒就有2285.29百万笔的交易量。[1] 量大且频繁的证券业务客观上引发了对证券交易高效率的追求。

从证券市场的天然属性来看,证券市场具有强烈的投机色彩与风险属性,尤其是在我国尚不成熟的资本市场中,投机色彩相当浓厚,短期套现的投机者数量远远超过稳定持券的价值投资者,"市盈率、换手率和股指短期波幅均在全球名列前茅,而且大多数上市公司基本不分红派息或股利率低于1%"[2]。短期套现的投机者容易在利益驱使下频繁进行投机交易,引起股票价格剧烈震荡,进而增加证券市场的不安定因素,因而风险控制成为证券交易领域重要的价值考量。

从证券市场的主体结构来看,扮演证券市场"看门人"角色的证券中介机构,贯穿证券发行、交易和登记结算的始终,连接着发行人、证券监管机构和投资者,承载着维持证券市场安全有序、核验信息披露真实准确及时全面的使命,在缓解信息不对称、降低交易成本方面

---

[1] 参见《深圳证券交易所市场统计年鉴2020》,载深圳证券交易所官网2021年10月30日,http://docs.static.szse.cn/www/market/periodical/year/W020210426383781777776.pdf。

[2] 苏冬蔚、毛建辉:《股市过度投机与中国实体经济:理论与实证》,载《经济研究》2019年第10期。

发挥着不可或缺的作用。然而,近年来原本起到风险隔离作用的中介机构“看门人”机制在实际操作中变形,“中介机构俨然从保护投资者利益的‘看门人’异化为迎合发行人顺利上市的‘帮凶者’”[1],这一市场乱象亟待整治。

从证券市场的信用状况来看,根据中国人民银行发布的《中国金融稳定报告(2019)》,截至2019年4月30日,在已披露2018年年报的上市公司中,有884家出现商誉减值,其中166家商誉减值损失增速超过100%,82家商誉减值损失超过上年的10倍以上,[2]证券交易领域的信用体系建设有待强化。

二、智能合约契合证券交易领域的内在需求

智能合约的技术特性与证券交易领域内在需求具有高度的契合性,对于证券交易领域效率、安全、风险控制、诚信体系建设等目标追求,智能合约完全能够发挥其作用。有别于传统依托第三方主体的中心化权威架构,智能合约采取去中心化的技术架构,可以通过创建包含交易协议内容的可执行交易程序,以代码执行方式实现诚信履约,并可以通过创建由数字形式控制的多种智能资产,以实现资产在区块链系统上的发行与流转。同时,日趋完善的智能合约能够依据自动获取的市场信息与预设的投资分析模型,构建市场数据分析预测与合约代码触发执行结合运用的“预测—反应—分析—执行”自动化体系,从而在无须人为介入的情况下即可自足地获取证券市场中的信息资源,做出交易决策。自动化水平的提高不仅提升了证券交易的效率,也使得证券交易的决策判断更为理智与客观。运行于区

---

[1] 刘志云、史欣媛:《论证券市场中介机构“看门人”角色的理性归位》,载《现代法学》2017年第4期。

[2] 参见中国人民银行金融稳定分析小组编:《中国金融稳定报告(2019)》,中国金融出版社2019年版,第47页。

块链环境中的智能合约改变了传统高度依赖中介机构、交易集中度过高的证券交易模式，可自主完成分散在市场中的交易信息的收集与交易机会的撮合。从理论上来说，链上各节点均可成为交易场所。有意向交易的节点可以直接展开对话与交易，这既省去了中间环节带来的成本耗费，也避免了交易所等中心化机构面临风险时对证券市场系统稳定性带来的威胁。此外，智能合约不但由代码定义，也由代码（强制）执行，完全自动且无法干预，[1]因而智能合约的应用将使证券市场人为干预的空间被大大压缩，极大降低了内幕交易、市场操纵等市场违法违规行为发生的可能性。

具体来看，智能合约技术与证券交易领域运行需求之间的契合如表2－1所示：

表2－1 智能合约与证券市场的结合优势

证券市场运行特征	智能合约技术特性	智能合约在证券市场的应用优势
市场交易量大且频繁	自动执行	智能合约改造后拥有强大算力支持、高度自动化的证券交易系统能够负荷高强度的交易数据分析与处理工作
人工参与环节过多留下了市场操纵的空间	“If－then”条件触发机制	配合人工智能，预设的合约模板与投资模型将根据市场参数指标变化自动调整投资策略与决策判断，压缩人为操纵的空间
中心化交易模式下风险过度集中	去中心	算法支持的技术信任重构证券市场信任基础，使得点对点交易模式得以实现，从而分散中心化交易风险

[1] 参见[美]梅兰妮·斯万著，韩锋主编：《区块链：新经济蓝图及导读》，新星出版社2018年版，第68页。

续表

证券市场运行特征	智能合约技术特性	智能合约在证券市场的应用优势
凭借优势地位,证券中介诈欺投资者痼疾难除	去中介	交易各方直接对话与交易,高度依赖证券中介的传统交易模式转变为分散自治的点对点交易结构
市场信息资源分布不均衡	分布式共享数据库	分布式账本技术与共识机制帮助建立全网共享的可靠数据库,所有交易参与者均可查看和追溯,信息壁垒被打破

第三节　智能合约与证券登记结算的内在契合

20世纪90年代,随着互联网信息技术的引入,证券登记结算制度实现了从纸质化时代向电子化时代的跨越,并逐渐发展演变为以中央对手方清算、二级托管、中央登记、净额结算为主的现代模式。然而,时至今日,互联网信息技术支撑下的中心化、集中化的证券登记结算模式,已经越来越无法满足证券市场的需要,环节复杂、成本高昂、国际化程度低、风险频发等弊端日趋凸显。具备去中心化、自动执行性、不可篡改性等特征的智能合约技术,被认为是继互联网信息技术之后的下一代颠覆性技术,不仅能够取代中央对手方清算、二级托管、中央登记、净额结算在证券登记结算中的作用,实现证明证券权利归属、担保履约、提升证券交割安全性和高效性等功能,而且有助于破解我国现有证券登记结算制度在概念术语及运行规则设计层面与无纸化实践脱节、多层级存管结算制度与直接持有模式不相融合等弊端,在我国证券登记结算领域具有广阔的应用前景。

一、证券登记结算制度的功能定位分析

从宏观层面来讲，证券登记结算是证券交易的后台程序，证券登记结算制度的功能是保障证券财产和证券交易安全，确保证券交易顺利、高效完成，降低证券交易成本。而从微观层面来讲，证券登记结算制度上述功能的实现，有赖于中央登记、二级托管、中央对手方清算等机制的相互协调与配合。换言之，中央登记、二级托管等具体制度设计，均承载着重要的使命，是为了实现特定的功能而建立的。因此，若想对证券登记结算制度的功能定位及其实现路径有更加具体、全面的理解，就需要厘清中央登记、二级托管、中央对手方清算和净额结算等机制的功能和作用。

（一）中央登记：证明证券权利的归属和变动

证券登记是发行人或者发行人委托的证券登记机构记载证券权利的归属、变动和权利状态的法律行为。[1]“实质上是对证券所有权的归属在法律上的认定”[2]。证券登记既是证券结算得以开展的前提，也是证券结算的后续行为，兼具确认证券交易、证明证券权利的归属及变动等多重功能。不过，纵观证券登记制度的发展历程可以发现，证券登记制度证明证券权利归属和变动的功能并非古已有之，而是随着无纸化证券的出现逐步发展演变而来的。

在实物证券时代，证券以证券实物作为权利表彰，证券权利人通过占有实物证券的方式来证明自己的证券权利，证券权利的转移也通过交付证券实物的方式来实现，因而对证券权利的归属和变动的证明并不依赖于证券登记。彼时，证券登记表现为对股东名册的保

〔1〕 参见中国人民大学课题组、叶林：《证券登记结算法律制度完善研究》，载《证券法苑》2014 年第 1 期。

〔2〕 赵威、仲伟光：《证券间接持有法律问题研究》，中国检察出版社 2008 年版，第 5 页。

管和维护,一般由发行人自行办理,仅具有证明发行人与投资者之间债权债务关系的功能。

而在证券无纸化时代,由于证券实物被证券登记机构维护的证券账户中簿记记录所取代,证券权利人无法再通过占有和交付实物证券的方式,来证明证券权利的归属和变动,而只能通过查看或变更证券账户中簿记记录的方式来实现。正因如此,证券登记开始发展成为法律意义上的物权登记行为,成为证券权利归属、变动的证明和公示方式。[1] 此时,为了提高证券登记的公示和公信效力,维护投资者的证券权利,各国开始规定由专门的登记机关,甚至是政府主管部门批准和注册的中央登记机关统一负责证券登记事宜,而不再交由发行人自行办理。

我国早已实现了证券的无纸化,《证券法》第 151 条第 2 款也规定:“证券登记结算机构应当根据证券登记结算的结果,确认证券持有人持有证券的事实,提供证券持有人登记资料。”因而,我国现行中央登记制度以证明证券权利的归属和变动为核心功能。

(二)二级托管:提升证券交割效率

证券托管是证券经纪人或者专门的托管机构接受投资者的委托,代投资者保管证券、收取红利的行为,[2] 是证券交易量日渐庞大的产物。在证券市场形成初期,由于证券交易量较小,由投资者自行保管和交付证券并无太大问题,证券托管制度并未出现。但随着证券交易的日益活跃,由投资者自行保管并交付证券的弊端日益凸显,

---

〔1〕 参见梅世云编著:《国际证券托管结算体系研究》,中国金融出版社 2013 年版,第 16 ~ 20 页。

〔2〕 由于我国《证券法》及《证券登记结算管理办法》中规定的存管和托管仅在托管关系的主体上存在差异,加之学界和国外一般不对托管和存管进行区分,为便于研究的开展,本文采取的“托管”概念是广义的托管概念,既包括我国现行证券法上的证券经纪人托管,又包括证券登记结算机构的存管。

即不仅难以应对实践中日渐频繁、大量的证券交付需求，也增加了证券交割失败的风险，严重限制了证券市场的发展。此时，为了克服证券交割过程中的高风险、低效率等问题，投资者纷纷将证券交由证券经纪商、信托公司、交易代理商等机构进行保管和交割，证券托管制度应运而生。而后，由于证券交易日益集中于证券交易所，大部分证券交易所开始建立专门的证券托管机构，证券交割效率进一步提升。

然而，随着证券交易的越发活跃，由证券交易所作为托管主体的分散式托管模式也开始显得捉襟见肘，效率低下、风险频发等问题日趋严重，最终在美国爆发了“纸面作业危机”，大量的证券无法及时得到交割处理，证券交易失败屡见不鲜。在这样的背景下，美国率先对证券托管制度进行改革，建立了多级托管制度——投资者将证券交给证券公司保管后，证券公司再将所保管的证券委托给证券登记结算机构统一存管。多级托管制度下，由于所有投资者的证券均由中央托管机构统一保管，实物证券的交付被证券账户的贷记和借记所取代，证券交割的效率得到了极大提升，证券交易失败的风险也显著降低。

从证券托管制度的产生和演变历程来看，破解实物证券交割困境，实现证券交割的安全性、便捷性和高效性，是证券托管制度产生、发展的内在驱动力，我国目前采取的二级托管制度也不例外。易言之，提升证券交割效率，是我国设立二级托管制度的初衷。

（三）中央对手方清算：提供履约保障

证券结算是明确交易双方应收应付的证券和资金总额，并据此转移证券权益和支付资金的过程，是完成证券交易的必经程序，具体包括清算和交收两个环节。一般而言，只有证券交易买方按时交付资金、证券交易卖方按时交付证券，证券结算才能顺利进行。因而可以说，证券交易双方按时足额履行交收义务是证券结算的核心。然而,实践中证券交易双方却并不能总是及时、足额地履行交收义务,信用风险和流动性风险在证券结算领域并不鲜见。信用风险和流动性风险不仅可能对交易对手方的利益造成重大损害,甚至可能诱发系统性金融风险,进而对整个证券市场的安全运行造成巨大威胁。

为了有效克服交收违约带来的信用风险、流动性风险和系统性风险,确保证券市场安全运行,我国将中央对手方引入证券结算环节,建立了中央对手清算制度。在中央对手方清算机制下,中国结算作为中央对手方,可以在证券清算过程中通过合约替代,成为所有证券交易买方的卖方、所有证券交易卖方的买方,并承继原证券交易买卖双方的权利和义务。此时,由于中国结算成为证券交易双方的交易对手方,无论证券交易一方是否履行交收义务,中国结算均应当对守约方交付资金或者证券,证券交易一方也就不再受原交易对手方交收违约行为的影响。可见,中央对手方可以自己的资信为结算参与人提供履约担保,并承担结算参与人的违约风险,从而消除交收违约带来的信用风险和流动性风险,进而防范因交易一方违约而引发的系统性风险,保障证券交易的正常进行。[1] 在2008年金融危机期间,正是由于中央对手方清算所的介入,雷曼兄弟破产违约的风险才没有在证券和衍生品市场进一步扩散,衍生品市场才得以在金融危机期间仍然正常运行。[2] 此外,由于中央对手方能够担保履约,证券交易参与者不再需要了解交易对手方的信用状况和真实身份,证券交易的匿名化得以实现,投资者的风险管理也随之简化。

---

〔1〕 See Avgouleas E. & Kiayias A. , *The Promise of Blockchain Technology for Global Securities and Derivatives Markets: The New Financial Ecosystem and the "Holy Grail" of Systemic Risk Containment*, 20 European Business Organization Law Review 81 (2019).

〔2〕 参见[英]彼得·诺曼:《全球风控家——中央对手方清算》,梁伟林译,中国金融出版社2013年版,第3页。

综上所述,中央对手方清算机制的核心功能在于为交易双方提供履约保障。也正是因为具备履约保障功能,中央对手方清算机制才得以实现控制风险、隔离风险、简化风险管理、促进交易匿名化等多重功能。

(四)净额结算:应对巨大的结算操作量

从大的分类上来说,证券结算主要包括全额结算和净额结算两种。其中全额结算对结算参与人的资金和证券进行逐笔计算和交收,而净额结算则在对每个结算参与人一定时间内的所有应收应付资金和证券予以冲抵轧差后,计算出其应收应付的资金和证券净额,再依据该净额进行交收。[1] 相对而言,全额结算由于对证券交易进行逐笔清算交收,确实具备债权债务关系明确的优势。但不容忽视的是,逐笔结算的方式也使得全额结算体制存在效率低下、资金量需求大等弊端。更糟糕的是,在全额结算体制下,由于结算操作量比较巨大,结算笔数可能超过结算系统的最大处理能力,从而出现结算失败、结算延迟等情形,进而对证券市场的正常运转造成重大影响。相较之下,净额结算只对轧差后的净额进行结算,因而在一定程度上确实存在债权债务关系不太明晰的问题,但更为重要的是,净额结算的这一特征也使其具备了证券交割笔数少、后台操作复杂性低、效率高、资金需求量低等优势。同时,由于证券交易一方所承担的对手方信用风险与所需支付的数额之间呈现正相关的关系,净额结算在减少结算操作量和资金需求量的同时,还可以有效降低证券交易各方所面临的风险敞口,大幅降低交易各方所面临的流动性风险。[2]

---

〔1〕 参见中国人民大学课题组、叶林:《证券登记结算法律制度完善研究》,载《证券法苑》2014 年第 1 期。

〔2〕 参见刘燕、楼建波:《金融衍生交易的法律解释——以合同为中心》,载《法学研究》2012 年第 1 期。

于我国而言，基于以下两方面的原因，净额结算制度是现阶段的必然选择。一方面，我国的投资者结构并不合理，投资理性程度较低的个人投资者所占比重过大，实践中证券市场短期炒作盛行，证券登记结算机构在每个交易日均会面临频繁、巨额的证券和资金交收量。在这种情况下，若是实行全额结算，证券登记结算系统可能无法及时处理所有证券交易，进而引发结算失败、结算延迟等风险。另一方面，我国证券结算系统尚未实现高度的自动化，部分环节仍然未摆脱人工干预，因而无法在全额结算体制下处理如此巨大的证券、资金交收操作量。根据中国结算 2019 年 11 月公布的统计月报显示，净额结算可以将实际交收金额降至总交易金额的 4.8% 左右。[1] 概言之，我国采取净额结算体制，主要是出于应对巨大的结算操作量、确保证券交易顺利完成的考量。

二、智能合约应用下证券登记结算功能定位的实现

证券登记结算制度作为证券市场的基础性制度，是证券交易得以完成的重要保障，也是证券市场正常运转的根基。[2] 从世界范围来看，各国的证券登记结算制度在制度设计上虽各有不同，但在功能定位上却基本是一致的——保障证券和资金在证券交易双方之间安全、高效地转移。我国现行以中央登记、二级托管、中央对手方清算和净额结算为主体的证券登记结算制度也不例外。基于此，智能合约能否实现对中央登记、二级托管、中央对手方清算和净额结算的优化替代，并显著提升证券登记结算的安全性和高效性，是能否在证券

---

〔1〕 参见中国证券登记结算有限公司 2019 年 11 月统计月报，载中国证券登记结算有限公司官网，http://www.chinaclear.cn/zdjs/tjyb1/center_tjbg.shtml。

〔2〕 See Edosa Kennedy Aigbekaen, *The Challenges of Establishing an Efficient Securities Settlement System in an Emerging Market*, 15 Uniform Law Review 639 (2010).

登记结算领域引入智能合约技术的决定性因素。

（一）分布式数据库证明证券权利的归属和变动

在现有证券登记结算模式下，由于实物证券不复存在，有关证券权利归属和变动的证明依赖于中央登记机关维护的证券账户中簿记记录。而在智能合约应用于证券登记结算领域后，由于其运行环境——区块链本质上是集体维护、不可篡改、公开透明、可追溯的分布式数据库，智能合约系统中的交易记录和所有权记录本身便能起到证明证券权利归属和变动的作用，现有中央登记机构的功能将被弱化，甚至被智能合约所取代。

具体而言，智能合约应用下，所有与证券权利归属和证券交易相关的信息，都会在经过验证并加盖时间戳后，被实时保存于可追溯、高度透明的分布式账本上，并且所有节点均可查看和追溯。[1] 由此可见，智能合约系统中的证券所有权记录和交易记录是由所有节点共同维护的，兼具真实性、准确性和透明性等特征，完全能够起到证明证券权利归属和变动的作用。[2] 同时，区块链集合了非对称加密技术和共识机制，任何主体均无法撤销或者篡改保存在分布式账本中的记录，因而即使不依赖中心化的权威机构——中央登记机构，保存在智能合约系统中的证券所有权记录和交易记录的安全性和真实性也能得到充足保障。

综上所述，智能合约应用于证券登记结算领域后，虽然证券登记将从集中状态回归到分散状态，中央登记机构在提供公信力等方面

---

〔1〕 See Manuela Geranio, *Fintech in the Exchange Industry: Potential for Disruption*, 11 Masaryk University Journal of Law and Technology 245 (2017).

〔2〕 See Kelesy Bolin, *Decentralized Public Ledger Systems and Securities Law: New Applications of Blockchain Technology and the Revitalization of Sections 11 and 12 (a)(2) of the securities act of 1933*, 95 Washington University Law Review 95 (2018).

的作用也将大大弱化,但由于分布式数据库本身就能为智能合约系统中的证券所有权记录和交易记录提供公示和公信效力,智能合约技术得以实现对中央登记制度的优化替代,证券市场不再依赖中央登记机构的信任背书,现有中央登记制度将面临巨大变革。[1]

(二)资产数字化和自动执行性确保证券交割的高效性

根本而言,二级托管制度提升证券交割效率的功能,是通过证券的非移动化来实现的。智能合约应用于证券登记结算领域后,虽然证券的保管和交割需要由投资者自行完成,而不再依托证券托管机构,但由于智能合约中的资产均表现为数字形式,而非实物形式,基于智能合约的证券交割也具有非移动化的特征,证券交割的高效性自然也能够得到充足保障。具言之,由于智能合约具备资产数字化特征,智能合约应用下的证券交割主要通过交付证券私钥的方式来实现,而证券私钥本质上是一串数据,因而在智能合约证券登记结算系统中,证券的交割也是通过无纸化和非移动化的形式开展的,实物证券交割下存在的效率低下等问题不复存在。与此同时,由于智能合约是"存储在区块链系统中的应用,是已编码的、可自动运行的业务逻辑"[2]。智能合约证券登记结算系统中的证券交割可以通过预先设置的智能合约自动执行,而不再需要第三方的干预,即区块链的应用有助于实现证券的实时、自动交割,摆脱人工干预带来的低效。

可见,虽然基于智能合约技术的去中心化特征,智能合约的应用将极大弱化中央托管机构和证券公司的托管职能,但由于具备资产

---

〔1〕 See Philipp Paech, *The Governance of Blockchain Financial Networks*, 80 Modern Law Review 1073 (2017).

〔2〕 参见中国区块链技术和产业发展论坛编写:《中国区块链技术和应用发展白皮书(2016)》,载中国区块链技术和产业发展论坛网 2016 年 10 月 18 日,http://www.cbdforum.cn/bcweb/index/article/rsr-6.html。

数字化和自动执行性特征，智能合约技术本身便可以实现二级托管制度的功能——确保证券交割的高效性。更进一步来说，智能合约证券登记结算系统还能实现自动计算股息、代扣代缴、赎回股票等功能，从而取代中央托管机构的证券权益管理职能。[1] 概言之，由于具备资产数字化和自动执行性特征，智能合约能够全面取代证券托管机构在提升证券交割效率、管理证券权益等方面的作用，从而架空证券托管机构在证券登记结算领域的职能。

（三）不可中止性和不可篡改性提供履约保障

中央对手方清算机制作为现代金融市场风险管理的标志，核心功能是为交易双方提供交收担保，防止因一方当事人的交收违约而导致的证券结算失败，从而消除信用风险和流动性风险，确保证券交易安全有序进行。[2] 从本质上来说，中央对手方清算机制是通过“将证券交易支付不能的风险内化为中央登记结算系统的风险”的方式，[3]来确保证券交易安全完成的。不同的是，智能合约是借助交易的不可中止性来为证券交易双方提供履约担保，从而确保证券交割和资金交收能够按时、足额完成的。

智能合约应用于证券登记结算领域后，由于证券和资金的交收交割是通过代码自动执行的，即使不依赖中央对手方，结算违约的情形也基本不可能发生。原因在于，智能合约是自动执行的电子指令，

---

〔1〕 See Pinna Andrea & W. Ruttenberg, *Distributed Ledger Technologies in Securities Post - Trading Revolution or Evolution?*, ECB Occasional Paper 172 (April 2016), https://www.ecb.europa.eu//pub/pdf/scpops/ecbop172.en.pdf.

〔2〕 See DTCC Occasional Paper, *Embracing Disruption: Tapping the Potential of Distributed Ledgers to Improve the Post - Trade Landscape*, DTCC (Janurary, 2016), https://www.dtcc.com/~/media/Global/Tapping-the-Potential-for-Distributed-Ledger-EN.

〔3〕 王萍：《证券交易与监管法律研究》，中国政法大学出版社2015年版，第265页。

一旦预设的执行条件被触发,便会按照预设的执行规则自动执行,无论是证券交易双方当事人,还是行政机关、司法机关,均无法对其施加干预,即智能合约具有不可中止的特性。[1] 这意味着,只要证券交易双方在智能合约中对证券结算的执行条件、执行规则和执行结果进行了部署,并且将待结算的资金和证券转移至智能合约,智能合约便会在接收到证券交易达成的信息时,自动执行证券买卖合同的条款,完成证券和资金的交收交割,且在整个过程中任何主体均无法对其进行干预。与此同时,区块链是一个集体维护的分布式账本,信息经过各节点的验证并加盖时间戳记录在区块链系统中后,即无法删除和修改,因而智能合约一旦部署在区块链网络中后,即使是合同双方当事人和监管机构,也无法通过删除或者修改智能合约的方式,中止智能合约的执行。[2] 综上所述,在智能合约证券登记结算系统中,结算违约基本不可能发生。

总而言之,智能合约本身便具有担保交收的功能,能够形成自动担保机制,从而保障证券和资金及时、足额地在证券交易双方之间交割和交收,防控因一方违约而导致的流动性风险和信用风险,进而弱化中央对手方在证券登记结算过程中的作用。[3]

(四)自动执行性和去中心化破解结算操作量大的困境

净额结算体制下,由于当事人仅需就轧差后的净额进行支付,证券交易各方所须交收交割的资金和证券数量将大大减少,证券登记结算系统面临的结算压力也将随之大幅减轻。本质而言,净额结算

---

〔1〕 See Alexander Savelyev, *Contract law 2.0:"Smart" Contracts As the Beginning of the End of Classic Contract Law*, 26 Information & Communications Technology Law 116 (2017).

〔2〕 参见陈吉栋:《智能合约的法律构造》,载《东方法学》2019 年第 3 期。

〔3〕 参见倪蕴帷:《区块链技术下智能合约的民法分析、应用与启示》,载《重庆大学学报(社会科学版)》2019 年第 3 期。

机制的核心功能是通过抵销证券交易各方债权债务的方式，减少证券和资金的交收交割数量，进而提高证券结算效率，破解证券登记结算领域结算操作量巨大的困局。而在智能合约应用下，由于证券登记结算将以自动化和点对点的方式进行，智能合约证券登记结算系统本身便可应对巨大的结算操作量，净额结算制度在提高证券结算效率方面的作用将被淡化。具言之：

1. 在智能合约证券登记结算系统中，证券结算均是通过智能合约自动执行的，因而能够摆脱传统证券结算系统下人工干预带来的低效，实现证券结算的高度自动化。可以说，摆脱了人工干预的智能合约证券登记结算系统的结算效率极高，完全可以应对巨大的结算操作量。

2. 在传统中心化结算模式下，所有结算参与人的资金交收和证券交割都由证券登记结算机构集中办理，因而可能出现结算量巨大以致结算失败或者结算错误的情形。而基于智能合约的去中心化特征，智能合约证券登记结算系统中的证券结算是点对点的证券结算，分散在区块链网络中，而非集中在证券登记结算机构这样一个中心化的场所中，[1]因而不太可能出现结算操作量巨大以致结算失败的情形。

可见，凭借自动执行性和去中心化特征，智能合约证券登记结算系统完全可以应对全额结算机制下的巨额结算操作量，实现对净额结算机制的优化替代，破解净额结算机制下债权债务关系不够清晰的弊端。

三、我国现行证券登记结算制度的缺陷剖析

证券登记结算是保障证券交易最终得以实现的关键环节，能够

---

〔1〕 See Joseph Lee, *Distributed Ledger Technologies (Blockchain) in Capital Markets: Risk and Governance*, SSRN Electronic Journal 1 (2018).

调整证券变动中的利益冲突、确认证券权利的权属,是一项证券基础性制度。[1] 从20世纪开始,伴随高速计算机的出现与信息技术的发展,证券市场在历经实物券阶段和非移动化(证券的固化)[2]阶段后,开始步入无纸化时代。我国证券市场虽建立较晚,但凭借新兴市场的后发优势,只经历了短暂的实物券阶段便通过政策推进迅速实现了无纸化改造。[3] 经过30余年的发展完善,我国的证券登记结算体系基本上已经可以支持交易后台程序的运行,并为证券交易的完成提供必要的稳定性、可靠性和确定性。

不过,证券市场快速跨入无纸化阶段并不意味着证券法律制度也能够迅速回应证券无纸化的发展趋势,与此相反,由于欠缺实物券、非移动化阶段的自然演变过程以及对应阶段的立法经验积累,我国的证券法律制度未能充分反映并较好地回应证券无纸化变革,存在法律文本与制度实践之间的脱节。[4] 在制度设计层面,我国证券登记结算制度存在内生的固有缺陷,并且在实际运行过程中,其也同现有的法律框架不相适应。换言之,尽管以纸质证券为基础的交易规则在实际证券交易中不再适用,但我国现有的证券法律规则,依然

---

〔1〕 参见李东方:《证券登记结算的法理基础研究》,载《中国政法大学学报》2018年第5期。

〔2〕 所谓的证券"非移动化"或称证券的"固化"是指在20世纪60年代华尔街爆发"纸面作业危机"之后,为了提高证券交易的后台处理效率,将原本需要频繁移转的证券文书凭证,集中存放在第三方机构处"固定"下来,证券交易的过户由原本的凭证转移变为账簿上的记增或记减。

〔3〕 在20世纪90年代沪深交易所刚刚创组之时,便使用计算机进行交易撮合并采用集中竞价的交易模式,1993年开始发行无纸化证券,1996年证券交易大厅被取消或仅仅被作为证券交易的备用设施,在此基础上,证券无纸化的证券交易迅速铺开。参见叶林:《无纸化证券的权利结构》,载《社会科学》2009年第3期。

〔4〕 参见袁康:《无纸化背景下我国证券登记结算制度的改革与完善》,载《证券法苑》2011年第2期。

沿袭了纸质证券的时代特色。[1] 我国现行证券登记结算制度，不但在制度安排上显现出实物券时代的思维模式，如存管、托管、过户等与无纸化时代脱节的过时概念的保留，还在实际运行中存在法律障碍，如中央对手方机制的运行缺少法律规范，证券投资者的权益救济难以实现。

（一）概念术语及运行规则设计与无纸化实践脱节

依据传统理论，“证券上存在两种权利：一种是证券所有权，即证券持有者对构成证券的物质的所有权；另一种是证券权利，即证券持有者依照证券上的记载而得以享有或行使的权利”[2]。实物券阶段的证券是证券所有权与证券权利的集合体，以券面记载和实际持有作为投资者的确权依据，以实体交付和变更登记作为证券交收的实现方式。[3] 非移动化阶段的证券投资者虽然不再直接持有证券，但也同样将证券的有形实体作为证券流转的物质基础。一旦证券发行交易与清算结算过程彻底无纸化，证券所有权即成为一个实质上的“伪概念”。原因在于，对于证券投资者而言，“不可能‘持有’一种并无实际存在的东西”，也同样“不可能承认‘已经无纸化的证券’能够作为寄存的标的物”。[4] 显然，建立在证券有体物观念基础之上的证券持有、存管、托管等概念术语是滞后于现有的无纸化证券实践的。

此外，证券登记结算制度中的运行规则设计也与证券实践存在

[1] 参见叶林：《无纸化证券的权利结构》，载《社会科学》2009 年第 3 期。

[2] 谢怀栻：《票据法概论》，法律出版社 2006 年版，第 5 页。

[3] 具体而言，不记名证券直接以占有与持有作为确权依据，证券权利的移转采用直接交付的方式，记名证券的确权与移转，除了看占有状态外，还需要背书和在证券持有人名单上的登记确认。

[4] 参见［法］伊夫·居荣：《法国商法》，罗结珍、赵海峰译，法律出版社 2004 年版，第 791 ~ 792 页。

脱节。在证券无纸化时代,证券不再从实物凭证的意义上使用,而主要体现为无实体的、观念上的证券权利,因而证券也就具有了新型的权利表彰形式:存储在证券账户中、以数据电文形式呈现的电子记录。我国采用直接而集中的证券登记制度,〔1〕证券投资者所拥有的证券直接、集中地于证券登记结算机构处进行登记,结算参与人与投资者之间的证券划付,同样委托证券登记结算机构代为办理。〔2〕所以尽管我国的证券登记结算制度存在二级存管与多级结算的设计,〔3〕证券登记结算过程依托证券登记结算机构、结算参与人等多个中介展开,〔4〕但在实践操作中,此种制度设计并没有得到实际应用。证券登记结算活动的开展实际是在证券登记结算机构处以后台数据交换与处理的形式实现的,最终的结果体现为证券交易双方在证券登记结算机构处开立的证券账户内的数额记增或记减。因此,在证券市场中强行搭建的多层级存管与结算体系,以及据此设计的相关运行规则,并没有有效衔接证券登记结算的真实运行过程,属于证券登记结算制度设计中的先天性缺陷。〔5〕

---

〔1〕《证券法》第148条规定,证券登记结算采取全国集中统一的运营方式,同时第151条规定,证券登记结算机构向证券发行人提供证券持有人名单及其有关资料,并根据证券登记结算的结果,确认证券持有人持有证券的事实。

〔2〕《证券登记结算管理办法》第148条。

〔3〕二级存管体系与多级结算体系由证监会发布《证券登记结算管理办法》所确认。《证券登记结算管理办法》第34条规定,投资者应当委托证券公司托管其持有的证券,证券公司应当将其自有证券和所托管的客户证券交由证券登记结算机构存管,但法律、行政法规和中国证监会另有规定的除外。第43条规定,证券和资金结算实行分级结算原则。证券登记结算机构负责办理证券登记结算机构与结算参与人之间的集中清算交收;结算参与人负责办理结算参与人与客户之间的清算交收。

〔4〕《证券登记结算管理办法》第78条规定,结算参与人,是指经证券登记结算机构核准,有资格参与集中清算交收的证券公司或其他机构。

〔5〕参见张保红:《我国证券登记结算制度的缺陷及重构——兼论〈中华人民共和国证券法〉第七章的修订》,载《法商研究》2014年第2期。

（二）多层级存管结算制度与直接持有模式不相融合

"证券持有模式连接着证券登记、托管、清算、交收等多个环节，并涉及投资者与发行人、中央证券登记机构、托管人之间的多重法律关系。"〔1〕根据实际投资者是否直接持有实物证券，或者实际投资者的名字是否记载于法定登记机构保管的证券持有人名册之上，证券持有可分为直接持有和间接持有两种模式。〔2〕证券持有模式在证券登记结算体系中具有基础性作用，毫不夸张地说，证券持有模式的选择将对登记制度、托管制度和结算制度的构建产生根本性影响。具体而言，由于间接登记、多级托管、分级结算和多边净额结算需要以证券间接持有为基础，〔3〕在奉行证券间接持有模式的国家，一般会在证券市场建立起间接登记制度、多级托管制度、分级结算制度和多边净额结算制度；而在奉行直接持有模式的国家，则相应地会建立起直接登记制度和一级托管制度。

从比较法的视角来看，证券持有人名册不显示实际投资者姓名及其证券持有情况的间接持有模式，契合了各国在减少证券交收周期和成本、便利跨国证券结算等方面的需求，是当前的国际主流模式。但在我国，虽然《证券法》第 150 条第 1 款规定，"在证券交易所或者国务院批准的其他全国性证券交易场所交易的证券，应当全部存管在证券登记结算机构"，且《证券登记结算管理办法》等效力层级不高的部门规章中也有部分肯定间接持有模式的规定，但在实践中，证券是记录在证券持有人本人的账户内的，实际投资者的姓名及

---

〔1〕《证券持有模式及不同持有模式下持有人权利》，载《上海证券报》2005 年 12 月 27 日，C05 版。

〔2〕参见赵威、仲伟光：《证券间接持有法律问题研究》，中国检察出版社 2008 年版，第 4 页。

〔3〕参见张保红：《我国证券登记结算制度的缺陷及重构——兼论〈中华人民共和国证券法〉第七章的修订》，载《法商研究》2014 年第 2 期。

其证券持有情况也直接显示在证券持有人名册上,即证券实际上是由实际投资者直接控制的。因此可以认定,除 B 股、QFII 和融资融券业务之外,我国证券市场所采用的证券持有模式为直接持有模式。与之相对应,我国《证券法》对证券登记结算制度的规定总体上是以直接持有模式为基础的,并未对间接登记、二级托管等作出规定。由此,由《证券登记结算管理办法》和证券登记结算机构相关业务规则共同确立的多层级存管结算体系,将证券投资者与证券发行人间的直接法律关系进行人为切断,有违反上位法之嫌,[1]在效力方面存在瑕疵。

(三)证券登记结算参与主体权责失衡

无纸化背景下,记载在证券账户内的电子数据,成为投资者持有证券、主张证券权利的依据,[2]证券账户也因此成为证券投资者进行证券交易活动的重要基础。现代证券账户管理制度的重要特点之一就是层位化——“不同层位的管理人维护不同的簿记系统”[3],如此一来,在财产权利和账户权利的行使上,就可能存在财产受益人与账户名义人之间的分离,《证券登记结算管理办法》确立的名义持有人制度即体现了这一点。[4] 证券权利表彰形式的虚拟化以及名义持有人的存在,使得证券权属的实质判断变得困难,名义持有人与实

---

[1] 参见中国人民大学课题组、叶林:《证券登记结算法律制度完善研究》,载《证券法苑》2014 年第 1 期。

[2] 参见王静:《无纸化证券与证券法的变革》,中国法制出版社 2009 年版,第 44 ~ 45 页。

[3] 邓丽:《论无纸化证券的持有与所有》,载《法律科学(西北政法大学学报)》2008 年第 4 期。

[4] 《证券登记结算管理办法》第 18 条规定:证券应当记录在证券持有人本人的证券账户内,但依据法律、行政法规和中国证监会的规定,证券记录在名义持有人证券账户内的,从其规定。证券登记结算机构为依法履行职责,可以要求名义持有人提供其名下证券权益拥有人的相关资料。

际投资者之间的权利义务关系无法在证券法的层面得到清晰的界定。尤其是出现涉及第三人的证券交易纠纷时,主要面向动产和不动产的善意取得制度在证券权利的取得上是否同样存在适用空间,证券登记结算机构对账户内的证券划转行为是否应当承担责任,这些都处于模糊地带。

此外,如果投资者想要进入证券市场开展证券买卖活动,必须首先与证券公司签订证券交易、托管与结算协议,〔1〕将所有的证券托管到证券公司,然后再由证券公司存管到证券登记结算机构。从法律性质上来看,证券托管本质上属于保管合同,而证券的存管,可认为是保管合同的转委托。证券托管存管过程中加入的证券公司,貌似隔断了证券登记结算机构与证券投资者之间的直接法律关系,但事实上是无法做到的。〔2〕 对比真实的市场运作流程可知,我国的多级清算制度具有想象和拟制的成分:〔3〕为了实现有结算参与人加入的多级结算过程,由证券公司在证券登记结算机构处开立一级证券账户,而证券投资者在证券公司处开立二级证券账户,但结算参与人(证券公司)与客户之间的证券划付,实际上仍然是由证券登记结算机构代为办理的。〔4〕 在我国,证券登记机构与证券结算机构是同一的,证券的交收过程是由证券登记结算机构直接划拨完成的,证券权利的变更登记同样在该机构内部完成,相应的审查程序只在证券登

〔1〕《证券登记结算管理办法》第 36 条。

〔2〕 原因在于,当因为证券登记结算机构的不当保管而给投资者造成损失时,尽管投资者无法向证券登记结算机构直接求偿,但证券公司却拥有向其追偿的权利,最终证券登记结算机构依旧无法从证券保管的责任中脱离。

〔3〕 参见范中超:《证券结算的法律构造及其在中国的实践》,载《太平洋学报》2007 年第 10 期。

〔4〕《证券法》第 147 条。

记结算机构内部进行，[1]证券公司无法介入证券交收的过程，这就使证券公司沦为代理投资者传递交易指令、办理资金结算的经纪商角色。显然，无纸化条件下证券公司在证券登记结算环节中的影响力和地位被极大削弱，[2]对比之下，证券登记结算机构具有实际控制证券登记结算过程的能力，手握实权且不受监督，二者在权利义务结构以及责任分配上存在明显失衡的情况。

（四）中央对手方机制的运行存在阻碍

如前文所述，中央对手方机制能够在控制信用风险、防范系统性金融风险方面发挥积极作用，[3]因此我国证券市场也引入了中央对手方机制。然而，由于我国立法尚存在疏漏，中央对手方机制的运行在我国现有法律框架下仍然存在阻碍。

1. 在民法层面，中央对手方机制的合约更替难以得到解释。在中央对手方机制下，中央对手方直接或间接地介入买卖双方之间的证券交易关系中，成为所有买方的卖方以及所有卖方的买方，享有和承担原先买方及卖方的权利义务。[4] 在这一过程中，由于原本的证券交易合同被中央对手方与交易双方的合同所替代，无论原交易方

---

〔1〕 参见张辉：《证券无纸化与中国证券登记存管制度检视》，载王保树主编、中国法学会商法学研究会编：《中国商法年刊》2008年卷，北京大学出版社2009年版。

〔2〕 参见袁康：《无纸化背景下我国证券登记结算制度的改革与完善》，载《证券法苑》2011年第2期。

〔3〕 中央对手方作为“介入交易双方之间而成为每一个卖方的买方和每一个买方的卖方的实体”通过合约替换与担保交收，同时担任着对手方信用风险的担保机制与系统性风险的隔离机制。See *Recommendations for Central Counterparties*, Committee on Payment and Settlement Systems & Technical Committee of the International Organization of Securities Commissions (March 2004), https://www.bis.org/cpmi/publ/d61.pdf.

〔4〕 See Jon Gregory, *Central Counterparties: Mandatory Central Clearing and Initial Margin Requirements for OTC Derivatives*, Wiley Online Library (27 June 2014), https://onlinelibrary.wiley.com/doi/10.1002/9781118891568.ch4.

是否守约,中央对手方均需履行担保交收的义务。这种替代一方交易主体、介入原交易关系的行为,与《法国民法典》中规定的债的更新方式——债权主体的更替较为相近。我国《民法典》没有规定债权主体的更替,与之较为接近的只有《民法典》第555条所规定的权利义务的概括转让。[1] 但是,合同权利义务的概括转让有其自身特征,其并未构成对原合同的实质性变更,转让前后的合同主体是处于同一合同关系,而且合同的转让需要经过交易对手方同意,并受制于抗辩权、抵销权等限制性条件。[2] 而中央对手方机制下的合约更替则代表着原合同的消灭与两个新合同的诞生,原交易方不仅需遵守原有的合同责任与义务条款,还要受中央对手方制定的清算结算规则的约束,这已远远超出交易方订立原合同时的合理预见。[3] 因此,合同权利义务的概括转让并不等于中央对手方机制下的合约更替,合约更替在我国现行法律框架下无法得到解释。概言之,由于目前我国合同法领域尚未引入债权主体更替制度,加之证券法未对中央对手方与交易双方之间的法律关系予以明确,在现行法框架下,中央对手方与结算参与人之间的合同关系还得不到认可,交收失败时中央对手方行使追偿权也没有充足的法律依据,从而可能对中央对手方清算业务的开展造成极大阻碍。[4]

---

〔1〕《证券登记结算管理办法》第46条第1款第1项"对于结算参与人负责结算的证券交易合同,该合同双方结算参与人向对手方结算参与人收取证券或资金的权利,以及向对手方结算参与人支付资金或证券的义务一并转让给证券登记结算机构"的规定,同《民法典》第555条"当事人一方经对方同意,可以将自己在合同中的权利和义务一并转让给第三人"的规定较为类似。

〔2〕概括转让的效力规定适用《民法典》第545条、第547~549条、第553~554条的规定。

〔3〕参见朱小川:《"中央对手清算"概念辨析及法律问题》,载《金融理论与实践》2017年第4期。

〔4〕参见卜学民:《论区块链对中央对手方结算的挑战及其应对》,载《北方法学》2019年第6期。

2. 在破产法层面,中央对手方机制难以保证证券交收的优先顺序。为了降低中央对手方面临的信用风险,确保证券登记结算体系的安全平稳运行,理论上应当"赋予结算机构对参与人清算履约财产的优先权,包括在参与人破产时不受破产程序的约束而就清算履约财产优先受偿的权利"[1]。然而,启动破产程序、进入破产法律关系后,原本的合同与债权债务就可能因为破产管理和清偿顺位的特殊安排,面临不能履行或者得不到清偿的风险。基于《破产法》的如下特殊设计,中央对手方的结算业务可能面临被迫中断的风险:一是对于双方尚未履行完毕的证券交易合同,破产管理人享有决定合同是否继续履行的选择权。[2] 此时一旦破产管理人基于某些考虑选择解除证券交易合同,那么尚未履行的证券交易合同只能终止履行,[3]从而导致证券交收的失败。二是破产管理人享有针对优惠性清偿、欺诈性转移的撤销权,[4]可以对因证券交易方的特殊动机或是极端的市场条件而出现的以"明显不合理价格"交易的情形予以撤销,从而导致证券交收的失败。同时,在法律无特殊规定的情况下,证券结算债权只能作为一般债权列入破产财产的清偿序列,因此结算财产的清偿优先性也就无法得到保障。而一旦证券交易的终局性与结算财产的优先性无法得到保证,那么中央对手方机制的运作根基就会被动摇。

(五)证券投资者的权益救济难以实现

无救济则无权利。证券的投资工具属性以及证券市场运作的复

---

〔1〕 李东方:《证券登记结算的法理基础研究》,载《中国政法大学学报》2018 年第 5 期。

〔2〕 参见《破产法》第 18 条。

〔3〕 参见《民法典》第 566 条。

〔4〕 参见《破产法》第 31 条。

杂性,决定了证券市场中交易活动的高风险属性。在此背景下,若无健全的投资者保护机制与权利救济渠道,很难调动投资者的投资热情,从而可能阻碍证券市场的继续发展。而在我国证券登记结算制度的实际运行过程中,存在证券投资者的权益救济难以实现的问题。

1. 证券投资者可能面临证券权利难以证明的困境。《证券法》第151条第2款规定:"证券登记结算机构应当根据证券登记结算的结果,确认证券持有人持有证券的事实,提供证券持有人登记材料。"第151条肯定了证券登记结算机构具备对证券权利归属进行证明的职能,也指出了确权依据为"证券持有人登记材料",但却未指出登记资料的具体内容。结合证券登记结算制度的相关法律规定以及业务规则,登记资料的范围可能包括证券账户、证券持有人名册和证券登记结算机构出具的证明文件。但是证券账户本身并非有体物,其无法体现证券权利的相关信息与具体内容,而证券持有人名册上的信息出自证券账户的相关信息披露。可见,证券登记结算机构虽然具备法定证明机构的地位,但证明文件的出具程序以及不同类型证明文件的证明效力并无法律的明文规定。因此,如果投资者想要证明自身为证券权利的拥有者,仍然存在困难。

事实上,证券的直接持有模式通行于传统证券实物化及流动化的背景下,其与证券的集中登记存管与结算是不相适应的。[1] 大陆法系国家坚守"一物一权"原则,投资者行使证券权利却不掌握证券实体的状况,本就难以通过将证券权利物化后以共有的方式加以解释,更何况无纸化状态下唯一表彰证券权利的账户记录也掌握在证券登记结算机构手中,投资者对于证券权利的行使很难在传统物权法律框架下实现。与此形成对照的是,英国采用适用于无形财产权

〔1〕 参见尚彩云:《证券间接持有与集中登记、存管和结算法律制度——兼论对〈证券法〉第七章的修改》,载《证券法律评论》2014年卷。

的信托法律框架,将证券权利分为法定所有权和权益所有权,证券托管人作为信托关系受托方,担任证券的法定所有人并拥有证券的法定所有权,投资者将证券进行托管后享受信托利益,即证券的权益所有权。由此,没有直接掌握证券的投资者同样能够享有证券上的投资者权益。可见,英国是通过采用信托法上的"双重所有权"理论的方式来解决证券权利的分割问题的。类似地,美国在《统一商法典》中创设了与证券相对应的"证券权益"的概念,比利时、卢森堡两国提出了"名义份额所有权"的概念。

2. 证券权益受损投资者的责任追究路径不明。纵观与证券登记结算相关的法律规范及业务规则,并未发现关于证券登记结算关系性质以及相关主体法律地位的明确规定。实际上,现行证券登记结算法律制度主要是以证券登记结算机构的职责为核心,而非以各方权利义务为核心进行制度设计,[1]加上多层级的证券存管结算体系复杂化了证券投资者之间、证券投资者与证券登记结算机构或是发行人之间的法律关系,证券投资者的权益受损时,难以依循传统的法学解释路径与责任追究路径进行救济。特别是当出现类似于强行将证券公司嵌入证券投资者与证券登记结算机构之间、刻意模糊各方权利义务的制度设计时,受损投资者寻求救济就变得更加困难。

四、智能合约应用破解证券登记结算制度的法律困境

如前所述,我国现有证券登记结算制度滞后于证券无纸化实践,某些运作机制在我国现有的法律框架下也难以得到合理解释。智能合约在证券市场的应用,不仅变革了传统的证券交易与登记结算流程,也冲击了原有的主体结构与权责分配模式,在提高证券登记结算

---

[1] 参见袁康:《无纸化背景下我国证券登记结算制度的改革与完善》,载《证券法苑》2011 年第 2 期。

制度运作效率的同时,也有助于破解证券登记结算制度所面临的法律困境。

(一)原始化的交易结算模式统一概念术语与运行机制

最简单、最直接的运行模式同样是最有效率、最安全的运行模式。智能合约具备“化繁为简”的功能,能够将现有中介机构参与下复杂的证券交易结算模式,还原到点对点交易、点对点即时结算的原始交易结算模式。在原始化的证券交易结算模式下,证券登记结算系统的运行机制更为简单、清晰,因此证券登记结算制度只需要保留一套精练而必要的概念术语与遵循最简化的运行机制,就能做到制度层面与实务层面的统一。

1. 点对点交易无须复杂的概念设计

我国证券登记结算制度混乱的概念设计固然与同现实脱节的实物券思维相关,但证券交易与登记结算体系结构方面的因素同样不可忽视。当前的证券交易与登记结算体系,是围绕着证券交易所、证券登记结算机构等市场基础设施展开的,证券交易双方之间必须依靠证券公司、证券登记结算机构等中介才能建立联系,证券交易的完成必须经由交易所的撮合、中央对手方的合约替代与担保交收、证券公司与证券登记结算机构间的净额结算等复杂的运作机制才可实现。在如此复杂的证券交易结算模式下,烦冗的概念设计是必不可少。相形之下,智能合约及其运行环境区块链(尤其是公有链)能够实现真正地去中心化运行,能够开展不依赖中心节点的分布式交易,且很难被单一的力量所操纵,故而证券交易方可以实现点对点的对接,证券的流通也由原本的单中心控制变为社会化流通。点对点的直接交易模式在简化交易与登记结算结构的同时,也可以进一步简化和统合证券市场运作机制的概念体系,避免因概念术语的繁复和模糊而引发的市场运行混乱。

2. 货银对付的结算机制简明易行

货银对付是最为原始的交易结算方式,可简单解释为“一手交钱,一手交货”。作为原始证券结算方式的货银对付机制,其结构简单易明、操作简便易行,有利于实现证券登记结算在制度与实务两个层面上的统合。在证券交易结算领域,货银对付既是一种结算机制,也是证券交易结算活动需要遵守的结算原则。《证券法》第158条第2款明文规定,“证券登记结算机构为证券交易提供净额结算服务时,应当要求结算参与人按照货银对付的原则,足额交付证券和资金,并提供交收担保”。同时,按照《证券登记结算管理办法》的释义,货银对付的含义为“证券登记结算机构与结算参与人在交收过程中,当且仅当资金交付时给付证券、证券交付时给付资金”。[1] 可见,证券法律制度中的货银对付与“一手交钱,一手交货”并不相同。主要区分点在于:当前证券结算过程中的货银对付发生在证券登记结算机构(中央对手方)与结算参与人(非交易当事人)之间,存在于证券登记结算机构与结算参与人之间、结算参与人与证券交易方之间等若干个结算小分支之中,证券交易双方之间在证券和资金的结算上仍然存在时间差。[2]

智能合约应用下的证券交易结算系统支持点对点、“交易即结算”的运作模式,由预设的智能合约模板控制结算过程,证券结算无须依赖中介机构,当事人之间可以直接进行资金和证券的划付,从而实现真正意义上的货银对付。在该系统中,当证券交易达成时,智能合约会自动执行证券结算程序,将证券交易卖方的证券划转至证券交易买方,并同步将证券交易买方的资金转移至证券交易卖方。同

---

〔1〕《证券登记结算管理办法》第78条。

〔2〕如在我国的A股市场中,股票与资金是分开结算的,股票交收实行“T+0”,而资金交收实行“T+1”。

时，在货银对付结算模式下，不存在阻隔或吸纳信用风险的第三方主体，交易活动所生的信用风险由双方自行承担，故而需要双方的充分信任才可进行，即交易双方信任的建立成为货银对付机制得以运转的关键。而智能合约依托代码执行的技术硬约束以及区块链上留存的无可辩驳的可信数据记录，能够有效解决陌生人交易中的信任问题。

（二）去中介化结算化解多层级设计的法律障碍

1. 智能合约的应用实现去中介化的证券结算

为了解决结算主体之间的信任问题，缩短结算周期，降低结算成本，传统证券市场构建起了以中央对手方清算、净额结算、多级托管和多级结算为主的证券登记结算体系。然而，时至今日，中心化、集中化、多级化的证券登记结算模式，已经越来越不能满足证券市场的需要，程序复杂、效率低下、成本过高等弊端日益凸显。同时，作为核心基础设施的证券登记结算机构，既承担着证券交易后流程的庞大业务量，也累积了大量的市场风险。

基于智能合约的自动执行性、去中心化、资产数字化等特性，中央对手方、证券公司、证券托管机构在证券结算中的职能将被弱化，甚至被区块链和智能合约技术所取代，即智能合约的应用将取代现有多级托管、多级结算和中央对手方清算机制，实现去中介化的证券结算，从而克服中心化证券结算模式下环节复杂、成本高昂、效率低下、系统性风险频发等问题。

具言之，多级托管和多级结算产生于证券交易量日渐庞大的时代背景，目的在于破解实物券交割困境，实现证券交割的安全性、便捷性和高效性。而基于智能合约的资产数字化、自动执行性和不可中止性特征，智能合约应用下的证券结算领域实行自动化、数字化的证券交割，只要链上节点通过共识机制确认了证券交易的有效性，智能合约便会自动进行资金的划拨与证券的交割,实时完成证券交易与清算结算流程,且任何主体不能通过施加干预阻止其执行。因此,智能合约能够在不依赖多级托管和多级结算的情况下实现证券交割的非移动化和高效化,并在不依赖中央对手方的情况下提供履约担保,从而全面取代多级结算、多级托管和中央对手方清算在证券结算中的作用。

2. 去中介化的证券结算与现有证券法律规定的相合

多层级的证券登记结算体制与证券直接持有模式存在冲突,这是因为,多层级的证券登记结算体系需要以间接持有模式为基础。间接持有模式下,投资者将证券交给证券公司保管,证券公司再将所保管的证券委托给证券登记结算机构统一存管,由此形成了多级托管体制。在多级托管体制下,证券交易双方的明细账户保存于证券公司,证券登记结算机构维护的系统中只有证券公司的明细账户,证券交易双方要想进行证券的划付,就必须通过证券公司与证券登记结算机构变更簿记记录,由此形成了多级结算体制。而在直接持有模式下,投资者通过掌控证券账户开展相应的证券交易活动,证券登记结算机构处的电子簿记系统可以体现并完成证券市场内的相关交易活动,多级托管和多级结算既没有存在的必要,也没有存在的可能。[1]

如前文所述,我国的证券市场未经历间接持有的自然演变过程,因而在我国目前的证券法律规定中,证券的持有模式主要体现为以直接持有为主,间接持有为辅。[2] 由于数字证券可以由投资者自己

---

[1] 参见张保红:《我国证券登记结算制度的缺陷及重构——兼论〈中华人民共和国证券法〉第七章的修订》,载《法商研究》2014 年第 2 期。

[2] 参见周友苏、李红军:《无纸化背景下证券权利若干问题研究》,载《社会科学研究》2012 年第 4 期。

通过私钥直接持有,智能合约应用下的证券持有模式也是直接持有模式。同时,正如前文所述,智能合约应用下的证券登记结算呈现去中介化的特征,不再需要多层级的制度设计,与我国现有的证券直接持有模式相适应。因此,智能合约是能够替代当前多层级存管结算体系设计的技术方案,其既迎合了证券直接持有的演进趋势,也能有效化解证券结算制度多层级设计与我国现有的法律框架间的龃龉。

此外,正如前文所述,智能合约能够凭借自身自动执行、不可篡改、不可中止等特性,起到交收担保的作用,从而实现对中央对手方机制的优化替代,即智能合约应用下的证券结算不再依赖中央对手方的信用担保。由于中央对手方清算体制需要合约替代制度和证券交收优先制度提供法律保障,在我国尚未对合约替代和证券交收优先顺序进行规定的背景下,中央对手方作用的淡化,极大地减少了证券结算体系运行的法律障碍。

(三)简化法律关系以明确主体结构及权责分配

1. 中介参与模糊了证券登记结算主体间的法律关系

证券市场发展至今,证券中介机构已经成为市场中极为重要的组成部分。证券中介机构被赋予了包括“看门人”在内的多样角色期待,也被认为是化解证券市场信息不对称困境与隔离风险的重要机制。[1] 然而,一旦证券中介机构加入证券发行人与证券投资者或证券买卖双方之间的法律关系中,便构成了一个多方当事人参与的复杂法律关系网,原本简单直接的交易结算过程与法律关系变得复杂化,法律关系参与主体的权利义务分配与责任归属也开始模糊不清。例如,尽管证券登记结算机构负责保管表征证券权利的电子数据记

〔1〕 参见刘志云、史欣媛:《论证券市场中介机构“看门人”角色的理性归位》,载《现代法学》2017 年第 4 期。

录,也拥有创设、移转和维护该电子数据记录的权限及能力,但是证券投资者要想在证券登记结算机构处开立账户,依然需要委托开户代理机构进行开户,需要通过证券经纪商发送证券登记与交易指令,并需要在结算参与人的参与下才能完成最终的结算过程。从实际功能的发挥来看,开户代理机构、证券经纪商以及结算参与人等证券中介机构对于证券交易结算业务的开展作用有限,但它们加入原有的法律关系中无疑掩盖了证券交易双方之间、证券交易双方与证券登记结算机构之间简明直接的权利义务结构与责任分配模式。

2. 智能合约带来的简明法律关系明确权责分配与救济路径

经由智能合约的技术应用与流程改造,证券交易与登记结算环节能够通过智能合约自动执行完成意向的证券交易,并实现货银对付原则之上的低风险、实时、点对点结算,即智能合约应用下的证券交易与登记结算省掉了由证券中介机构参与的中间环节,证券发行方和证券投资者、证券交易买卖双方可以直接在链上开展点对点的磋商与交易结算过程,使原本复杂的证券交易结算主体结构变得清晰明了,当事人之间的法律关系更为明确,受损投资者也更容易获得救济。原因在于,点对点交易结算模式下,证券买卖双方亲自履行证券交易合同,若自身利益因对手方的违约或侵权行为而受损,投资者可直接向对手方进行追责。与此同时,智能合约应用下,整个交易结算过程被准确无误地记录在区块链上,且被打上了不可篡改的时间戳,因此任何一方的义务履行都可见于链上的分布式记录中,并且受智能合约的代码监控与风险预警。若预设的合约模板中没有对应纠纷解决路径的可执行命令,交易主体间的纠纷也可进入司法诉讼程序,届时分布式账本中的可靠记录便可作为司法裁判的证据来源。

第三章　智能合约在证券市场的有益探索

智能合约能够有效增加证券发行、交易和登记结算的透明度，降低融资成本，提高融资效率，从而为证券市场的发展带来新的契机，[1]被认为是最有可能改变证券行业现有运作模式的下一代颠覆性技术。为把握金融科技先机，引领世界金融市场，多个国家和地区纷纷在证券发行、交易和登记结算等领域布局智能合约技术。随着智能合约在证券市场各细分领域内的探索实践不断涌现，智能合约逐渐从理论可行转变为现实能用，应用模式与应用逻辑日益清晰，应用优势也进一步凸显。

第一节　智能合约在证券市场应用的经验

近年来，智能合约发展迅猛，在金融、物流、医疗等诸多行业大显身手。具体到证券市场来说，区块链智能合约技术已经在证券发行、交易、清算结算、资产证券化、股东投票等领域取得成功经验，在提高

---

〔1〕参见上海产业技术研究院：《2018 上海区块链技术与应用白皮书》，载上海产业技术研究院官网 2018 年 9 月 6 日，https://ift.sufe.edu.cn/_upload/article/files/83/92/0c0a283843b099e84b18e8fb9339/81a34dec-6155-4fc9-9016-7ec44bd7af3d.pdf。

证券市场融资效率、降低融资成本方面初见成效。这些实践探索不仅验证了智能合约在证券市场应用的可行性和优越性,也为我国在证券市场部署智能合约提供了可资借鉴的经验。

一、智能合约在证券市场的实践概况

智能合约在证券市场中的应用概况参见表 3 – 1:

表 3 – 1　智能合约在证券市场中应用的国内外实践一览

应用领域	国家和地区	具体实践
证券发行交易	美国	2015 年,Symbiont 公司利用智能合约技术对传统金融合约进行编程操作,形成了多个智能合约——智能证券。智能证券可以在 Symbiont 公司搭建的数字平台上实现自动化的发行和交易,且数字平台内的任何参与者都能访问和查看智能证券的归属信息和交易信息。 2017 年,特拉华州通过了关于区块链股票交易的监管法案,明确承认了基于区块链、智能合约技术的股票交易的合法性。 2018 年,纳斯达克证券交易所开始筹备一个专门用于通证化证券发行和交易的新平台。在该平台上,借助智能合约,发行方可以在不依赖第三方介入的情形下与股东进行交互。同时,该平台还可以自动完成股息支付、期权分配、股东投票和转换债券等功能
	俄罗斯	2018 年,俄罗斯联邦储蓄银行与电信巨头 MTS 合作研发的专有区块链平台完成了首笔价值 7.5 亿卢布的商业债券交易。借助区块链及智能合约技术,该平台实现了债券投放、发行人义务履行以及结算等过程的高度透明化。 2019 年,泰国国家立法会议通过了《证券交易法》修正案,承认了利用区块链及智能合约发行代币证券的合法性

续表

应用领域	国家和地区	具体实践
证券发行交易	泰国	2020 年 9 月，为了建立一个安全、高效、低成本的政府债券发行机制，泰国央行启动了一个基于区块链的政府储蓄债券发行平台，并在一周内售出了价值 500 亿泰铢的证券储蓄债券
	澳大利亚	在澳大利亚证券交易所（ASX）确认的 DAH 区块链证券交易系统中，配备了独有的数字资产模型建模语言（DAML），该智能合约编程语言以法律确定性、分布式执行、隐私保护、可分析性和易用性五个方面作为设计原则。 2014 年，BitShares 推出了一个商业级的开源去中心化金融智能合约平台。该平台允许个人和企业通过智能合约发行自己的股票或其他数字资产
证券清算结算	澳大利亚	2017 年，澳大利亚证券交易所（ASX）推出了区块链证券登记结算系统，以期取代现有的证券登记结算系统 CHESS。该系统使用标准建模语言制定类似以太坊的智能合约，以实现实时对账和即时交易结算，进而有效提高证券清算结算效率，降低投资者的交易成本
	俄罗斯	2018 年，俄罗斯联邦储蓄银行使用智能合约结算了全球首笔三方回购交易。此次结算采取智能合约独立结算与俄罗斯国家结算存管处抵押品管理相结合的方式，为场外交易的灵活结算创造了条件
	新加坡	2018 年，新加坡央行和新加坡证券交易所基于区块链及智能合约技术开发了结算系统。该结算系统能够有效简化交易后流程，缩短结算周期

续表

应用领域	国家和地区	具体实践
证券清算结算	德国	2018年,德意志联邦银行与德意志证券交易所联合开发的以区块链及智能合约技术为基础的证券结算项目已经测试成功。该项目主要用于转移电子证券和数字货币,并具有债券支付和到期证券的赎回功能
	加拿大	2018年,加拿大央行联合区块链公司、证券交易所运营商等对区块链证券清算结算系统进行了测试,验证了基于区块链智能合约技术的证券支付结算平台的可行性
	中国	2018年,香港证券交易所与区块链公司Digital Asset合作开发了一个名为“Stock Connect”的系统,用于加快交易后流程及降低结算风险,目前已与上海证券交易所和深圳证券交易所共同完成了测试
	美国	2017年美国专利商标局(USPTO)宣布高盛“SETLcoin”加密货币结算系统的专利申请已通过审核,高盛在2015年申请专利之时便阐述了概念系统使用内置的加密货币结算证券交易的方法。 2016年安联集团采用基于区块链的智能合约来处理巨灾互换和巨灾债券交易,并获得成功,极大缩短了业务结算时间
私募股权	美国	2015年,纳斯达克证券交易所开发了基于区块链及智能合约技术的Linq系统,专门用于私募股权的发行和交易

续表

应用领域	国家和地区	具体实践
股权登记、交易	中国	2015 年，小蚁区块链股权登记平台利用智能合约实现了数字资产上链和去中心化运行，使用户可以通过小蚁管理自己的股权资产。 2020 年 7 月，证监会启动区域性股权市场区块链登记托管基础设施建设的试点工作，计划在北京、上海、江苏、浙江、深圳等 5 个地区试点区块链智能合约 + 股权登记，甚至是区块链智能合约 + 股权交易结算。目前，北京股权交易中心已推出区域性股权市场中介机构征信链，江苏区域股权市场也已正式发布区块链建设试点系统
股东投票	加拿大	2017 年，多伦多证券交易所运营商 TMX 集团开发了基于区块链、智能合约技术的股东电子投票原型，以提高年度股东大会投票的高效性、准确性以及股东在企业管理中的参与度
	美国	2017 年，美国投资服务公司 Broadridge 与摩根大通等合作完成了一项着重于代理投票的区块链试点，其宣称该解决方案能够向有限数量的用户提供数据访问，同时使用智能合约确保透明度
资产证券化	中国	2017 年，百度金融与佰仟租赁等联合发行的 ABS 项目应用联盟链模式对项目实施全生命周期管理，采取权限管理、非对称加密等技术保证信息安全，采用分布式存储方案实现去中心化，并建构标准底层框架以方便各方编写多样化的智能合约，为 ABS 资产运作的透明化提供了保障

续表

应用领域	国家和地区	具体实践
		2018 年，京东金融与华泰证券、兴业银行共同组建了资产证券化联盟链，将区块链技术用于京东白条 ABS 项目。该项目在发行的 ABS 保理项目中使用智能合约将交易结构条款转化为可编程的数字协议，利用智能合约进行项目加速清偿和违约事件的实时判断，辅助计划管理人实现每日循环购买等日常管理工作，实现专项计划的智能化管理
金融衍生品	英国	2016 年，英国巴克莱银行利用 R3 Corda 提供的智能合约技术完成了场外衍生品交易的测试。在测试中，巴克莱银行通过使用一种银行间通用的智能合约，减少了结算延迟和不必要的人为干预
	美国	2017 年，美国存管信托和结算公司（DTCC）与 IBM、Axoni 、R3 联盟等组织成功测试了基于区块链技术的场外衍生品交易，并使用智能合约实现双边信用衍生品的管理和清算
	美国、瑞士等	2016 年，美银美林、花旗、摩根大通银行和美国存管信托和结算公司（DTCC）实现了基于区块链技术的信用违约互换产品交易，其中数据服务公司 Markit 创造了独特的智能合同管理模式，在市场状况满足前设条件时自动诱发交易行为，同时为客户创建证券交易的电子记录，记录投资者的交易细节和对手方风险属性
数据共享及其他	中国	方图利用区块链智能合约技术搭建了场外金融衍生品市场，声称其结构化智能合约能够直接绑定方图币 FOTA 以实现类似中心化交易所保证金账户体系的

续表

应用领域	国家和地区	具体实践
		"去中心化保证金制度",且能够在到期时自动清算,到期前用户可将衍生品智能合约进行二手转让。 Etherex 是以以太坊为基础建立的去中心化期权交易平台,该平台内的交易通过智能合约完成,用户在平台内输入交易信息,并向智能合约发送资金后,智能合约便会自动进行证券结算,完成券款的交付。 2017 年,深圳证券交易所联合股交集团等五家股交中心共同发布了区域性股权市场中介机构征信链。利用区块链技术可信共享的特性,股交中心之间可以实现中介机构执业信息的共享。 2018 年,深圳证券交易所联合趣链科技共同开展区块链应用安全管理与技术研究,以期解决区块链、智能合约技术在证券期货行业中应用可能面临的数据安全、隐私保护等方面的技术难点

资料来源:根据公开信息整理。

根据不同的观察视角,智能合约在证券市场的应用实践呈现以下特征:

1. 从发展阶段上看,智能合约在证券市场的应用实践尚处于起步阶段,相关的探索试验项目多专注于证券市场的某一细分领域、证券业务的个别环节,或是试图搭建证券市场的基础设施,并未形成一整套成熟的业务应用,也没有进行大范围的推广应用,在证券发行、交易、清算结算全流程推广智能合约还有待进一步探索。

2. 从技术架构上看,智能合约并不能进行独立运作,往往须置于区块链分布式的运行环境中,并且大多选择相对保守、私密的联盟链,相关项目中常见智能合约与区块链的配套应用。如 Hyperledger

Fabric、R3 Corda 和以太坊等典型的区块链技术应用中，[1] 均支持智能合约的代码运行。

3. 从应用探索的分布地域来看，西方发达国家的应用实践起步更早，也更为成熟，美国等传统的金融创新强国在布局“智能合约+证券”方面依然领先，但我国的后发优势也同样不容小觑，渐有后来居上的态势。

4. 从参与智能合约项目的主体属性来看，国家或地区政府直接发起主导的案例并不多，项目参与方以市场主体为主，不仅包括专业的科技型创业公司，也包括证券市场中的传统主体，交易所、银行等金融机构的参与积极性同样较高。

二、智能合约在证券市场应用的经验总结

智能合约在证券市场中的应用探索不但实际验证了智能合约应用于证券市场的可行性，也为智能合约在证券市场内的后续部署与推广积累了经验。目前来看，受制于当前系统存在吞吐量低、交易延迟、能耗过高、容量和带宽限制等性能问题，[2] 智能合约还很难承担场内交易高频、集中和庞大的业务规模，无法满足场内交易对全局性风险的控制要求。相对而言，以“小生态、全链条、报价驱动、低流动性”为典型特征的场外业务，由于在降低交易成本、规避市场风险、提升安全性能、推动区域协调等方面需求强烈，适宜成为智能合约技术率先落地应用的领域。[3]

---

[1] 严格意义上讲这些是分布式账本技术应用，但并非全部为区块链应用，由于这两个概念在很多方面的高度相似性，在关于分布式账本与区块链技术非技术性特征的讨论中，暂不做严格区分。

[2] 参见曹帅、袁勇等：《面向比特币的区块链扩容：关键技术，制约因素与衍生问题》，载《自动化学报》2019 年第 6 期。

[3] 参见张梁：《区块链技术应用与有限责任公司股权登记制度变革》，载《北京邮电大学学报（社会科学版）》2017 年第 6 期。

同时,虽然智能合约在交易准备和执行成本上优于传统合同,但由于其需要更高的交易达成成本、中止成本和修改成本,因此目前更适合法律关系清晰、一次给付等简单合同类型,其他随着合同存续相机变化的长期关系型合同,有待于技术方案进一步成熟后再推广。[1] 结合证券业务的流程来看,证券清算结算等交易后环节仅涉及证券所有权的转移与资产的划转,满足了智能合约应用在法律关系清晰、一次给付等方面的相关要求,并且智能合约应用下交易后活动的变化对工作流程有显著的好处,对商业模式的破坏性更小,[2] 适合率先展开智能合约的应用探索。在智能合约的应用研究中,应当充分认识技术发展的阶段性特征,寻找适宜的切入领域,层次推进。

此外,应当看到的是,技术开发与应用上的先行先试,与配套规则体系的滞后建立是同时存在的。尽管智能合约在证券市场中具有巨大的应用潜力,但智能合约应用的最终落地,不仅与技术成熟度有关,还必须结合证券业务的具体法律法规、操作流程、成本收益比、监管要求等进行综合研判。[3]

智能合约在证券市场的应用被赋予了美好的预期,但也具有收益结果上的不确定性,存在应用风险。金融市场具有内在的动态性和多变性特征,从本质上看是一种复杂的适应性系统,[4] 相比于银行、保险等市场,证券市场体系更为脆弱,对于风险的消化能力也相对较弱。智能合约改造后的系统运行逻辑同证券市场的传统运行机

---

[1] 参见许可:《决策十字阵中的智能合约》,载《东方法学》2019 年第 3 期。

[2] 参见凯文·比勒、丹尼尔·基雅雷拉等:《区块链技术在资本市场的应用》,载《金融市场研究》2016 年第 2 期。

[3] 参见刘瑜恒、周沙骑:《证券区块链的应用探索、问题挑战与监管对策》,载《金融监管研究》2017 年第 4 期。

[4] 参见廖凡:《论金融科技的包容审慎监管》,载《中外法学》2019 年第 3 期。

制具有较大差异,若不能消弭其间的不确定性与不适应性,一味地盲目改革,可能会诱发新的风险。我们具备管控风险的能力,但实现风险的彻底管控仍须付出艰辛的努力。立足于证券市场的运行实践,在把握证券业务核心环节并结合智能合约技术特征的基础上,对面向证券市场未来发展的智能合约应用风险分析与应对对策探究意义重大。

第二节　智能合约在证券市场应用的优势

智能合约是自我验证、自我执行的计算机协议,在包括金融、分布式计算、物联网、社会服务、公司治理等在内的领域内均具有广阔的应用前景。[1] 依托区块链作为运行环境的智能合约,对金融市场的补足性明显:区块链的分布式记账能够通过削弱信息不对称降低交易成本,智能合约则可以降低金融市场的交易成本并减小金融摩擦。[2] 具体到证券市场来说,基于智能合约去信任化、公开透明、自动执行等特性,结合我国证券市场信任缺失、行政色彩浓厚、信息不对称等突出问题,智能合约在证券市场的应用具有如下优势。

一、去中心化加速证券行业市场化改革

早在 2013 年,《中共中央关于全面深化改革若干重大问题的决定》便已明确提出"紧紧围绕使市场在资源配置中起决定性作用深化

---

〔1〕 参见贺海武、延安、陈泽华:《基于区块链的智能合约技术与应用综述》,载《计算机研究与发展》2018 年第 11 期。

〔2〕 参见张礼卿、吴桐:《区块链在金融领域的应用:理论依据、现实困境与破解策略》,载《改革》2019 年第 12 期。

经济体制改革”的市场化改革思路,[1]但时至今日,与西方发达国家相比,我国证券市场的市场化程度仍然不够高。长期以来,我国证券市场行政色彩浓厚、市场化程度较低,存在行政权力对资源配置干预过多的问题。尤其是在证券发行过程中,处于主导地位的证券监管机构不仅掌握着分配上市资源的权力,也对上市规模、发行时间、发行价格等事项享有控制权。[2] 市场化程度不高、行政权力过多干预市场资源配置在一定程度上导致证券市场权力寻租现象突出,资源配置效率低下,严重阻碍了我国证券市场的发展。[3] 随着《证券法》的修订,我国开始全面推行证券发行注册制,证券行业的市场化程度显著提升。然而,由于我国的证券交易所尚未完全独立于证监会,加之我国证券市场在中介机构自律能力、监管有效性等方面还存在诸多不足,证监会在证券发行过程中仍然发挥着一定作用,[4]依然对上市资源的分配,上市规模、发行时间、发行价格的确定等事项享有一定的控制权。

智能合约的运行环境——区块链系统采取分布式数据存储结构,数据由所有节点集体维护,因而智能合约应用于证券市场后,发行人上传到系统中的招股说明书、财务报告等发行文件,将由系统中的各个节点进行审核和确认。可见,智能合约的应用有利于充分发挥市场主体的积极作用,促进投资者自主判断证券发行人发行的证

[1] 《中共中央关于全面深化改革若干重大问题的决定》,载国务院新闻办公室网 2013 年 11 月 15 日,http://www.scio.gov.cn/zxbd/nd/2013/document/1374228/1374228_1.htm。

[2] 参见郭锋、邢会强、杜晶:《股票发行注册制改革风险评估与对策建议》,载《财经法学》2016 年第 6 期。

[3] 参见刘道远:《中国证券市场国际化改革的法律困境及其破解——以美国证券法为镜鉴》,载《法商研究》2016 年第 4 期。

[4] 参见曹凤岐:《从审核制到注册制:新〈证券法〉的核心与进步》,载《金融论坛》2020 年第 4 期。

券是否具有投资价值,减少中介机构和证券监管部门的参与,从而有力推进证券市场的市场化改革进程。同时,证券监管机构可以通过在区块链网络中设置超级监管节点的方式,实现对证券发行的实时监测,从而不仅能够克服因信息不对称、监管资源不足等导致的事中、事后监管不足,还能有效提高监管效率、降低监管成本,促进证券发行注册制的安全、有序运行。

综上所述,智能合约的应用能够提高市场主体在证券发行过程中的参与度,缓解证券发行中的监管不到位等难题,为我国证券发行核准制改为注册制提供便利条件,进而缓解我国证券市场行政色彩浓厚的现状,充分发挥市场在资源配置中的基础性作用。

二、技术背书突破信任缺失困境

信任是金融市场的基石,不仅可以降低投资者建立交易关系的成本,还可以增加市场流动性,提高市场活跃度。信任对于证券市场的运行至关重要,证券交易的达成、履行与完成也离不开当事人之间的相互信任。[1] 正如诺贝尔奖得主肯尼斯 · 阿罗所言:"事实上,每一笔商业交易本身都有信任的成分……可以说,世界经济落后在很大程度上可以由缺乏相互信任来解释。"[2]

证券市场主体之间往往互不相识、缺乏信任,为了解决市场主体之间的信任问题,确保证券交易顺利完成,传统证券市场构建起了以国家信用为主、中介信用为辅的信任体系,将证券公司、证券登记结算机构等金融中介引入证券市场,以期通过金融中介的信任背书解决市场主体之间的信任问题。然而,这一信任体系虽然在一定程度

---

〔1〕 参见赵磊:《商事信用:商法的内在逻辑与体系化根本》,载《中国法学》2018 年第 5 期。

〔2〕 Ronald J. Colombo, *Trust and the Reform of Securities Regulation*, 35 Del. J. Corp. L. 829 (2010).

上能够确保证券交易的安全进行，却也带来了交易环节冗余、风险高度集中于中央对手方等问题，进而导致证券市场运行效率低下、信用风险频发。[1] 同时，由于证券中介机构具有趋利性，存在角色冲突，实践中中介机构背离看门人角色、与发行人合谋实施欺诈发行的现象屡见不鲜。可见，金融中介的引入并未完全解决证券市场的信任问题，有时反而使得证券市场陷入信任危机。

区块链技术的问世预示着交易从传统信任模式到无中介信任模式的转变。[2] 运行在区块链上的智能合约能够通过去中心化、自动执行的程序代码来保障合约的执行，[3]"提供由技术背书保障的强信任机制"[4]，不再依靠中心化的权威机构来构建市场主体之间的信任关系，因而智能合约在解决证券市场信任缺失问题的同时，也避免了因中介机构"看门人"角色迷失而导致的信任危机。

（一）分布式账本确保证券市场信息透明真实可靠

由于区块链技术本质上是一种集体维护的分布式数据库，嵌入区块链网络中的智能合约应用于证券市场后，与证券发行、交易、清算结算相关的信息都会在区块链网络上公开，每个节点均可查看，证券市场的透明度和公开性将得到极大提升。由此，"用户之间凭借公开、共享的信息认知便可建立信任"，不再需要中介机构的介

---

〔1〕 参见赵磊：《证券交易中的信用机制——从中央存管（CSD）到分布式账本（DLT）》，载《财经法学》2019 年第 3 期。

〔2〕 See Karen Yeung, *Regulation by Blockchain*: *the Emerging Battle for Supremacy between the Code of Law and Code as Law*, 82 Modern Law Review 207 (2019).

〔3〕 参见袁勇、王飞跃：《区块链技术发展现状与展望》，载《自动化学报》2016 年第 4 期。

〔4〕 常健、罗伟恒：《论区块链技术下我国互联网金融法律的制度演化》，载《北京行政学院学报》2018 年第 6 期。

入。[1]

以证券登记环节为例,由于智能合约以区块链作为可信的运行环境,依托区块链的分布式账本技术,智能合约能够建立起一套集体维护、安全可靠、可追溯、防篡改的证券账簿登记系统,不再依赖中心化的权威机构——中央登记机构。在该系统中,每个节点均拥有登记账簿的完整副本,可以随时查看和追溯,且账簿记入内容由所有节点共同参与验证和维护,因而簿记内容的真实性和有效性以及证券登记结算信息的透明度能够得到有效保障。此外,借助智能合约的自动执行机制,该系统还能保证证券交易信息的持续、自动披露。

与此同时,证券市场的金融交易属性使其在关注证券交易过程中充分有效的信息披露的同时,对商业活动的隐私性也具有较高要求。而分布式账本因具备高冗余存储(每个节点存储一份数据)、去中心化、高安全性以及隐私保护等特性,能够有效避免因中心化机构遭受攻击,或是权限管理不当而造成的大规模数据丢失或泄露,特别适合用来存储重要的隐私数据。[2]

概言之,智能合约可以通过技术搭建新型的市场信任机制,提升信用的可量化性和透明性,[3]在推动证券市场的信用体系建设方面具有极高的实用价值。

(二)代码控制交易结算过程防范违约风险

证券结算是证券交易的执行环节,核心和重点在于证券交易双方能够及时足额地履行证券和资金的交收交割义务。从法律角度分

---

〔1〕 参见崔志伟:《区块链金融:创新、风险及其法律规制》,载《东方法学》2019年第3期。

〔2〕 参见袁勇、王飞跃:《区块链技术发展现状与展望》,载《自动化学报》2016年第4期。

〔3〕 参见翟晨曦、徐伟等:《区块链在我国证券市场的应用与监管研究》,载《金融监管研究》2018年第7期。

析，促使证券结算环节产生风险的原因包括主客观两个方面，主观方面主要是证券登记结算机构、结算参与人等相关机构工作人员违章操作、挪用客户保证金等人为原因，客观方面则是由于证券交易的特点与规则设计本身所致。[1] 在传统证券交易与结算过程中，大量后台工作人员的存在使得主观风险几乎不可避免，而以证券登记结算机构等中心化组织为核心的证券登记结算机制，将证券和资金的结算过程分离开来，并且二者还存在结算上的时间差（资金交收"T+1"日，证券交割"T+0"日），由此导致证券结算环节中的客观风险无法被回避。主观风险和客观风险的叠加，在一定程度上加深了证券市场的信任问题。

智能合约通常被认为是去信任的，这里所谓的"去信任"，是指智能合约的代码运行并非基于对个体、法律规则或是社会机构的信任，而纯粹是以自身作为建立信任的技术手段，其本质是于传统合同之上附加的、由技术实现的担保机制。[2] 具体来说，智能合约能够提供代码控制的证券交易与证券结算过程，不再依赖证券登记结算机构一类的中心化主体提供的信用基础。智能合约应用于证券登记结算后，原有的法律规范与业务规则可以代码的形式嵌入智能合约的底层模板，由于编写完成后的智能合约既不能被随意更改，也无法规避以代码展现的规范条款，一旦用于证券交易结算的智能合约被部署于区块链网络之上，便会在满足执行条件时自动执行证券的交收和资金的交割，任何人均无法对其施加影响。换言之，由于具备自动执行和不可中止的特性，智能合约可以通过代码控制交易结算过程，

---

〔1〕 参见井涛：《论证券结算客观性风险之法律控制》，载《现代法学》2005年第1期。

〔2〕 参见倪蕴帷：《区块链技术下智能合约的民法分析、应用与启示》，载《重庆大学学报（社会科学版）》2019年第3期。

减少交收违约的发生，从而有效防范违约风险，缓解投资者之间的信任问题，减少投资者对承销商、证券经纪商等中介机构的依赖，进而实现对证券交易结算信用机制的强化。

三、数据公开透明缓解信息不对称

证券是一种信息产品。有关发行人信用、财务、经营状况的信息，是投资者判断证券价值、做出投资决策的重要依据。特别是在证券发行注册制下，证券监管机构不再秉承"父爱"监管原则，证监会不再负责对证券的价值做出实质判断，证券是否具有投资价值交由投资者自行判断，即在证券发行注册制下，投资者需要自行通过阅读、分析、研判相关信息来做出投资决策，信息对于投资者的重要性越发凸显。此时，证券发行人能否及时、准确、完整、简明、真实地披露相关信息就显得尤为重要。可以说，信息的公开透明不仅是证券市场资源有效配置的必要前提，也是防范欺诈发行、维护投资者合法权益的重要保障。

然而，投资者与发行人、中介机构之间"在信息的占有上存在根本性的非对称性"〔1〕，往往处于信息传播末端的投资者，获取的信息极其有限，且投资者在获取信息方面具有一定的局限性，信息不对称在证券市场无处不在。

为了有效缓解发行人与投资者之间的信息不对称问题，世界上绝大多数国家都建立了完善的信息披露制度，要求发行人必须将有关证券发行的所有重要信息以便于投资者理解的方式予以披露。〔2〕我国也不例外，在此次《证券法》修订中，我国还设专章对信息披露进行规定，细化和提高了对上市公司的信息披露要求，扩充了信息披露

---

〔1〕 周友苏主编：《新证券法论》，法律出版社2007年版，第360页。

〔2〕 参见卫恪锐：《美国IPO注册制及其对中国的启示》，载《金融与经济》2017年第10期。

义务人的范围，要求上市公司的信息披露应当做到公平、谨慎、及时、准确、真实、完整和简明易懂，并加重了信息披露违法的责任。不过，信息披露制度的作用毕竟有限，实践中仍然存在部分发行人的信息披露工作流于形式的问题，没有完全做到真实、准确和完整，发行人与投资者之间仍然存在严重的信息壁垒。

我国的信息披露制度虽然在不断地完善，但仍然存在一定问题：披露内容以财务数据为主，忽视了其他信息的披露；披露方式以事后被动披露为主，上市公司信息披露的主动性不强。[1] "具有不对称信息的各方之间进行的竞争被人们广泛认为是不公平的"[2]，信息不对称问题的存在，不仅会极大损害投资者的合法权益，打击投资者的投资热情，还会导致证券市场"交易效率低下、价格发现机制错位、流通性差"[3]，从而严重阻碍证券市场的健康发展。

智能合约应用下，与证券发行有关的所有信息，包括证券发行的价格、数量、对象以及公司的经营状况、司法纠纷、权属变动等，都会在经过验证后被实时保存于"可追溯、不可篡改、公开透明的分布式账本"[4]中，每个节点均可查看和追溯。同时，用户还可以通过更新自己节点上的区块信息，实现分布式账本的同步更新。因此，智能合约的应用能够保障信息披露的真实、准确、及时和完整，使每位证券市场主体都能及时接收到准确、完整的信息，消除绝对的信息优势和

---

〔1〕 参见郑依彤、李晋：《新〈证券法〉语境下的我国信息披露制度完善探讨——以重大安全事项为核心》，载《云南师范大学学报（哲学社会科学版）》2020 年第 4 期。

〔2〕 ［美］博特赖特：《金融伦理学》，静也译，北京大学出版社 2002 年版，第 33 页。

〔3〕 杨东：《区块链如何推动金融科技监管的变革》，载《人民论坛·学术前沿》2018 年第 12 期。

〔4〕 欧阳丽炜、王帅等：《区块链智能合约的发展现状：架构、应用与发展趋势》，载《自动化学报》2019 年第 3 期。

信息垄断,[1]为投资者作出投资决策提供充分、必要的信息,减少因信息不对称而引发的逆向选择。同时,由于证券发行的所有流程都在区块链网络中进行,证券发行的过程将更加透明化,欺诈发行和权力寻租的风险也将大大降低。综上,智能合约的应用可以有效缓解证券市场的信息不对称问题,提升证券发行的透明度,进而减少欺诈发行的概率,维护投资者的合法权益。

四、去中介化降低证券市场成本

证券市场是发行人与投资者进行资金融通的场所,确保发行人能够以最低的成本获取资金、投资者能够以最低的成本获得投资收益,是证券市场的重要任务,也是资本市场更好地服务于实体经济的必然要求。然而,在当前的证券市场中,证券发行、交易和清算结算需要在证券公司、证券登记结算机构等中介机构的参与下进行,这种做法不仅耗时长,也产生了大量的中介费用,导致证券市场投融资成本高昂。智能合约具备去中心化、自动执行性等特性,应用于证券领域能够实现点对点、自动化的证券发行和交易结算,从而显著降低证券市场融资成本,促进证券市场更好地服务于实体经济。

(一)证券发行成本的降低

证券发行成本高昂已经成为制约证券市场发展的一个突出问题。从时间成本方面来讲,一家公司在主板市场发行证券往往需要耗费两年以上的时间,即使是在效率明显提升的科创板上发行证券,也需要半年以上甚至一年的时间。[2] 从中介成本方面来看,一家公

---

[1] 参见崔志伟:《区块链金融:创新、风险及其法律规制》,载《东方法学》2019 年第 3 期。

[2] 根据《上海证券交易所科创板股票发行上市审核规则》第 48 条的规定,在科创板发行股票最长需要六个月的时间,而在实践中,科创板发行股票平均需要一年的时间。

司发行一次证券需要耗费大量的中介费用。有研究表明，在美国，仅是提供承销服务的证券公司就要收取融资金额2.5%的中介费。[1]而在我国，根据2018年的相关统计数据显示，上市公司的平均发行费率为5.1%。[2]从中可以窥见，在传统的证券发行、交易和清算结算模式下，发行人和投资者需要付出高昂的时间成本和金钱成本，这不仅严重阻碍了中小企业通过发行上市融取资金，也背离了党的十九大报告“增强金融服务实体经济的能力”[3]之精神。

相较之下，由于区块链可以创造出一种基于共识算法的信任机制，将运行在区块链之上的智能合约应用于证券市场后，发行人与投资者之间以及投资者与投资者之间，只需通过信息的公开透明便可以建立信任关系，不再需要保荐人、承销商、证券经纪公司等中介机构提供信任背书。因此，智能合约的应用能够实现去中介化的证券发行，避免烦琐的保荐和承销程序，缩短证券发行周期，省去高昂的中介费用，从而极大地降低证券发行成本、提高证券发行效率。此外，智能合约是一种基于算法的自动执行协议，能够在达到预设条件的情况下自动执行协议内容，不再需要第三方的干预，因而智能合约的应用能够显著提升证券发行的自动化水平，减少人工操作带来的成本和错误风险。概言之，基于智能合约的去中介化和自动执行性特征，智能合约在证券发行领域的应用能够极大地降低证券市场融资成本，推动证券市场更好地服务于实体经济。

---

[1] 参见朱伟一：《证券法》，中国政法大学出版社2018年版，第79页。

[2] 参见尚普咨询：《最新出炉！2018年IPO上市企业平均花费6835万元！》，载微信公众号“尚普IPO咨询”2018年12月6日，https://mp.weixin.qq.com/s/DMMKJlFTdjINNhGQcqvSKA。

[3] 习近平：《决胜全面建成小康社会　夺取新时代中国特色社会主义伟大胜利——在中国共产党第十九次全国代表大会上的报告》，载中央人民政府网2017年10月27日，http://www.gov.cn/zhuanti/2017-10/27/content_5234876.htm。

(二)证券登记结算成本的降低

从世界范围来看,证券登记结算成本高昂是各国的共有问题。奥利弗·怀曼国际咨询公司的相关统计数据显示,全球每年花费在证券登记结算环节的费用高达1000亿美元。[1] 就我国现有的证券登记结算体系来说,证券登记结算成本高昂主要是基于以下三方面的原因:

1. 中介服务费用昂贵。在现有中心化、集中化的证券登记结算体系下,一笔证券结算的完成,需要证券登记结算机构、证券公司、银行等众多机构的协调参与,因而不可避免地会产生登记费用、托管费用、结算费用等诸多中介服务费用,从而使得证券登记结算环节陷入成本高昂的困境。

2. 后台运行成本巨大。在当前多中介参与的证券登记结算模式下,由于所有证券登记结算信息会被保存在证券登记结算机构、证券交易所、证券公司等多个机构的系统中,每当新的交易发生时,各个中介机构都必须更新自己的数据库,并将相关结果发送给其他机构,以便实现数据的协调一致。如此一来,证券登记结算环节便会产生巨额的后台运行成本。

3. 结算保证金和备付金占用成本较高。结算保证金和备付金是防范流动性风险和信用风险的重要保障,对证券结算的顺利进行以及证券市场的平稳运行意义非凡。在目前的风险管理体制下,为了保障证券交收和资金交割的顺利进行,减少中央对手方所面临的风险,结算参与人必须事先在证券登记结算公司开立备付金和保证金账户,并交纳相应的备付金和保证金。然而,由于我国证券登记结算

---

〔1〕 See Alistair Milne & Michael Mainelli, *The Impact and Potential of Blockchain on the Securities Transaction Lifecycle*, SWIFT Institute Working Paper (May. 9, 2016), https://papers.ssrn.com/sol3/papers.cfm?abstract_id=2777404#.

存在周期冗长的弊端，备付金和保证金被占用的时间较长，结算参与人长期面临资金流动性较低、结算成本高昂的难题。

在基于智能合约的证券结算系统中，证券和资金的交割交收可以通过智能合约以数字化的形式自动执行，证券登记结算的完成不再依赖众多中介机构的协调配合，服务费用高昂的问题也将迎刃而解。同时，智能合约应用下，一旦证券结算完成，相关信息便会被广播到整个网络，并存储在各个节点的账本中，虽然智能合约证券结算系统中的每个节点都保存有与证券发行交易和登记结算相关的数据，但数据的存储和更新是通过分布式账本自动完成的，省去了多部门对账的成本，证券登记结算后台服务成本高昂的问题得以解决。此外，由于智能合约是一种基于算法的自动执行协议，能够为证券交易双方提供履约保障，智能合约应用下的证券登记结算领域将不再需要结算备付金和保证金，结算保证金和备付金占用成本高昂的问题将成为历史。

由此可见，基于智能合约的分布式数据存储、去中介化和自动执行性特征，智能合约的应用将有效缓解证券登记结算环节成本高昂的难题。根据澳大利亚证券交易所估计，区块链智能合约技术的应用将使得证券登记结算领域的成本下降15%。[1]

五、去中心化可信网络保障中小股东投票权

股东投票是股东行使权利的重要手段，保障中小股东的投票权是维护中小股东权益的不二法门，也是提升公司治理的必由之路。[2] 然而，由于现有的股东投票方式存在效率低、成本高、重复投

〔1〕 See Manuela Geranio, *Fintech in the Exchange Industry: Potential for Disruption*, 11 Masaryk University Journal of Law and Technology 245 (2017).

〔2〕 参见赵万一、华德波：《公司治理问题的法学思考——对中国公司治理法律问题研究的回顾与展望》，载《河北法学》2010年第9期。

票、安全性低等弊端,实践中,中小股东在投票方面的参与度并不高。目前股东可通过两种形式参与投票:一是现场投票,二是网络投票。在现场投票中,股东参与投票必须出席或者委托他人出席公司会议,需要付出高昂的时间成本和交通成本,加之发票、计票环节都需要人工操作,投票效率极低,大大打击了股东参与投票的积极性;而在网络投票系统中,虽然效率和成本问题得到一定程度的缓解,但重复投票、投票记录被篡改、投票结果不真实、投票被黑客攻击等情况时有发生,股东的投票权也未得到充足保障。同时,为了避免股东身份被冒用,不少上市公司将证券公司的身份核验作为股东参与网络投票的前提条件,这无疑增加了股东投票的成本。

智能合约应用于证券市场后,可基于区块链和智能合约技术构建一个股东投票系统,以弥补现场投票和网络投票的不足,激励股东积极参与到上市公司的治理中去。与现场投票和网络投票相比,基于区块链和智能合约技术建立的股东投票系统具有以下优势:

一是能够确保投票结果的可信性。由于集合了分布式账本技术和非对称加密技术,基于区块链和智能合约技术建立的股东投票系统,不仅可以通过将所有投票结果记录在公开透明的分布式账本上的方式,确保投票记录不可篡改,便利股东利用审计跟踪技术对投票过程和选票进行验证,从而破解传统网络投票真实性存疑的弊端,还可以利用数字签名和加密技术确保一个 ID 只投一次票,避免重复投票,提高投票结果的准确性。

二是能够提高股东投票参与度。智能合约应用的背景下,只要预先在智能合约中进行了设置,当投资者的股权在分布式账本上进行了登记后,系统便会自动给投资者匹配相应的投票权限,此时股东参与投票不再需要证券公司的身份确认。[1] 也就是说，在基于区块链和智能合约技术建立的股东投票系统中，股权所有者凭借私钥，便可证明对该股权的所有权，从而能够大大缩短股权登记日与会议日之间的时间差，显著降低中小股东参加股东大会的时间成本和资金成本，进而提高股东投票积极性。例如，瑞士房地产众筹平台 Blockimmo 借助 DAO（去中心化自治组织），实现了股东在区块链上便捷、透明、可追溯地行使投票权，确保了获得 50% 以上投票的提案可以通过智能合约自动生成执行。[2]

六、去中介化和自动执行性提高证券市场运行效率

在我国现有中心化、集中化的证券市场运作模式下，由于证券登记结算的流程较为复杂，且系统的运行时间极其有限，证券和资金的交割交收往往在交易达成后一天才能完成，证券市场运行效率亟待提升。智能合约是一种部署在区块链后能够实现自我执行和自我验证的计算机协议，[3] 依托区块链提供的可靠数据资源以及高速计算机的强大算力支持，其能够实现自治、自足、可信赖的高质量证券登记结算系统搭建，从而极大地提高证券市场的运作效率。智能合约对证券市场运行效率的提升主要体现在以下两个方面：

（一）去中介化简化证券交易结算流程

从证券市场的发展历程来看，证券中介在证券交易活动中确实

[1] 参见高丝敏：《论股东赋权主义和股东赋能的规则构造——以区块链应用为视角》，载《东方法学》2021 年第 3 期。

[2] 参见杨志华、陈娟等：《证券型通证的海外实践与分析》，载《证券市场导报》2021 年第 4 期。

[3] 参见贺海武、延安、陈泽华：《基于区块链的智能合约技术与应用综述》，载《计算机研究与发展》2018 年第 11 期。

扮演着极为重要的角色。为减少市场中各参与方的头寸负担和信用负担,降低系统性金融风险发生的可能性,中央对手方以自身作为信用中心开展多边净额结算;面对证券市场中信息分布不均衡、参与主体专业水平参差不齐的现实情况,证券公司等中介机构在解决信息不对称和保护中小投资者方面也发挥了重要作用。但是,证券中介参与下的证券交易与登记结算,也确实存在流程复杂、环节冗余、代理成本高昂的问题。[1] 原因在于,在中介机构参与下的证券市场中,交易与结算是两个不同的环节,一笔证券交易的完成需要证券登记结算机构、银行、证券公司等众多机构的协调配合,因而结算流程较为复杂,清算交收的周期也较为冗长。[2] 具体而言,在现有中心化证券市场运作模式下,一笔证券交易的完成需要经历以下流程:

一般情况下,在证券交易开始前,投资者需要通过银行开立资金账户,通过结算公司开立证券账户,并委托证券公司代为保管证券账户。而后,投资者便可以委托证券公司向证券交易所申报交易,证券交易所收到交易申报后,会依据"价格优先,时间优先"的原则进行交易撮合。[3] 每个交易日收市后,交易所都会将交易数据发送给作为中央对手方的证券登记结算机构,而后证券结算会在"证券登记结算

---

〔1〕 据统计,加上了解客户(KYC)与反洗钱(AML)的合规费用,资本市场中台和后台每年的成本就超过1000亿美元。See Alistair Milne & Michael Mainelli, *The Impact and Potential of Blockchain on the Securities Transaction Lifecycle*, SWIFT Institute Working Paper (May 9, 2016), https://papers.ssrn.com/sol3/papers.cfm?abstract_id=2777404#.

〔2〕 See Wall Eric & Malm Gustaf, *Using Blockchain Technology and Smart Contracts to Create a Distributed Securities Depository*, Master's thesis, Lund university, 2016, p. 1 - 71.

〔3〕 参见卜学民、马其家:《论区块链证券结算的选择及制度展开》,载《福建师范大学学报(哲学社会科学版)》2020年第6期。

机构——结算参与人(具备结算资格的证券公司)”及“结算参与人——投资者”之间分别进行。[1] 结算完成后,结算结果将被发送至交易所,此过程还涉及资金托管银行的资金划付。

相较而言,点对点交易是最为原始、最为直接,同时也是风险最小的证券交易模式。智能合约可以自动执行交易申报、交易匹配、账户余额验证、账户券款划拨等事项,使证券市场回归点对点的交易模式,从而简化证券交易流程,提高证券交易效率。智能合约应用下,有交易意愿的投资者节点在全网发布交易信息后,智能合约便会自动进行交易撮合与订单匹配。交易意愿匹配的节点,可以在点对点的直接对话模式下开展磋商,待双方达成交易意向后向智能合约发送交易指令。智能合约接收到交易指令并验证无误后,便会触发执行合约模板中预设的执行代码,从而将卖方账户中约定数额的证券转移至买方账户,同时将买方账户中对应的资金转移至卖方账户。

可见,智能合约应用下的证券交易过程简单而直接,在绕开了证券中介的同时,确保了交易与结算基本同步完成,真正实现了货银对付。同时,不依赖证券中介机构的点对点交易模式,不仅有利于降低代理成本,还有利于缩短整个证券流通过程,从而减少证券资金的占用,提升资本的运转效率和利用价值。[2]

(二)自动执行性提升证券登记结算的自动化水平

智能合约部署于可共享的分布式数据库上,具备状态,由事件驱

---

[1] 《证券登记结算管理办法》第 43 条规定 :证券和资金结算实行分级结算原则。证券登记结算机构负责办理证券登记结算机构与结算参与人之间的集中清算交收;结算参与人负责办理结算参与人与客户之间的清算交收。

[2] 参见香港交易所:《金融科技的运用和监管框架》,载香港交易所官网 2018 年 10 月, https://www. hkex. com. hk/ – /media/HKEX – Market/News/Research – Reports/HKEx – Research – Papers/2018/CCEO_Fintech_201810_c. pdf。

动,其工作原理类似于计算机程序的 If – then 语句。[1] 智能合约能够通过精准的代码验证与执行程序实现对流程的控制,在输入内容满足预设条件的情况下,便会按照预设的代码规则与执行流程输出相对应的结果。以智能合约的概念提出者尼克·萨博所列的经典例子来看,智能合约具有类似于自动售货机的"If – then"条件触发机制:当自动售货机的设备正常运行且货源储备充足时,一旦购买者投入足额的硬币,自动售货机预设的商品买卖合同即达成,机器内置的合同执行程序被触发,自动售货机便会自动释放购买者所购买的目标商品。

自动售货机的例子较好地解释了智能合约条件触发的自动执行机制。作为由信息互联网向价值互联网迭代的创新技术应用,智能合约会在金融交易活动中自动验证交易方的交易指令,并执行符合预设代码标准的指令内容,从而完成各类交易和金融资产的转移,实现与现实世界的交互。在此过程中,不但触发执行的代码命令必须与模板上的标准化语言不差分毫,而且最终的代码执行结果也与预设的执行结果保持一致,这种验证反馈与触发执行的机制尤其适合证券交易后环节的大量重复性工作。证券登记结算流程可以由置于区块链上的智能合约模板一体控制,只要交易撮合完成,双方下达交易指令,智能合约立即启动资金与证券的双向交收交割,在算法监督下准确无误地完成最终的账户资产(证券、资金)划转,由此整个证券登记结算流程的自动化水平将大大提高,证券市场的运作效率也将大大提升。

同时,智能合约的自动执行特征还可以破解传统证券登记结算系统运行时间有限的问题。根据中国结算的相关业务规定可

[1] 参见何蒲、于戈等:《区块链技术与应用前瞻综述》,载《计算机科学》2017 年第 4 期。

知，我国证券登记结算系统只在工作日的上午八点半至下午五点受理资金账户的出入账，而不支持每天随时的证券登记结算处理。证券登记结算系统运行时间有限，不但限制了证券即时结算的实现，也使得证券登记结算效率低下（见图3－1），进而影响了整个证券市场的融资效率。而在智能合约证券系统中，由于证券的发行交易和登记结算均可以通过智能合约自动执行，具备高度的自动化特征（见图3－2），不再需要人工干预，完全可以实现每天随时的证券登记结算处理，系统运行时间有限引发的效率低下问题将得以缓解。[1]

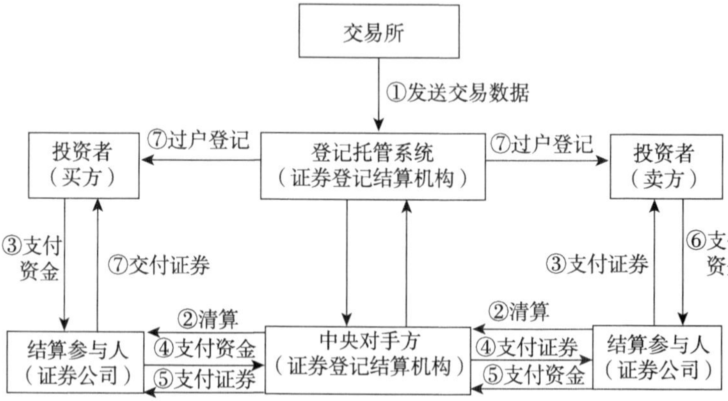

图3－1　传统证券登记结算流程

〔1〕 See Lee Joseph, *Distributed Ledger Technologies* (*Blockchain*) *in Capital Markets*: *Risk and Governance*, SSRN Electronic Journal 1 (2018).

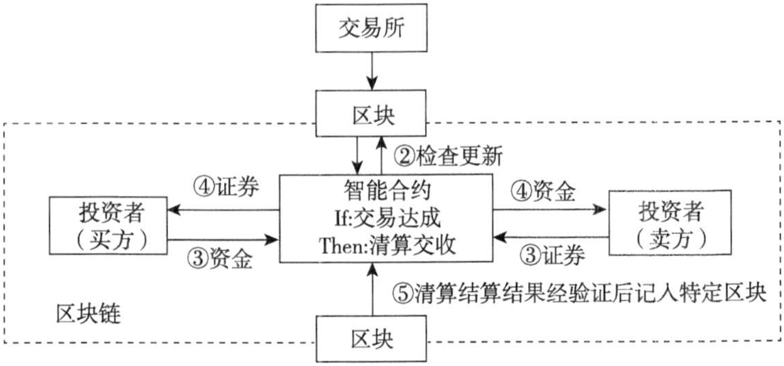

图3-2 智能合约应用下的证券登记结算流程

七、不可篡改保障交易安全

智能合约的有效运行离不开区块链技术,而区块链本身是不可篡改、公开透明的分布式账本技术,因而智能合约应用于证券市场也能给证券交易环节带来不可篡改、安全稳定、真实有效等益处。具言之,一方面,区块链集合了时间戳技术,会给每笔证券交易盖上时间戳并链接到前一个区块,为交易提供时间证明,从而形成不可篡改、可追溯的证券交易记录。时间戳是区块数据的存在性证明,修改数据会导致时间发生变化,因而保存在区块链中的证券交易数据很难被篡改。另一方面,由于区块链集合了分布式账本技术和共识机制,要想对某个区块的交易信息进行修改,就必须要修改该区块及之后所有区块上的信息,并且还需得到51%以上节点的验证。可见,区块链智能合约技术的应用,大大增加了证券交易数据修改的难度,使得篡改保存在区块链上的交易数据的行为很容易被发现和制止,保证了证券交易记录的真实性。[1]

---

〔1〕 参见宫晓林、杨望、曲双石:《区块链的技术原理及其在金融领域的应用》,载《国际金融》2017年第2期。

安全和效率并称为证券市场的两大价值，证券市场的安全运行事关金融稳定。然而，在现有中心化的证券发行、交易和登记结算模式下，由于所有证券交易和证券登记结算均在中心化的系统中进行，一旦证券交易所和证券登记结算机构的系统遭受黑客的网络攻击，证券交易记录和证券登记结算记录就可能被篡改，从而严重威胁证券交易安全，给证券市场带来极大风险。而将智能合约引入证券发行交易环节后，证券市场将拥有公开、真实、分散和不可篡改的交易记录，黑客难以再通过网络攻击的方式篡改交易记录，且证券监管机构可以掌握所有资金和证券的流向，从而证券交易的有效性和安全性将得到极大提升，证券市场的安全价值也将得以实现。

八、开放性和包容性推动证券登记结算的国际化

随着经济全球化的不断推进，资本在全球流动的步伐逐渐加快，证券登记结算的国际化已然成为大势所趋。然而，由于各个国家的证券登记结算体系在持有模式、结算模式和法律规范等方面存在诸多差异，加之各个国家的证券登记结算系统之间的互操作性极差，证券登记结算领域一直存在国际化程度比较低的问题，我国也不例外。[1] 证券登记结算国际化程度不高，不仅增加了跨境结算的风险，也导致跨境结算中介众多、成本高昂、效率低下，严重阻碍了投资者的跨境投资，影响了我国证券市场国际化改革的深化。

为了顺应证券登记结算的国际化趋势，缓解跨境结算中效率低下、成本高昂等问题，许多国家纷纷采取机构合并、系统联网、信息标准化、业务合作等措施，以期为跨境证券结算提供便利。如欧洲央行

〔1〕 See Pinna Andrea & W. Ruttenberg, *Distributed Ledger Technologies in Securities Post – Trading Revolution or Evolution?*, ECB Occasional Paper 172 (April, 2016), https://www.ecb.europa.eu//pub/pdf/scpops/ecbop172.en.pdf.

于2006年主导推动的Target 2 - securities,[1]以及我国近年来推出的沪伦通等。然而,上述措施虽然能够在一定程度上便利跨境结算的开展,但由于涉及证券登记结算系统的对接、法律和结算规则的协调等问题,很难在全球范围内推广,尚无法有效提升证券登记结算领域的国际化程度。

智能合约的运行环境——区块链本身是一个基于算法、用户共享的公共数据库,极具开放性和包容性,各个国家的机构和用户均可加入其中。与此同时,同一类型的区块链系统可以通过定制的通信协议,实现不同系统之间的数据读取、验证和操作,智能合约证券登记结算系统具有极高的交互性。[2] 此外,智能合约应用的背景下,所有证券登记结算信息都会按照统一的标准存储在分布式账本中,从而有助于打破各个国家之间的数据壁垒,促进数据的开放和利用。[3] 因此,区块链智能合约的应用将有助于各国建立更为统一的证券登记结算系统,缩短各国证券登记结算制度之间的差距,破解各国证券登记结算系统之间对接困难的问题,从而加快证券登记结算领域的全球化进程。

同时,由于智能合约应用下的证券登记结算领域采用数字证券和数字货币进行结算,因各国证券登记结算系统和法定货币存在差异而导致的跨境结算难题也将得以缓解,投资者进行跨境投资的难度将大大降低,证券登记结算领域的国际化进程也将进一步加快。

---

〔1〕 参见李中、周思宇、李杨编著:《审慎变革:区块链与证券市场的未来之路》,清华大学出版社2018年版,第100页。

〔2〕 参见中国人民银行数字货币研究所区块链课题组:《区块链技术的发展与管理》,载《中国金融》2020年第4期。

〔3〕 参见萧鑫:《区块链技术在证券结算中的应用与监管应对》,载《行政法学研究》2020年第3期。

九、点对点和自动执行减少证券登记结算固有风险

整体而言，由于现有的证券登记结算体系尚未实现银货对付(DVP)，也未摆脱人工干预，加之中心化的证券登记结算系统容易遭受攻击，我国证券登记结算领域仍然面临较大的违约风险、操作风险和系统性风险，证券登记结算的安全性还未得到充足保障。而在智能合约应用下，基于智能合约的去中心化、自动执行和不可中止特征，我国证券登记结算领域的违约风险、操作风险和系统性风险将得到有效防控，证券登记结算的安全性将得到极大提升。

1. 不可中止性减少违约风险。由于尚未实现资金和证券的同步交付，资金的交收("T+1"日)滞后于证券的交割("T+0"日)，[1]我国证券登记结算领域极易出现交易一方收到证券却不支付或者不及时支付资金的情形，进而使中央对手方面临巨大的本金风险、证券重置成本风险和流动性风险。换言之，在证券登记结算领域，资金交收和证券交割的不同步是违约风险产生的根本原因。将智能合约引入证券登记结算领域后，由于证券和资金的交割交收是通过一个不可分割的操作指令自动执行的，且证券交易双方均无法对其施加干预，证券和资金的同步交收交割将得以实现，证券登记结算环节违约风险频发的问题也将迎刃而解。

2. 去中心化降低系统性风险的发生概率。由于证券结算环节目前采取的是中央对手方清算机制和净额结算机制，我国证券市场面临较大的系统性风险威胁。原因在于，一方面，中央对手方是通过将风险集中于自身的方式，来降低交易双方所面临的结算风险的，因而

---

[1] 参见李东方：《证券登记结算的法理基础研究》，载《中国政法大学学报》2018年第5期。

中央对手方实际上成为“金融体系中潜在的高风险单一失败点环节”[1]。换言之,中央对手方清算机制并没有消除结算风险,只是将风险聚集到自己身上而已。在中央对手方清算体制下,一旦发生大规模的交收违约,积聚在中央对手方的违约风险将对证券市场产生连锁性的不利影响,从而诱发系统性风险,影响整个证券市场的安全有序运行。另一方面,净额结算体制下各笔交易之间的联系极其紧密,一笔交易的结算失败可能导致后续相关的其他交易也无法成功进行,即净额结算机制实际上也极大地增加了系统性风险的发生概率。而当智能合约应用于证券登记结算领域后,证券登记结算将通过点对点的方式开展,不再依赖中央对手方、结算参与人、证券登记结算机构等中介机构,中央对手方清算机制的作用将被极大弱化。同时,每笔证券交易涉及的资金和证券都会被嵌入相应的智能合约,在证券交易达成后实现实时、逐笔、全额结算,净额结算被全额结算所取代。相应地,证券登记结算领域因净额结算引发的系统性风险也将随之大幅降低。

3. 自动执行性和数据分布式存储减少操作风险。就目前而言,由于证券登记结算系统采取集中式的数据存储方式,且证券登记结算过程尚未完全摆脱人工干预,一旦发生操作错误或者系统故障,就极易导致证券登记结算延迟、错误或者发生偏差,进而危及整个证券市场的安全运行。[2] 而在智能合约证券登记结算系统中,由于采取分布式的数据存储方式,即便单个节点出现故障或者遭受攻击,也不会对相关数据的真实性和完整性造成影响,现有集中式数据存储模

[1] [英]彼得·诺曼:《全球风控家——中央对手方清算》,梁伟林译,中国金融出版社2013年版,第10页。

[2] 参见梅世云编著:《国际证券托管结算体系研究》,中国金融出版社2013年版,第121页。

式下的操作风险将得到有效防控。[1] 同时，由于可以借助代码实现自动化的证券登记结算，智能合约证券登记结算系统将摆脱人工操作带来的错误登记结算风险。

---

〔1〕 See Manuela Geranio, *Fintech in the Exchange Industry*: *Potential for Disruption*, 11 Masaryk University Journal of Law and Technology 245 (2017).

第四章　智能合约应用于证券市场可能引发的风险

智能合约在证券市场的应用前景足可期待，因而探究智能合约应用于证券市场可能面临的风险，实为必要且紧迫。智能合约的应用风险，广义上容纳了技术不成熟与漏洞引发的技术风险，技术或信息优势方恶意使用导致的道德风险以及纯粹的合理的商业风险等。本书重点考察因智能合约与原有证券领域的市场环境、主体构成、运作流程等不相协调所导致的应用风险。为体系化考察智能合约在证券市场应用可能引发的风险，下文以证券业务流程为划分标准，揭示智能合约应用条件下证券发行、交易、登记结算、救济四个环节中潜藏的风险。

第一节　证券发行环节

由于智能合约能够在证券市场构建一种去中心化的信任机制，并在满足预设条件时依赖代码自动执行，智能合约应用下的证券发行将呈现自动化和点对点的特征。以智能合约在科创板的应用为例，智能合约应用下的证券发行流程如下：(1)发行人将包含股票发行价格、数量、对象以及公司经营状况等信息的招股说明书发布到区块链网络中,招股说明书经过各节点验证并加盖时间戳后被保存在特定的区块中。(2)发行人向证监会报送募股申请书、招股说明书、股东大会决议等文件,并在区块链网络中预先予以披露。证监会收到申请后对发行人发布的信息的真实性、准确性和完整性进行审核,审核无误后为发行人办理发行注册登记。(3)获得发行注册登记的发行人在智能合约证券发行平台中制作数字股票,编制用于认购股票并包含股票发行数量、价格、对象等要素的智能合约。智能合约编制完成后,发行人需要将数字证券置于智能合约中,并将智能合约作为要约发布到区块链网络中。(4)合格投资者向智能合约转移资金后,认购协议自动生效,智能合约自动计算投资者购买的股票数量,并向投资者交付证券,向发行人转移资金。(5)认购协议执行完毕后,股票认购的主体、数量等信息被加盖时间戳后保存在特定的区块中,股票发行流程完成。[1]

由此可见,与现有科创板股票发行流程相比,智能合约应用下的证券发行不再依赖保荐人和承销商等中介机构,发行流程更为简易、成本更低、效率更高。同时,发行人需要披露的信息都会被保存在区块链网络中,整个发行流程也在链上进行,证券发行的公开性和透明性将得到极大提升。当然,智能合约的应用毕竟颠覆了现有中心化的证券发行模式,加之我国《证券法》滞后于智能合约技术的发展,且智能合约技术尚未发展成熟,存在一定的技术风险,其执行也欠缺灵活性,将智能合约引入证券发行领域也可能诱发如下风险。

一、证券发行失败风险

在传统证券市场中,为避免发行失败,发行人向不特定对象公开

---

〔1〕 参见陈吉栋:《智能合约的法律构造》,载《东方法学》2019 年第 3 期。

发行证券时,通常会委托承销商进行承销。[1] 证券承销包括两种方式:一是包销,指的是承销商购入发行人发行的全部证券,再进行销售的行为;二是代销,即承销商利用自己的市场销售网络,帮助发行人将发行的证券卖给投资者。[2] 从理论上来说,由于承销商已经承担了全部的销售风险,证券包销不存在发行失败的情形。对于证券代销来说,由于其本质上为代理行为,法律后果由代理人——发行人承担,代销期结束后,代销人会将未售出的证券退还发行人。换言之,在证券代销模式下,证券发行失败的风险由发行人自行承担。[3] 不过,在实践中,虽然证券承销商并不承担证券发行失败的风险,但为了获取比较高的承销佣金,其往往会尽自己所能帮助发行人达到70%的认购数量。[4] 因而在证券代销模式下,也不太可能出现因卖出的证券数量未达总数的70%而导致发行失败的情形。综上所述,由于采取包销或者代销的方式,传统证券市场面临的证券发行失败风险很低。

而在智能合约应用下的证券市场中,发行人会将证券发行所需的审批文件上传到区块链网络中,供全网用户查阅,并接受全体投资者的监督。此时投资者和发行人通过信息的公开透明便可建立信任关系,不再需要承销商的信任背书,证券市场得以实现点对点的证券发行。换言之,在智能合约证券发行平台中,只要发行人将证券认购协议编制成自动执行的计算机代码并上传到系统中,便可实现自动

[1] 《证券法》第26条第1款规定:发行人向不特定对象发行的证券,法律、行政法规规定应当由证券公司承销的,发行人应当同证券公司签订承销协议。

[2] 参见朱锦清:《证券法学》,北京大学出版社2011年版,第41页。

[3] 参见万国华、保雅坤:《注册制下承销商民事责任问题研究——以法律关系为核心》,载《产权导刊》2016年第8期。

[4] 《证券法》第33条规定:股票发行采用代销方式,代销期限届满,向投资者出售的股票数量未达到拟公开发行股票数量百分之七十的,为发行失败。发行人应当按照发行价并加算银行同期存款利息返还股票认购人。

发行。投资者向用于发行证券的智能合约转移相应的资金，便可实现自动认购。

然而，不依赖承销商的点对点证券发行模式固然具有低成本、高效率等优势，但也失去了证券承销商在防控发行失败风险方面的优势，加大了证券发行失败的风险。在点对点的证券发行模式下，承担售出证券数量不足风险的主体从承销商转移到了发行人身上，而与承销商相比，多数的发行人并不具备良好的销售网络。因而将智能合约应用于证券市场后，可能出现证券出售数量未达到拟公开发行总量70%的情况，进而导致发行人面临发行失败的风险。

二、证券发行合规风险

智能合约的重要价值，就在于其能够在传统网络的信息流传递之外，进一步实现价值传递。而要实现价值传递，需要解决的首要问题是价值媒介问题，数字货币的出现，正是解决该问题的有效路径。代币发行融资（initial coin offerings，ICO）是与数字货币密切相关的概念，可称为代币销售（token sales），是以初创区块链公司为发行主体，以发售数字代币为表现形式，目的限定为筹资的行为。[1] 2020年3月1日实施生效的新《证券法》虽然新增了存托凭证、资产支持证券、资产管理产品三种证券类型，[2]规定公开发行证券只需“报经国务院证券监督管理机构或者国务院授权的部门注册”，但仍无法包容数字证券等新型的证券类型。况且，我国的注册制尚未全面落地，“证券发行注册制的具体范围、实施步骤”还有待国务院进一步作出规定。[3] 由此，基于数字代币体现出的资产属性以及进行代币销售

---

〔1〕 参见何隽铭：《ICO商业模式的法律性质分析及监管模式优化——基于九国ICO监管现状》，载《上海金融》2018年第2期。

〔2〕 参见《证券法》第2条。

〔3〕 参见《证券法》第9条。

行为的融资性质,智能合约在证券市场发行环节中的应用很可能面临被定性为非法发行证券的风险。

早在 2013 年 12 月 3 日,中国人民银行工信部、原银监会、证监会、原保监会联合发布的《关于防范比特币风险的通知》便明确了比特币的性质,认为比特币是不具有与货币等同法律地位的特定虚拟商品,不能且不应作为货币在市场上流通使用。2017 年 9 月 4 日,中国人民银行等七部委发布的《关于防范代币发行融资风险的公告》进一步明确,ICO"本质上是一种未经批准非法公开融资的行为,涉嫌非法发售代币票券、非法发行证券以及非法集资、金融诈骗、传销等违法犯罪活动"。同时,该公告还要求自公告发布之日起,相关主体应立即停止各类代币发行融资活动,已经完成代币发行融资活动的组织和个人须立即安排清退等善后措施。[1] 2018 年 8 月 24 日,银保监局等五部委在《关于防范以"虚拟货币""区块链"名义进行非法集资的风险提示》中提示公众莫要陷入"炒作区块链概念行非法集资、传销、诈骗之实"的"庞氏骗局"。[2]

从我国《刑法》中有关证券发行的相关规定来看,当行为人没有经过相关审批过程就进行 ICO,而其公开发行的代币又能被认定为股票、债券时,即存在擅自发行股票或者公司、企业债券罪的嫌疑;当行为人发行的代币为实质股票、债券,行为人又隐瞒重要事实、虚构重大内容时,就有可能构成欺诈发行股票、债券罪;而当行为人发行

---

〔1〕 参见中国人民银行:《中国人民银行 中央网信办 工业和信息化部 工商总局 银监会 证监会 保监会关于防范代币发行融资风险的公告》,载中国证监会官网 2017 年 9 月 4 日, http://www.csrc.gov.cn/pub/Newsite/zjhxwfb/xwdd/201709/t20170904_323047.html。

〔2〕 参见中国人民银行:《关于防范以"虚拟货币""区块链"名义进行非法集资的风险提示》,载中央政府门户网 2018 年 8 月 27 日,http://www.gov.cn/fuwu/2018-08/27/content_5316810.htm。

的代币不具有发行股票、债券的真实内容，仅以虚假转让股权、发售虚构债券等方式吸收资金的，则可能构成非法吸收公众存款罪，集资诈骗罪，组织、领导传销活动罪等。[1]

第二节　证券交易环节

基于智能合约的去信任化特征，智能合约应用下的证券交易不再依赖证券公司，而是在投资者之间直接进行，证券公司代理证券买卖的传统职能将被弱化。[2] 具体而言，智能合约应用下的证券交易按照以下步骤进行：(1)拟购买或者卖出证券的投资者在智能合约交易平台中编制一份包含证券交易对象、价格、数量等信息的智能合约，将相应数量的资金或者证券转移至智能合约，并将智能合约作为要约发送到智能合约证券交易平台中。(2)部署在智能合约证券交易平台中的交易撮合机制检测到证券交易当事人的要约后，便会自动对证券交易当事人的交易进行撮合和匹配。撮合匹配成功后，平台会自动向证券交易当事人发送交易确认信息，当证券交易当事人用自己的私钥进行签名时，证券交易达成。(3)当证券交易信息经过各节点的验证并被记载在特定的区块中时，证券交易生效。

可见，智能合约的应用能够实现证券交易的去中介化、透明化和自动化，从而降低证券交易成本，提高证券交易效率，减少内幕交易等违法行为的发生。[3] 不过，囿于智能合约技术尚未发展成熟，加

---

〔1〕 参见朱娴：《代币发行交易中的犯罪风险》，载《国家检察官学院学报》2018年第6期。相关法条为《刑法》第160条、第176条、第179条、第192条、第224条之一。

〔2〕 参见胡启磊：《区块链技术在金融领域的应用研究——基于“一带一路”视角》，载《会计之友》2019年第5期。

〔3〕 参加杨东：《区块链+监管=法链》，人民出版社2018年版，第98页。

之其具有匿名性、不可中止性等特征，将智能合约引入证券交易环节也可能诱发多种风险。

一、投资者信息泄露风险

“区块链上交易和结算数据的实时一致性以数据公开为前提，没有数据的公开，也就没有数据的一致性。”[1]智能合约应用下，所有证券的所有权信息、交易信息和发行信息均会悉数保存在分布式账本上，任何节点均可查看和追溯，这在优化证券市场信息披露水平、提高证券行业透明度的同时，也使投资者面临较高的信息泄露风险。

从理论上来说，基于智能合约的证券交易具备匿名性特征，即智能合约证券交易平台中的所有权记录和交易记录仅记载交易双方的地址，而非交易双方的真实身份，且地址往往与用户的真实身份之间不存在直接联系，因而即使是证券交易双方，也不知道对方的真实身份。但实际上，此种匿名只是证券交易双方使用假名而已，并非完全、真正匿名。[2] 同时，区块链的设计规定用户必须长期使用一个交易账户，流出和流进某一地址的所有交易都会记录在区块链中，加之全部证券的所有权信息和交易信息均会在区块链网络中公开，证券交易的关联性和金额等信息很容易被获取。特别是随着反匿名甄别技术以及量子计算机的发展，根据系统中的证券所有权信息和交易信息识别各个交易参与者之间的联系，进而推断出交易参与者的真实身份是有可能实现的。以比特币交易为例，虽然交易双方均使

---

〔1〕 马其家、卜学民：《论我国推行区块链证券结算的可能及法律监管路径》，载《中国社会科学院研究生院学报》2020年第6期。

〔2〕 See Jonathan Rohr & Aaron Wright, *Blockchain - based Token Sales, Initial Coin Offerings, and the Democratization of Public Capital Markets*, 70 Hastings Law Journal 463 (2019).

用假名,但分析人员在对用户的交易记录进行分析后,不仅可以获取用户的交易规律,也能够甄别出用户的真实身份。[1] 可见,智能合约应用于证券交易后,投资者可能面临个人信息和交易信息被泄露的风险。

此外,证券市场上的投资者众多,一旦上链的证券交易业务全面铺开,链上交易节点会不断增多,涉及证券交易双方的个人信息和交易信息的数据会在节点处不断沉淀,从而使区块链上每个节点都记录着大量的商业秘密和个人隐私。此时,一旦有节点被黑客攻陷,则整个证券市场的证券所有权信息和交易信息均会面临被窃取的风险,从而导致投资者面临较大的信息泄露风险。[2]

可见,智能合约的匿名化特征尽管在一定程度上使得用户的信息不易被发掘,但是并没有完全解决投资者个人信息保护问题,智能合约应用下的证券市场仍然存在个人信息泄露的风险。

投资者的个人信息及其持有证券、买卖证券的信息,不仅是投资者的个人隐私,也是证券市场的重要信息,一旦为不法分子所掌握,则可能发生非法行为人借此分析出相关主体的流动性需求,进而通过实施操纵市场、内幕交易等违法行为获利的情形。这不但会对相关主体的合法权益造成损害,也会极大动摇证券市场的有序运行。因此,为了维护证券市场的安全、有序运行,智能合约在证券市场的应用应当平衡好信息公开透明与个人隐私保护之间的关系,并以信息泄露问题的解决为前提。[3]

---

〔1〕 参见祝烈煌、高峰等:《区块链隐私保护研究综述》,载《计算机研究与发展》2017年第10期。

〔2〕 参见袁康:《区块链技术在证券市场应用的监管问题研究》,载《证券法苑》2017年第5期。

〔3〕 See Jiang Jiaying, *The Normative Role of Smart Contracts*, 15 US - China Law Review 139 (2018).

二、非法经营证券期货业务风险

习近平总书记强调,“金融安全是国家安全的重要组成部分”[1]。证券市场作为金融市场的一部分,其能否安全有序运行,对于一个国家的安全稳定而言意义重大。为了确保证券市场的安全稳定运行,《证券法》第37条、第119条等明确要求,经营证券期货业务要经过国务院证券监督管理机构的批准,证券发行交易必须在依法设立的证券交易所或者国务院批准的证券交易场所进行。国务院办公厅2006年发布的《关于严厉打击非法发行股票和非法经营证券业务有关问题的通知》中明确指出,“严禁非法经营证券业务。股票承销、经纪(代理买卖)、证券投资咨询等证券业务由证监会依法批准设立的证券机构经营,未经证监会批准,其他任何机构和个人不得经营证券业务”。国务院《关于清理整顿各类交易场所切实防范金融风险的决定》也强调,“证券和期货交易更是具有特殊的金融属性和风险属性,直接关系到经济金融安全和社会稳定,必须在经批准的特定交易场所,遵循严格的管理制度规范进行”。同时,根据《刑法》第174条以及第225条的规定,未经法定的批准程序开展证券、期货业务,可能涉及非法经营行为,甚至触犯非法经营罪、擅自设立金融机构罪。

在智能合约应用下的证券市场中,证券交易活动的开展并不依赖于专门的中心化证券交易场所,而是要依托相应的技术平台,如以太坊、Hyperledger Fabric等。虽然此类技术平台的初始定位只是提供技术支持,但是如果其在运行过程中为证券市场主体提供证券投资咨询、财务顾问、数字货币管理等服务,则可能在实质上符合证券、

[1] 南方日报:《金融安全是国家安全的重要组成部分》,载中国共产党新闻网2017年4月28日,http://theory.people.com.cn/n1/2017/0428/c40531-29244246.html。

期货业务的经营活动标准，从而构成非法经营行为，触犯非法经营罪。此外，如果此类技术平台提供交易规则、交易撮合、交易系统运行维护等服务，则可能符合证券交易所、期货交易所业务开展的实质要件，从而触犯擅自设立金融机构罪。[1] 法律往往滞后于新兴技术的发展，在现有的证券法律体系下，由于相关法律法规对证券业务的经营主体有特殊要求，智能合约应用于证券交易领域可能面临被定性为非法经营证券期货业务的风险。

三、算法操纵市场风险

从某种程度上讲，智能合约与区块链技术的应用实现了信息资源的均衡分布，以往的信息劣势方——个人投资者，可以依托公开、透明、可追溯的分布式账本记录与智能合约的实时反馈机制，掌握更为充足的证券市场信息，从而使人为操纵的空间被大大压缩。据此，有学者提出，智能合约技术采用完全对等的交易模式，可以解决股市面临的高频交易、买空卖空等市场操纵行为。[2] 然而，智能合约应用的背景下，尽管人为操纵市场的空间在一定程度上被压缩，但操纵市场的风险并未完全被消除。原因在于，虽然智能合约可以通过分类和风险评估构建身份和声誉，但由于算法缺乏透明度，也缺少问责机制、监测制度以及正当程序的约束，代码漏洞和51%算力攻击可能为不法分子所利用，从而可能为歧视、归一化和操纵创造机会。[3] 因而，智能合约应用下的证券市场依然会面临市场操纵风险。

---

〔1〕 参见《刑法》第174条。

〔2〕 See Larissa Lee, *New Kids on the Blockchain: How Bitcoin's Technology Could Reinvent the Stock Market*, 12 Hastings business law journal 81 (2016).

〔3〕 See Jack M. Balkin, 2016 *Sidley Austin Distinguished Lecture on Big Data Law and Policy: The Three Laws of Robotics in the Age of Big Data*, 78 Ohio State law journal 1217 (2017). 转引自刘友华：《算法偏见及其规制路径研究》，载《法学杂志》2019年第6期。

1. 利用代码漏洞操纵市场。尽管基于智能合约的证券发行交易流程由外界条件触发，并由计算机代码自动执行，但是智能合约的交易模板是在交易前由技术人员预设的，智能合约实际上难以真正做到技术中立。原因在于，在合约编码过程中，“预定任务和目标的价值偏好是不可避免的，编码背后代表的是平台提供者、软件开发者等众多主体的利益诉求和权利主张”[1]。而专业度有限、处于弱势地位的个人投资者只能被动地接受代码规则，处于话语权丧失、难以了解风险的弱势地位。[2] 以开发者为代表的技术优势方，可以通过智能合约将自身意志转嫁给投资者，也可以通过技术规则规范和引导投资者的行为。因此，当市场上的众多投资者无法识别合约模板设计中的代码漏洞，甚至是人为“缺陷”时，技术优势方却可以对此加以充分利用，在证券市场中利用模板“缺陷”轻松聚拢起相当规模的证券数量，通过操纵市场的手段达到获利的目的。在实践中，已经出现了利用网络原因造成的短暂延迟或凭借高超算法抢占交易先机，并借助高速计算机进行高频交易从而操纵市场的行为。在由智能合约技术构造的自动化交易模式中，也同样可能发生类似的情形。与此同时，去中心化的交易机制决定了原本在中心化交易所内采取的市场稳定机制——限制交易、涨跌幅限制、停牌等，难以寻得适用空间。

2. 利用51%算力攻击操纵市场。不同于现实世界，区块链世界中的每个节点的地位都是对等的，不存在任何中心化的特殊节点和层级结构，[3]因而区块链上的任何决定都由所有节点共同作出。当

---

〔1〕 万国华、孙婷：《证券区块链金融：市场变革、法律挑战与监管回应》，载《法律适用》2018年第23期。

〔2〕 参见万国华、孙婷：《证券区块链金融：市场变革、法律挑战与监管回应》，载《法律适用》2018年第23期。

〔3〕 参见袁勇、倪晓春等：《区块链共识算法的发展现状与展望》，载《自动化学报》2018年第11期。

区块链上各个节点的意见不统一时，就需要 PoW（工作量证明）、PoS（权益证明）、PBFT 等共识机制实现分布式账本的一致性。[1] 在共识机制下，达到 50% 以上工作量或者权益验证的结果会被视为全网唯一正确的结果。因而如果某个个人或机构掌握了 51% 以上的算力，就能够使用算力手段阻止区块确认交易，撤销自己提交的付款交易，进行双重支付获利。[2] 在区块链系统中，为保持各节点的积极性，系统往往设置了经济激励机制，将共识过程中所产生的比特币等数字加密货币，按照链上各节点的实际工作量加以分配，并通过共识算法，选择特定节点将新区块添加到区块链上。诚然，这种激励方式能够保证分布式系统中的所有节点均有动机参与区块的生成与验证过程中，[3] 然而，这也同样促使算力趋向集中，为了获得“挖矿”的奖励，全网的算力会逐渐向几家大型的矿池公司集聚。根据 BTC. com 在 2018 年 10 月发布的数据显示，在矿池的算力分布方面，前四大矿池构成的总算力约占全网算力的 56. 5%，而在以太坊中，五个矿池掌握了高达 80% 的算力。[4] 由此可见，51% 算力攻击在实践中并非无发生的可能，收集聚合的庞大算力可能沦为算力巨头操纵市场的工具，智能合约的应用可能使得证券市场面临被操纵的风险，从而危及证券市场平稳运行。

四、非法交易风险

中国人民银行反洗钱局在《2019 年人民银行反洗钱监督管理工

---

〔1〕 参见邵奇峰、金澈清等：《区块链技术：架构及进展》，载《计算机学报》2018 年第 5 期。

〔2〕 参见姚博：《比特币、区块链与 ICO：现实和未来》，载《当代经济管理》2018 年第 9 期。

〔3〕 参见袁勇、倪晓春等：《区块链共识算法的发展现状与展望》，载《自动化学报》2018 年第 11 期。

〔4〕 参见许可：《决策十字阵中的智能合约》，载《东方法学》2019 年第 3 期。

作总体情况》中披露,2019 年人民银行全系统共检查证券业机构 138 家,处罚违规机构 24 家,罚款 893 万元,处罚个人 36 人,罚款 73 万元,罚款合计 966 万元。[1] 证券市场中反洗钱工作的实施现状,应当引起我们的关注与思考。

智能合约在证券市场的应用提高了证券交易的自动化水平,证券交易效率与交易准确率均能得到极大提升,特别是随着智能合约技术的成熟与应用范围的扩大,智能合约对证券市场交易效率的进一步提升足可期待。然而,由于智能合约具备匿名性特征,自动化、点对点的证券交易市场也有可能成为滋生非法交易、洗钱等违法违规行为的温床。

区块链节点账户的重要特点之一就是匿名性,[2] 智能合约上的交易均具有匿名性的特征。理论上讲,除了发生恶意攻击者通过技术手段获取节点账户个人信息的情形,可以认为区块链节点具有高度的保密性和不透明性。在没有中心化系统的情况下,若是某节点用户进行了加密操作,其他用户是很难锁定该客户的身份,并了解其资金去向的。[3] 更何况,在智能合约的价值传输过程中,人们对交易的实际内容更为关注,但在考察交易参与者真实身份与交易内容间的关联性方面,人们往往是缺乏关注的。[4] 因此,在智能合约应用下,无论是交易对手方还是监管机关,一般都难以得知交易主体的

---

〔1〕 参见中国人民银行:《2019 年人民银行反洗钱监督管理工作总体情况》,载中国支付清算协会 2020 年 5 月 3 日,http://www.pcac.org.cn/eportal/ui?pageId=607959&articleKey=609654&columnId=595043。

〔2〕 参见崔志伟:《区块链金融:创新、风险及其法律规制》,载《东方法学》2019 年第 3 期。

〔3〕 参见王硕:《区块链技术在金融领域的研究现状及创新趋势分析》,载《上海金融》2016 年第 2 期。

〔4〕 参见崔志伟:《区块链金融:创新、风险及其法律规制》,载《东方法学》2019 年第 3 期。

真实身份和资金流向。

可见,由于智能合约本质上是一串经过加密的代码,验证节点往往无法知晓其真实内容,智能合约存在被用于非法目的的可能性。[1] 例如,自由主义经济学的信徒罗斯·乌布利希(Ross Ulbricht)在2011年2月上线了一个名为"丝绸之路"(Silk Road)的线上匿名交易网站,该网站上的全部交易均可通过比特币支付,[2] 借助比特币的匿名属性以及网站"洋葱路由"(Tor)逃避追踪的技术,该网站为地下人群进行毒品、枪支、色情等非法交易活动提供了线上平台,涉案金额巨大,为害甚广。[3] 具体到证券交易环节而言,智能合约应用下的点对点的交易模式导致证券交易的场所分散,交易路径与资金流向复杂,加之代码加密后各验证节点无法获知代码执行的具体内容,分散为多笔并经伪装的犯罪资金很容易通过证券交易流程洗白。这意味着,智能合约技术可能成为非法交易与洗钱的工具。

同时,智能合约证券交易平台中的证券交易还具有分散性的特征,因而在现有的监管手段下,监管机关往往难以及时发现和纠察隐藏在证券交易中的违法行为,这就使得智能合约应用下的证券交易很容易"被用来隐瞒或掩饰资金的非法来源和用途",沦为非法交易和洗钱的工具。[4] 另外,由于区块链网络具有开放性的特征,智能合约应用下的证券交易突破了地域的限制,从而便利了非法行为人

---

〔1〕 参见王延川:《智能合约的构造与风险防治》,载《法学杂志》2019年第2期。

〔2〕 See Eric Geissinger, *Virtual Billions: The Genius, the Drug Lord, and the Ivy League Twins behind the Rise of Bitcoin*, Prometheus Books (2016).

〔3〕 参见《追踪比特币:我们的黑市交易是如何被发现的》,载比特范2021年6月27日,https://doubanfx.com/news/96865.html。

〔4〕 参见于文菊:《区块链技术应用于证券市场的法律监管路径》,载《福建金融》2017年第7期。

的跨国洗钱行为，加大了监管机构的监管难度。[1]

我国显然也意识到了这方面的问题，早在2013年，中国人民银行等五部委在针对比特币监管发布的《关于防范比特币风险的通知》中就明确指出，为了防范比特币使用过程中可能产生的洗钱风险，人民银行及其各分支机构应当密切关注比特币等具有匿名、跨境流通便利等特征的虚拟商品的动向及态势，认真研判相关业务中内含的洗钱风险，研究制定针对性的防范措施。同时，人民银行各分支机构以及提供比特币登记、交易等相关服务的互联网站应当切实履行反洗钱职责，加强反洗钱监测并配合反洗钱调查。在发现利用比特币进行诈骗、赌博、洗钱等犯罪活动的线索时，须立即向公安机关报案。

第三节　证券登记结算环节

证券登记结算制度是保障证券交易顺利完成的基础性制度。我国现行证券登记结算制度虽形成于证券全面无纸化的市场背景下，但在制度安排上却显现出实物券时代的思维模式，多有同无纸化实践背反的制度设计。在我国现有的法律框架下，中央对手方、多层级存管结算等运行机制无法得到规范解释，导致其在实际运行过程中存在法律障碍，使证券投资者的合法权益也较难得到救济。在这样的背景下，智能合约的出现，无疑为证券登记结算制度的优化提供了新的契机：智能合约不仅能够优化证券登记结算的业务流程，促进证券登记结算制度变革，而且也有助于扫清现有证券登记结算制度在实践中的法律障碍。

基于智能合约的去信任化特征，智能合约应用下的证券登记结

[1] 参见倪蕴帷：《区块链技术下智能合约的民法分析、应用与启示》，载《重庆大学学报（社会科学版）》2019年第3期。

算是去中介化的登记结算，在交易双方之间直接进行，不再需要证券公司、证券登记结算机构、银行等中介机构的多重协调，传统的分级结算、中央对手方清算、中央托管等制度不再适用。同时，由于智能合约具备自动执行特征，智能合约应用下的证券登记结算是自动化和实时化的登记结算，传统的净额结算制度也失去了适用的必要性和可能性。

智能合约应用下的证券结算将按照如下步骤进行：第一，智能合约编写者在编制用于交易或者发行的智能合约时，会将证券交易达成作为预设条件，并将证券的交割和资金的交收作为执行结果翻译成代码置于智能合约之中；第二，当证券交易达成并且经过验证被存储于区块链网络中时，由于满足了预设的执行条件，智能合约便会自动向卖方的账户转移资金，并同时向买方的账户转移证券私钥；第三，资金和证券交付完成后，证券交易记录将会被发送到区块链网络中，经过各节点的验证并加盖时间戳后，被保存在特定区块中，至此证券清算结算的整个流程完成。至于证券登记，清算结算完成后所有交易信息均会在全网传播和更新，并由全网公证证明后保存在分布式账本上，所有节点均可查看和追溯，区块链上的交易记录和所有权记录本身便能产生公示效果，证券权利的归属和变动不再需要通过登记结算机构的登记记录来证明，传统证券登记机构的登记职能被弱化，甚至被区块链所取代。

综上，智能合约的应用将颠覆现有中心化、集中化、多级化的证券交收模式，使得证券登记结算以一种去中心化、去信任化和高度自治的方式进行，不再需要证券登记结算机构、中央托管机构、银行等中介的参与，实现了资金、证券在证券交易双方之间的实时、自动划付，省去了中介机构服务费用，也最大限度减少了对担保金的需要，从而能够极大地降低证券登记结算的成本。不过，由于智能合约难免存在漏洞,加之我国的证券登记结算法律制度具有滞后性,与现有电子化、中心化、限时化的证券登记结算模式相比,智能合约应用下的数字化、去中介化、实时化和自动化的证券登记结算模式可能面临如下风险。

一、错误登记结算纠正困难风险

从理论上来说,“智能合约是一种事件驱动程序”,[1]能够在满足预设条件时自动执行,但实际上,此种自动执行必须以预言机为基础。这是因为,区块链具有一定的封闭性,智能合约只有通过预言机,才能与链外世界进行沟通,从而判断预设的执行条件是否满足,进而决定是否按照预设的执行规则执行合约内容。因而可以说,预言机是智能合约自动执行的重要保障,也是智能合约安全运行的必要前提。[2] 然而,在预言机中应用共识机制不仅费用高昂,而且效率较低,因而目前的预言机还是中心化的预言机,并未实现去中心化,极易遭受网络攻击。而一旦预言机遭到网络攻击,进入智能合约的数据的真实性就难以得到保障。与此同时,智能合约现有的共识机制既不能解决与链下世界交互时的信息虚假问题,也不能消除链下的操作风险。因此,就目前而言,智能合约并非一种完全安全的执行机制,仍旧存在被黑客操纵的风险。结合证券登记结算来说,当智能合约与链下世界进行交互时,如果预言机遭到了网络攻击,数据在上链过程中就很有可能被篡改或者发生偏差,致使智能合约“错误”执行,从而产生错误的结算结果或者错误的登记结果,损害投资者、发行人等主体的利益。此外,智能合约本质上是部署在区块链上的

---

〔1〕 王延川:《智能合约的构造与风险防治》,载《法学杂志》2019年第2期。
〔2〕 参见许可:《决策十字阵中的智能合约》,载《东方法学》2019年第3期。

计算机代码,而代码难免存在漏洞,[1]智能合约应用于证券登记结算环节后,如果用于登记结算的智能合约存在漏洞,则很容易遭受黑客攻击或在执行过程中发生偏差,从而产生错误的登记结算结果。

实际上,在现有的证券登记结算体系下,由于登记结算尚未摆脱人工操作,登记结算系统的安全性也不高,证券市场也会因人工操作错误或者黑客攻击而出现错误的登记结算结果。不过,由于证券登记结算记录均被保存在证券登记结算机构的系统中,证券登记结算机构可以通过撤销或者修改记录的方式对错误的登记结算结果予以修正,从而保障证券市场参与者的合法权益。如《证券登记结算管理办法》第 52 条规定,因证券登记结算机构的过错导致的错误登记结算,证券登记结算机构应当负责纠正。

但在智能合约应用下,证券登记信息和结算信息并非保存在中心化的登记结算系统中,而是保存在分布式账本上,由所有节点共同维护,此时证券登记信息和结算信息一经验证并记录在特定区块中后,便不可删除、撤销或者修改,除非经过 51% 以上节点的确认。而对于交易节点众多的证券市场而言,获得 51% 以上节点的确认往往是难以实现和不经济的。因此,智能合约应用下,由于分布式账本上的信息和记录无法被撤销或者修改,错误的证券登记结算结果将难以得到纠正,从而将极大损害证券市场参与者的合法权益。

更严重的是,在传统中心化的证券登记结算模式下,当证券登记结算发生错误时,证券权利人尚可向证券公司和证券登记结算机构索赔,从而使得损失得到弥补。而在智能合约应用下的证券登记结算系统中,由于证券登记结算机构、证券公司不再直接参与证券的登记结算,加之区块链本身缺乏明确的责任分配机制,黑客的真实身份

---

[1] See Adam J. Kolber, *Not - So - Smart Blockchain Contracts and Artificial Responsibility*, 21 Stanford Technology Law Review 198 (2018).

往往也难以确定,证券权利人通常只能自行承担证券丢失带来的损失,难以寻求救济。迄今为止,黑客已经从加密货币交易所和用户的地址中窃取了大约 40 亿美元的资金,但几乎没有一笔资金被追回。[1]

二、证券丢失风险

在现有的证券登记结算模式下,由于实物证券不复存在,证券主要表现为证券登记结算机构维护的证券账户中的簿记记录,实践中投资者丢失证券的可能性极低。原因在于,即使投资者遗忘了自己的证券账户及密码,也可以通过证券公司找回。但在智能合约应用下的证券市场中,基于区块链的资产数字化特征,所有证券都表现为代币形式的数字证券,投资者面临的证券丢失风险将显著上升。这是因为,在智能合约证券登记结算系统中,数字证券被存储于根据公钥和私钥产生的特定地址,用户若想访问和处置数字证券,就必须持有与该地址相对应的私钥。而每个地址都只有唯一的私钥与之匹配,且私钥均交由投资者本人保管,因而投资者一旦丢失私钥,便无法访问存储在该地址上的数字证券,从而无法行使证券权利。[2] 同时,虽然区块链上的所有权记录和交易记录能够证明证券权利的归属和变动,但由于区块链具备匿名性特征,区块链上的所有权记录和交易记录仅记载证券权利人的地址,而不记载证券权利人的真实身份,因而丧失证券私钥的证券权利人将无法证明自己的证券权利。

由此可见,在智能合约应用的背景下,私钥是证券权利人占有和处分证券的唯一依据,此时一旦证券私钥丢失或者被恶意复制,证券

---

〔1〕 See Averie Brookes, *Regulation of Blockchain Currencies: Policy Overview*, 9 American University Intellectual Property Brief 75 (2018).

〔2〕 参见卜学民、马其家:《论区块链证券结算的选择及制度展开》,载《福建师范大学学报(哲学社会科学版)》2020 年第 6 期。

权利人将丧失对证券的占有，无法行使证券权利，从而面临不可挽回的损失。[1] 而基于代码漏洞、密钥管理技术不完善等方面的原因，智能合约应用的背景下，投资者丢失证券私钥的可能性并不低。实际上，在过去的几年间，虚拟货币市场已经因代币意外丢失或者被盗而损失了数十亿美元。导致私钥被盗或丢失的原因主要包括：

1. 智能合约代码漏洞导致的私钥被盗。智能合约应用下，为了实现证券登记和清算交收的自动化，证券交易双方需要事先将资金和数字证券转移至智能合约。此时，证券登记结算的成功完成完全仰仗于智能合约的安全运行。然而，一个安全的智能合约的产生，不仅依赖于设计者对所有可能存在的风险和攻击的预见，还有赖于设计者对信息技术、金融和法律知识的全面掌握，而普通设计者往往难以完全做到，因而智能合约存在漏洞在所难免。[2] 国外学者的相关研究表明，目前每100万份智能合约中，就有34,200份存在安全漏洞。[3] 存在安全漏洞的智能合约不仅可能无法按照预设的执行规则正确执行证券登记结算，还可能遭受黑客的恶意攻击，进而导致证券交易双方面临资金和证券私钥丢失的风险。近年来，由于智能合约漏洞导致的用户代币被盗事件屡见不鲜，如在2018年，有黑客利用以太坊智能合约中的漏洞，对BEC（美链的代币"美蜜"）智能合约发动攻击，盗取了两个地址中的大量代币，最终导致投资者遭受了64亿元的损失。

2. 密钥管理技术缺失导致的私钥丢失。在现有的技术条件下，

---

〔1〕参见王熠珏：《"区块链+"时代比特币侵财犯罪研究》，载《东方法学》2019年第3期。

〔2〕See Dirk A. Zetzsche, Ross P. Buckley & Douglas W. Arner, *The Distributed Liability of Distributed Ledgers: Legal Risks of Blockchain*, 4 University of Illinois Law Review 1361 (2018).

〔3〕参见王延川：《智能合约的构造与风险防治》，载《法学杂志》2019年第2期。

由于密钥管理技术尚未发展成熟，智能合约应用于证券登记结算领域后，一旦数字证券持有者使用具有实际意义的字符串作为私钥，或者将私钥存储在硬盘中，就极有可能遭受恶意攻击，进而丢失私钥，丧失证券权利。就目前而言，缺乏安全的密钥管理技术是代币被盗窃的重要原因。

三、中央对手方风险隔离功能弱化风险

证券结算是证券交易双方履行证券买卖合同义务、实现钱货两清的必经程序。一般而言，只有证券交易双方及时足额履行交收义务，证券交易买方才能获得应得的证券，证券交易卖方才能获得应得的资金，证券交易才能顺利完成，证券市场才能安全有序运行。然而，由于我国并未实现银货对付，资金的交收（"T+1"日）滞后于证券的交割（"T+0"日），[1]证券交易双方实际上并不能总是及时、足额地履行交收义务，因一方违约引发的信用风险、流动性风险和系统性风险极高，对证券市场的安全运行和交易对手方的利益造成了极大威胁。

对此，为了有效防控因一方违约而引发的信用风险、流动性风险和系统性风险，我国证券市场引入了中央对手方清算机制，由中国结算作为中央对手方（CCP）介入买卖双方之间，成为所有买方的卖方、所有卖方的买方，在净额清算基础上完成相关款项和证券的收付，同时承担买卖双方交收不能的风险。[2] 作为一种风险隔离机制，中央对手方清算机制能够通过履约担保，将投资者面临的交易对手方信用风险内化为中央对手方的风险，进而防控因一方违约可能引发的系统性风险和流动性风险，维护金融安全。

---

〔1〕 参见李东方：《证券登记结算的法理基础研究》，载《中国政法大学学报》2018年第5期。

〔2〕 参见周莉萍：《中央对手方清算机制：改变了什么》，载《银行家》2013年第4期。

中央对手方已成为现代金融市场风险管理的一个标志,在创造稳定、有弹性和有效的市场以及降低总体风险方面发挥着关键作用。[1] 然而,在基于智能合约技术的证券结算平台中,所有的结算参与者平等互联,直接进行结算,不再需要中央对手方的参与。即智能合约应用下的证券结算是点对点、分布式的双边直接清算,而非集中化、中心化的中央清算。[2] 诚然,由于智能合约具备自动执行性和不可中止性,可以实现资金和证券的自动划拨,从而替代中央对手方的履约担保功能,此时证券市场面临的信用风险并不高。但是,如果用于证券结算的智能合约遭受黑客攻击,智能合约应用下的证券市场也可能出现信用风险。此时,由于中央对手方清算机制已经无法发挥隔离风险的作用,信用风险很可能在证券市场扩散,进而引发系统性金融风险。

四、受法律特殊安排的资产被执行风险

智能合约能够像传统合同那样界定当事人的权利和义务,却不需要依赖以往的外部信用关系。[3] 具体而言,智能合约的运行采用"If – then"条件触发机制,只要证券交易双方的条件匹配,满足合约模板预先设定的触发条件,则交易自动进行,证券和资金自动划转。为了保证交易的顺利执行,证券交易双方会事先将证券和资金转移至智能合约。基于此,智能合约应用下的证券交易结算过程中可能

---

〔1〕 See DTCC Occasional Paper, *Embracing Disruption: Tapping the Potential of Distributed Ledgers to Improve the Post – Trade Landscape*, DTCC (Janurary, 2016) ,https://www. dtcc. com/ ~/media/Global/Tapping – the – Potential – for – Distributed – Ledger – EN.

〔2〕 参见孙琛:《智能合约在场外衍生品市场的应用与法律回应》,载郭锋主编:《证券法律评论》2019 年卷,人民出版社 2018 年版。

〔3〕 参见易宪容:《区块链技术、数字货币及金融风险——基于现代金融理论的一般性分析》,载《南京社会科学》2018 年第 11 期。

出现的一种风险事件是,如果待划转的资金或资产受法律特殊安排,并不那么"智能"的智能合约将无法自主识别法律特殊安排下资金或资产的可划转性,从而产生法律风险。

上述受法律特殊安排资产的划转风险,典型体现在涉及破产财产的情形。根据我国《企业破产法》第43条和第113条的规定,破产财产的清偿具有顺序性,除了破产费用与共益债务具有当然的优先受偿地位之外,职工工资、医疗伤残补助、抚恤费用、社会保险费用、欠缴税款等也具备优先地位。由此,若智能合约执行划转的是前述资产,则极有可能被管理人追回,证券交易结果的稳定性将遭受挑战。

受法律特殊安排的资产划转风险,其背后的根本原因是区块链缺少资产权利状态的完整记录。智能合约的触发与区块链外的信息相关,作为链上链下进行沟通的桥梁、为区块链提供外部信息的预言机,其发挥作用主要依赖两种路径,即依赖以媒体为代表的中心化信息源以及经过链上共识决策形成的信息源。而就目前而言,无论哪种路径均会导致链上链下信息的相对割裂。[1] 由于链上链下的信息不同步,链上资产只映射了现实资产的价值属性,却没有同时反映其上的权利负担,即便智能合约模板代码中录入了相应的判断逻辑,但如果未及时接收到该资产之上具有权利负担的事实信息,同样会导致资产的违法划转。不仅如此,由于链上链下、不同链之间数据标准、数据模型、传输标准等通用标准的缺失,信息共享与数据整合存在困难,传输过程中可能出现"翻译"错误,从而导致资产的权利状态失实。只有实现真正意义上的"万物互联"和现实资产的完全数字化进程,形成行业的通用语言与统一标准,前述"不适格"资产才不会被

---

〔1〕 参见张礼卿、吴桐:《区块链在金融领域的应用:理论依据、现实困境与破解策略》,载《改革》2019年第12期。

处置执行。但在现有的技术条件下,这一要求显然还不具备实现的可能性。因而可以说,智能合约在证券登记结算领域的应用,将面临较大的因法律的特殊安排而导致的资产被执行的风险。

第四节　证券救济环节

有效的证券司法救济不仅是保护投资者的最后一道防线,也有利于投资者对证券市场参与者进行监督,从而遏制欺诈发行、操纵市场、内幕交易等违法违规行为的发生,进而促进证券市场持续、健康发展。[1] 但在智能合约应用的背景下,由于缺乏相应的责任分配机制,加之区块链数据能否作为证据尚未有明确规定,证券司法救济的作用将被极大削弱,既不能为权益受到损害的投资者提供其所需要的救济,也无法对证券市场中的违法违规行为形成足够的威慑力,进而对证券市场的安全、平稳运行产生负面影响。

一、智能合约主体归责风险

证券市场中存在众多的市场主体,包括证券发行人、投资者、证券交易所,以及券商、律师事务所、会计师事务所、证券登记结算机构等在内的中介机构。传统治理结构与法律监管体系的治理和监管重点是各个中心化的中介机构,法律系统围绕这些中介机构开展监控与协调工作。智能合约的应用使得证券市场的主体构成更加复杂化:一方面,传统证券主体的职能逐渐被弱化,原有的市场主体部分消亡或以新的角色设定出现;另一方面,又出现了包括智能合约模板设计者、系统运行参与者与维护者、系统功能使用者等新型参与主体。

---

〔1〕 参见刘珂:《试论证券投资者民事诉讼救济模式择优选择》,载《河北法学》2015年第3期。

当证券市场的运作系统是以智能合约此类去中心化应用为基础展开,依靠代码规则运作实现高度自治,日渐独立于传统证券市场组织结构时,那么就很难被现有的、以中介机构为中心进行规制的法律制度所容纳。并且智能合约的模板编写者在进行系统软件协议与底层代码的起草时,往往不会特意考察同现行法律体系间的契合程度,尤其是新型的市场参与主体,无法借鉴现有的法律责任分配机制对其进行合规性考量。例如,囿于个体思维的局限,对于设计底层代码的程序员来说,想要预设抵御所有恶意攻击的完美合约模板几乎不可能,如果出现黑客利用合约漏洞发起类似于“The DAO”的事件,是如该事件一般由平台负责进行处置,还是要追究模板设计者的责任,尚有赖于法律的进一步明确。实践中,同一个程序模板或应用可能是由相当数量的程序员共同编写,后续还有承担维护任务的更多程序员加入更新代码的工作中来,无法明确个体行为及其责任的情况下,群体的担责几乎等于无人担责。

除了缺乏法定的新型主体责任分配与追责机制之外,事实上在智能合约系统中,想要锁定责任主体也绝非易事。对于账户的操纵是证券市场中很多操纵行为的惯常做法,也因此,针对账户的管理成为证券监管的重要方式。我国的证券监管采用实名制和穿透式的账户管理,证券监管者能够以管理员的身份到后台中心服务器调取数据,锁定目标账户及其背后的实名账户主体。而在去中心化的证券交易网络系统中,每个链上节点都可能成为交易场所,交易场所高度分散,可能的“肇事者链条”变得更长,而且愈加难以被一一辨识清楚,想要锁定欺诈、操纵市场等违法违规行为的发生节点以及责任方节点殊为不易。况且即便监管机构能够找到相应的节点,但由于智能合约采用加密算法,具有高度匿名性特征,监管机构实际上无法或难以在短时间内穿透违法节点,锁定节点背后的真实主体身份,并对违法主体进行责任追究。究其背后原因,在于智能合约系统环境下交易参与者的人格及其信息被约化为节点和数据,尽管在技术层面已经实现了节点的人格化,但却仍未实现交易参与者的真实身份与节点在法律上的对应关系,换言之,交易参与者的主体形态与独立人格等还未能被精准识别。[1]

二、电子数据取证风险

尽管电子数据早已经通过 2012 年《民事诉讼法》和《刑事诉讼法》的修订成为一类单独的证据类型,但是实践中法官对于电子证据的采信度却极低。实证研究显示,在使用电子数据的相关案件判决中,法官仅在 7.2% 的案件中做出了清晰的判断,其中完全采信、部分采信的比例更是分别只有 29.2% 和 2.0% 。究其背后的原因,是司法人员对采信电子数据的信心不足。[2] 况且,我国虽然有法院在判决中承认了区块链记录的法律效力,最高人民法院《关于互联网法院审理案件若干问题的规定》第 11 条也认可了区块链作为收集、固定和防篡改数据的技术手段,但就目前而言,由于缺乏明确的法律规定,区块链数据能否作为证据是没有标准答案的。智能合约应用的背景下,证券发行、交易和登记结算的全过程都在区块链网络中进行,区块链数据能否作为证据悬而未决,将对投资者通过司法救济维护自身合法权益产生不利影响。

作为智能合约运行环境的区块链,其分布式账本之上的每个节点都存储有全网的历史数据信息,且具备真实、完整、不可篡改的特性。但是对于证据收集而言,要求收集和固定的只是与案件事实相

---

〔1〕 参见汪青松:《区块链系统内部关系的性质界定与归责路径》,载《法学》2019 年第 5 期。

〔2〕 参见刘品新:《印证与概率:电子证据的客观化采信》,载《环球法律评论》2017 年第 4 期。

关的证据材料，需要符合证据的相关性要求。如《刑事诉讼法》第141条规定，与案件没有关联性的财物、文件等，是不允许进行查封、扣押的。依据当前的技术架构，节点内的账本数据信息只会随着时间的推移而逐渐无差别地累积，而面对无差别累积的海量数据信息，有关部门在采集电子数据时面临的信息筛选难度将成几何倍地增长。这不仅提高了证据采集过程的数据筛选难度，加大了一次性准确获取案件需要的数据材料的难度，也增加了其他与案件无关的个人信息泄露的可能性。由此，负责证据采集的司法人员须具有专业的数据分析能力，否则难以一次性提取符合法律规定的电子证据。

此外，利用智能合约在证券市场中进行的违规操作更为隐蔽，如某些违法犯罪行为是通过编写带有“漏洞”的合约模板或是通过修改智能合约底层代码的形式进行的，若证券投资者想以链上节点中的电子数据记录作为主张证券权利的依据，将被修改的模板代码作为违法者的“犯罪证据”，那么程序代码是否能够作为电子证据被取证，以及其证据效力如何，还有待进一步商榷。同时，取证过程中，相关部门的执法人员能否做到对具有极高专业门槛的涉案证据的识别、固定和提取是存疑的。此外，理论上存在的51%算力攻击，在智能合约证券平台发展初期链上节点较少的情况下是有可能发生的，因此区块链上的电子数据处于未稳定保存的状态，一旦有不法分子利用51%算力攻击得到共识机制下全网多数节点的认可，原有的“犯罪证据”将会遭到破坏，从而使得受损投资者原有的证据灭失，难以寻求救济。

第五章　在证券市场应用智能合约对法律制度的冲击

总体而言，从现有的实践经验来看，将智能合约技术引入证券市场可以有效提升证券市场的安全性、高效性和透明度，为证券市场的改革和发展提供新的驱动力。但不容忽视的是，智能合约的应用颠覆了现有的证券市场主体结构和运行模式，加之"智能合约未必足够'智能'"，[1]且代码难免存在疏漏，因而在现有的证券法律体系和监管模式下，智能合约的应用必将给证券市场带来技术风险和法律风险。为了更好地发挥智能合约的应用优势，降低智能合约对证券市场的冲击，有必要对智能合约在证券市场的应用逻辑和模式进行全面地考察分析，系统性地对智能合约应用下证券法律制度面临的冲击和挑战进行评估。

具体到证券发行、交易、登记结算和监管各环节来说，智能合约应用下，我国证券法律体系可能面临多种冲击和挑战。

---

〔1〕 参见狄行思：《论智能合约的风险负担及责任分担》，载《科技与法律》2020年第6期。

第一节 应用智能合约对证券发行法律规范的冲击

智能合约技术具备去中心、自动执行、可编程等特征,应用于证券发行能够实现点对点、自动化的证券发行,缓解我国证券发行领域信息不对称、融资成本高等固有弊端,进而推动我国证券发行制度市场化、高效化改革的不断深化。然而,将去中心化、透明化的智能合约技术引入证券发行领域,必将对我国现有中心化、行政色彩浓厚的证券发行模式形成巨大冲击。为了确保智能合约能够在证券发行领域安全有序应用,有必要分析智能合约应用下我国证券发行法律制度可能面临的挑战,并提出相应的法律对策。

一、数字证券突破现有的证券种类

由于区块链上的资产均表现为数字形式,智能合约的自动执行也需要数字资产的支持,智能合约应用于证券发行领域后,数字证券将取代纸质证券和电子证券,成为证券的主要形式。而数字证券不仅在形式上异于纸质证券和电子证券,在性质上也存在一定的特殊性,将对现行证券法律制度有关证券种类的规定形成挑战。

从瑞士联邦委员会发布的《分布式账本技术和区块链的法律框架:以金融部门为重点视角》来看,数字证券不仅包括数字形式的传统标准化证券,还包括与股票、债券、衍生品等具备类似经济功能的资产类通证(asset token),以及具有投资目的的应用类通证(utility token)。[1] 其中资产类通证通常代表公司的债权、公司未来收益或

---

〔1〕 See Federal Council, *Legal Framework For Distributed Ledger Technology and Blockchain in Switzerland*: *An Overview with A Focus on the Financial Sector* (Dec. 7, 2018).

者资产流动中的份额以及获得股息或者利息支付的权利，在功能上类似于现有的股票、债券和衍生品等证券类型，具有证券属性。至于具有投资目的的应用类通证，其具备证券属性是因为，发行人发行此类通证的目的是筹集资金来开发一个基于区块链技术的应用平台，而非直接提供产品或服务。同时，对于购买此类通证的投资者来说，其并非以使用某种应用或服务为目的，而是看中了项目概念的未来实用价值，以牟利为目的对区块链应用进行投资。[1] 可以看出，无论是资产类通证，还是具有投资目的的应用类通证，其本质上均属于证券。

然而，由于我国《证券法》第 2 条采取的是立法列举与行政认定相结合的证券定义模式，加之实践中国务院从来没有认定过《证券法》列举以外的金融产品的证券属性，[2] 我国合法的证券种类极其有限，仅包括股票、债券、衍生品、存托凭证等类型。资产类通证和具有投资目的的应用类通证，均不属于我国《证券法》规定的证券类型。以类股权的资产类通证为例，虽然通证持有者能够收到区块链应用的权益分红，也对有关区块链应用未来发展的事项享有投票权，但区块链应用毕竟不是公司，因而类股权的资产类通证并非《证券法》意义上的股票，即在我国现有的证券法律体系下，以资产类通证、应用类通证为代表的数字证券，突破了现行《证券法》规定的证券种类，无法取得合法地位。

"证券定义是《证券法》的首要问题或称门槛问题。如果不被规定或认定为证券，《证券法》便不适用。"[3] 数字证券突破我国现有的

---

〔1〕 参见邓建鹏、孙朋磊：《通证分类与瑞士 ICO 监管启示》，载《中国金融》2018 年第 22 期。

〔2〕 参见柯达：《区块链数字货币的证券法律属性研究——兼论我国〈证券法〉证券定义的完善》，载《金融监管研究》2020 年第 6 期。

〔3〕 朱伟一：《辨析〈证券法〉之外的各种证券》，载《国际融资》2020 年第 12 期。

证券种类,不仅可能导致基于智能合约的部分证券发行行为被认定为非法集资,发行人面临合规风险,也可能致使基于智能合约的部分证券发行行为脱离证券监管,滋生欺诈、洗钱等违法行为,从而严重影响投资者的合法权益和证券市场的安全运行。

二、去中介化和匿名性架空投资者适当性制度的适用

投资者适当性制度是指券商在向投资者销售和推荐证券的过程中,必须对所推荐或者销售的证券有充分的了解,并向投资者销售或者推荐与其风险承受能力、投资经验等相匹配的证券。[1] 投资者适当性制度旨在通过对券商课以筛选合格投资者、了解投资者、推荐适当证券等义务,防止券商利用其优势地位向投资者出售与其风险承受能力不相匹配的证券,以达到保护投资者合法权益、维护金融市场稳定有序的目的。[2]

投资者适当性制度自2005年引入我国金融领域后,便一直在发展完善。2017年《证券期货投资者适当性管理办法》施行后,投资者适当性制度在证券市场落地生根,2019年修订的新《证券法》第88条更是从立法层面为投资者适当性制度的适用提供了法律依据。此外,《全国法院民商事审判工作会议纪要》(九民纪要)有关投资者适当性义务的定义、责任主体、举证责任等的规定,也有力助推了投资者适当性制度的发展。[3]

在实行证券发行注册制和引入智能合约技术的背景下,投资者适当性制度在维护投资者合法权益、管控证券市场风险方面将具有

---

〔1〕 参见朱伟一:《证券法》,中国政法大学出版社2018年版,第446页。

〔2〕 参见翟艳:《我国投资者适当性义务法制化研究》,载《政治与法律》2015年第9期。

〔3〕 参见黄辉:《金融机构的投资者适当性义务:实证研究与完善建议》,载《法学评论》2021年第2期。

更加重要的意义。以科创板为例,由于监管机构不再对发行人的盈利条件做强制要求,科创板允许存在未弥补亏损、未盈利的公司发行上市,这在便利企业融资的同时,也使上市公司的质量参差不齐,加大了投资者面临的投资风险。此时,为保护投资者合法权益,需要完善的投资者适当性制度与之相配套,即通过要求证券公司履行风险揭示义务、建立投资者准入制度,实现对投资者的分类保护。[1] 而在智能合约应用下,由于证券市场上的证券种类进一步丰富,证券投资的专业性进一步增强,加之我国证券市场主要以专业性不强、理性程度不高的散户投资者为主,就更加需要投资者适当性义务主体为投资者提供客观、中立、理性的投资建议,从而降低投资者面临的投资风险。

然而,基于智能合约的匿名性和去中介化特征,将智能合约引入证券交易领域,将使得投资者适当性制度的适用受阻。具体而言:第一,投资者适当性制度的应有之义在于通过收集投资者的个人信息,对投资者进行有效识别,并判断投资者的财务状况和风险承受能力,进而根据投资者的不同分类予以区别对待。换言之,有效掌握投资者个人信息是投资者适当性制度发挥作用的前提。然而,区块链上的节点都是匿名的,投资者的个人信息并不公开,投资者适当性管理主体也就很难收集到所需的投资者信息,从而将极大阻碍投资者适当性制度的适用。第二,投资者适当性制度是"证券公司为满足监管要求而进行的对投资者的管理制度"[2]。证券公司是投资者适当性义务的主体,是投资者适当性制度存在的基础。只有证券公司积极履行了解客户义务、风险揭示义务、投资者准入义务,投资者适当性

---

[1] 参见陈洁:《科创板注册制的实施机制与风险防范》,载《法学》2019 年第 1 期。

[2] 张付标、刘鹏:《投资者适当性的法律定位及其比较法分析》,载《证券市场导报》2014 年第 5 期。

制度才能发挥维护投资者合法权益、防范金融风险的功能。然而，智能合约能够通过技术背书建立市场主体之间的信任关系，不再依赖中介机构的信任背书，智能合约应用下的证券交易是点对点的证券交易，投资者仅需通过智能合约便能与其他投资者或者发行人建立交易关系，不再需要证券公司提供证券经纪服务，证券公司的经纪职能被弱化，所以现有以证券公司为义务主体的投资者适当性制度也将失去适用的基础。

综上所述，智能合约应用下，投资者适当性制度有名无实，难以发挥应有的效用。投资者适当性制度的失灵不仅可能导致投资者面临的投资风险增加，甚至可能危及金融稳定，对我国现有的证券法律制度和监管制度提出巨大挑战。

第二节　应用智能合约对证券交易法律规范的突破

金融本质上是基于信任的合作，信任是金融业的基础，证券市场也不例外。为了破解市场主体之间的信任问题，传统证券交易领域引入证券公司等金融中介，以图通过中介信任构建起证券市场的信任关系。与之相适应，传统的证券交易法律规制体系是以中介机构为切入点的。现行证券法律制度关于证券交易所、证券公司的规定以及有关委托申报交易规则的规定，无不彰显中介机构在证券交易法律体系中的重要性。

智能合约应用于证券交易领域后，虽然中介机构并没有完全消失,区块链系统与现实世界依然需要通过中介机构进行联结和交互,[1]但由于区块链系统本身便能帮助证券交易双方建立交易关系,并确保证券和资金交收交割的安全性和高效性,金融中介机构在证券交易中的职能将被极大弱化。可以预见,在智能合约应用的背景下,证券交易将呈现出不同于传统证券交易的特质——去中心化、去中介化、数字化、自动化,这些特质必将给证券市场和证券交易法律制度带来深刻变革,导致证券交易主体和证券交易规则面临诸多冲击和挑战。

一、智能合约对证券交易主体结构的冲击

智能合约具备自动执行性、去中心化、开放化等特性,可以自动完成数据处理、价值传递等操作,应用于证券市场将打破证券交易领域现有的主体结构,改变证券市场权利义务配置模式,从而促使证券交易领域产生巨大变革。

(一)证券交易所:"多中心化"的挑战

证券交易所是进行证券交易的场所,是证券市场有效运行的核心和关键。根据我国《证券法》第96条的规定可知,组织和监督证券交易是证券交易所的主要职能。[2] 证券交易所的组织职能主要表现为,提供交易场所、撮合证券交易以及维持交易秩序,目的是保障证券交易的正常进行,从而维护证券市场的稳定和有序。证券交易所的监督职能是指,在证监会的领导下对证券交易进行实时监控,对

[1] See Pinna Andrea & W Ruttenberg, *Distributed Ledger Technologies in Securities Post – Trading Revolution or Evolution?*, ECB Occasional Paper 172(April 2016), https://www.ecb.europa.eu//pub/pdf/scpops/ecbop172.en.pdf.

[2] 《证券法》第96条第1款规定,证券交易所、国务院批准的其他全国性证券交易场所为证券集中交易提供场所和设施,组织和监督证券交易,实行自律管理,依法登记,取得法人资格。

上市公司的信息披露加以督促,并对市场主体的违法行为进行监督。[1] 在证券发行注册制改革的背景下,证券发行审核权由证监会下放到了证券交易所,证券交易所被赋予了更多的监督审核职能。可见,在现有证券市场运作模式下,证券交易所是整个证券交易的中心。但在智能合约应用的背景下,证券交易所的组织职能和监督职能将面临"多中心化"的挑战。[2] 具体体现在以下两个方面:

1. 智能合约应用下,证券交易所的组织交易职能将面临"多中心化"的挑战。在以智能合约为基础建立的证券交易系统中,基于智能合约的底层技术——区块链的多中心化特性,证券交易主要采取分散式的点对点交易模式。在分散式的交易模式下,智能合约可以集合交易双方的买卖申报指令并自动撮合交易,从而使得买卖双方之间直接建立交易关系,无须第三方中介机构的参与。同时,交易完成后,智能合约证券交易系统中的节点还会自动对交易结果进行验证,并在验证无误后将交易结果记入特定的区块中。此外,智能合约证券交易系统本身可以通过执行系统内部规则的方式,规范和约束系统中的证券交易行为,从而达到维持交易秩序的效果。概言之,智能合约的应用使得证券交易所撮合交易、维持交易秩序、验证交易结果等职能被取代,从而导致证券交易所的组织交易职能面临"多中心化"的挑战。

2. 智能合约应用下,证券交易所的监管权将由"中心化"实施变为"多中心化"实施。一方面,监管主体呈现"多中心化"的特点。在传统证券市场中,主要由中心化的证券交易所负责对证券交易进行监督,但在基于智能合约建立的证券交易系统中,链上的众多节点都

---

〔1〕 参见朱伟一:《证券法》,中国政法大学出版社 2018 年版,第 322 ~ 323 页。

〔2〕 多中心化:有人认为应是"去中心化",但就证券市场而言,证券交易所必须保持核心地位,不能实现完全的"去中心化",所以"多中心化"的表述更为恰当。

具有固定证据、实时监控的权限,监管主体将不再局限于证监会、证券交易所等法定监管者,也包括一些传统意义上的受监管主体,如证券公司、律师事务所、会计师事务所等。另一方面,监管主体的监管方式也变得“多中心化”。由智能合约驱动的证券市场创新与传统金融监管之间存在技术鸿沟,“迫使监管者创新和升级其监管方法和手段”[1]。在区块链、智能合约等金融科技应用的背景下,基于区块链的去中介化特性,传统以中介机构为中心的证券监管方式将难以发挥作用,证券交易所的监管重点将放在对具有“多中心化”特性的监管科技的开发以及对监管科技所收集数据的处理上面。[2] 智能合约应用下,若是依然沿用传统证券监管方式,不仅可能导致许多隐蔽的金融风险和非法行为难以被发现,危及金融秩序,还可能会阻碍金融创新的发展,影响证券市场的转型升级。

(二)证券中介机构:“弱中介化”的可能

从证券交易市场的历史沿革来看,以证券公司为代表的证券中介并非自始存在,其介入证券交易是基于证券监管和投资者保护的需要。[3] 证券中介机构不仅可以监督和规范上市公司的行为,使投资者少受虚假、错误信息的诱导,还可以辅助监管部门对投资者实施监督管理,承担查验投资者账户、对投资者进行适当性审查、监督投资者的投资行为等责任。[4] 实践证明,证券中介机构的参与扩大了

---

〔1〕 廖凡:《论金融科技的包容审慎监管》,载《中外法学》2019 年第 3 期。

〔2〕 See Nizan Geslevich Packin, *RegTech*, *Compliance and Technology Judgment Rule*, 93 Chi. - Kent L. Rev 193 (2018).

〔3〕 参见郭雳:《证券市场证券中介机构的法律职责配置》,载《南京农业大学学报(社会科学版)》2011 年第 1 期。

〔4〕 参见刘志云、史欣媛:《论证券市场证券中介机构“看门人”角色的理性归位》,载《现代法学》2017 年第 4 期。

证券融资和交易的规模,[1]对证券市场的安全有序运行具有重要意义。

但是随着互联网金融的发展,融资市场呈现"去中介化"的趋势,如股权众筹、P2P 网络借贷等新型融资模式,均绕过了证券中介机构,由投资者与融资方直接建立联系。在基于智能合约建立的证券市场中,证券交易结构也将呈现"去中介化"的特点,证券中介机构的职能面临被弱化的可能。主要体现在以下两个方面:

1. 证券中介机构的经纪职能可能不复存在。我国现有证券交易结构为:"投资者—证券公司—证券交易所—证券公司—投资者"。在此交易结构下,投资者参与证券投资,需要委托证券公司,由证券公司代投资者向证券交易所申报买卖,参与竞价交易。而在智能合约应用下,投资者参与证券交易只需在提前设定好的智能合约中输入买卖指令即可,无须委托证券经纪商进行买卖申报。

2. 证券中介机构提供的中介信任可能为智能合约的技术信任取代。证券市场存在严重的信息不对称问题,证券交易双方之间难以直接建立信任关系。为此,现有证券市场引入证券中介机构,以增强证券市场的信息传递和信息交流,缓解信息不对称带来的信任问题。智能合约应用下,借助可信的共识机制和不可篡改的公共账本,证券交易双方之间便可以直接建立信任关系,技术信任将取代中介信任,成为证券市场的新型信任机制,从而导致证券中介机构的信用功能被弱化,甚至是被取代。

(三)投资者:跨国投资风险的增加

就域外证券市场而言,证券型通证的蓬勃发展吸引了大量投资

---

[1] 参见郭雳:《证券市场证券中介机构的法律职责配置》,载《南京农业大学学报(社会科学版)》2011 年第 1 期。

者跟风投资，催生了大量证券型通证交易所。而在我国，证券监管机构将证券型通证发行行为定义为非法集资，并对类似的融资行为加以严格限制。[1] 这不但不利于我国融资市场的发展，也会导致我国投资者面临较高的投资风险。

由于我国尚未放开证券型通证的发行限制，我国投资者只能通过注册地在国外的证券型通证交易所买卖证券型通证。然而，很多国家对证券型通证的发行实行豁免注册政策，发行人无须向投资者进行全面、完备的信息披露即可发行证券型通证。例如，tZERO 发行证券型通证的行为就是依据美国证券法 Regulation D506(c)和 S 条例的规定获得了注册登记豁免，从而无须履行法定信息披露程序。[2] 根据学者相关研究，在其考察的 89 个海外证券型通证案例中，仅有“14 个案例在美国证券监管机构 SEC 进行了备案，并公布了证券发行文件”[3]。而不经注册手续的证券型通证对于投资者来说是存在巨大风险的，因为其不仅没有经过证监会的注册审查，也可能未进行充分、规范的信息披露，投资者无法判断隐藏在其中的风险。

同时，在现行证券市场中，投资者一般只能在本国范围内买卖证券，投资者如果要跨国买卖证券，则必须履行严格的适当性审查手续，这在一定程度上减少了投资者面临的跨国投资风险。但基于区

---

〔1〕 2017 年 9 月 4 日，中国人民银行、中央网信办、工信部、原工商总局、原银监会、证监会、原保监会《关于防范代币发行融资风险的公告》指出，代币发行融资本质上是一种未经批准非法公开融资的行为，涉嫌非法发售代币票券、非法发行证券以及非法集资、金融诈骗、传销等违法犯罪活动。

〔2〕 Regulation D506(c)规定符合以下条件的证券发行允许发行人免于 SEC 的注册即可公开宣传和推销证券：(1)所有投资者必须是受认可的投资者。(2)公司必须采用合理的步骤来核实购买证券的自然人是受认可的投资者；S 条例规定，在美国以外的地区针对美国以外的投资者发行和出售证券，才可以豁免 SEC 的注册要求，而且一年内禁止转让予美国境内的投资者。

〔3〕 杨志华、陈娟等：《证券型通证的海外实践与分析》，载《证券市场导报》2021 年第 4 期。

块链的去中心化和开放性特性，智能合约的应用将大大降低证券发行和交易的国家边界和准入门槛。因为只要能接入互联网，投资者就可以在任何地点登录交易所的网站，进行证券型通证的买卖，而无须经过中介机构的适当性审查。调查表明，我国有大量投资者在国外证券型通证交易所买卖证券型通证，该行为具有因监管不足而引发的跨国投资风险。[1]

二、智能合约对证券交易规则的冲击

智能合约技术表现出诸多不同于传统互联网的特性——自动化、去信任化、数字化等，其应用于证券交易领域后，现行以中心化、电子化证券交易为规制对象的证券交易规则难免捉襟见肘，难以实现对证券市场的有效规制。具体而言，将智能合约技术引入证券交易领域后，证券交易规则将受到多方面的挑战。

（一）新型代理机制挑战现行委托申报交易规则

从民法角度讲，投资者发出交易指令并作出交易委托的过程，实际上就是投资者作出意思表示的过程。在传统证券交易活动中，投资者通过证券公司的交易终端以电子指令的形式发出意思表示后，作为代理人的证券公司，便会代投资者向交易所进行交易申报。[2]而在基于智能合约建立的证券交易系统中，投资者预先将证券买卖条件翻译成计算机代码，并内置于智能合约后，智能合约便会接受投资者的委托，以投资者的名义自动实施相应的交易申报，即在智能合约应用的背景下，智能合约取代证券公司，成为投资者的“代理人”或

〔1〕 参见张美慧：《境外市场证券法视野下的代币发行监管——基于美国、新加坡、澳大利亚和中国香港地区的监管实践》，载《财经法学》2019 年第 3 期。

〔2〕 参见徐海燕：《论证券公司在从事经纪业务时与投资者之间的代理关系》，载《法学杂志》2008 年第 4 期。

“受托人”。[1] 而“代理人”的变化不仅会引发诸多需要进一步思考的问题，还会导致现行委托申报规则难以适用。

1. 智能合约作为“代理人”的效力问题。我国尚未出台有关智能合约的法律规则，学界对智能合约的法律属性也未达成一致，智能合约作为投资者“代理人”的效力尚需在立法层面予以明确。

2. 智能合约代码与证券交易双方意思表示不完全一致的问题。正如代码规则和法律规则可能发生冲突一样，智能合约代码和当事人的意思表示也可能不一致。若是智能合约未能表达出当事人的真实意思，建立了错误的权利义务关系，由此引发的法律后果应当由当事人自己承担，还是由代码编写者或系统维护者承担，尚需法律进一步作出规定。

3. 证券交易双方通过智能合约发出的交易指令能否撤回的问题。基于区块链的不可篡改特征，证券交易双方发布的智能合约经节点验证并扩散到区块链网络后，便难以删除和修改。由此，在基于智能合约建立的证券交易系统中，证券交易双方一旦通过智能合约发布了买卖申报指令，便难以撤回。交易申报指令不可撤销将导致投资者的撤单操作难以完成，严重影响投资者“后悔权”的行使，从而可能给投资者造成巨大损失。

（二）“交易即结算”突破现有交易结算规则

“交易即结算”是智能合约应用下的证券交易最突出的特点。在基于智能合约建立的证券交易系统中，证券和资金的交收交割会在证券交易达成后通过智能合约自动执行，从而使证券结算由原来的

---

〔1〕 将智能合约视为代理人最早出现于以太坊的白皮书——以太坊中的“契约”不应被视为应该“履行”或“遵守”的东西；相反，它们更像是生活在以太坊执行环境中的“自治代理人”。参见 Vitalik Buterin，*Ethereum Whitepaper*，Ethereum（Jul. 17，2020），https://github.com/ethereum/wiki/wiki/White-Paper。

“T+1”结算、“T+2”结算变为“T+0”实时结算。然而，现行证券交易结算规则将交易和结算视为两个不同的环节，且并未放开日内回转交易的限制，[1]因而证券实时结算固然有助于减少证券结算的不确定性、提高证券交易效率，但也会带来如下问题。

1. 引发证券交易确认规则变革。证券交易的确认是证券交易环节的终点，对于证券买卖双方而言极为重要。由于证券源于债权、股权等无形权利，证券权利无法通过占有、交付有形物等方式实现流转。为了保障证券交易确认的准确和快捷，人们将证券权利附着于证券实物之上，以证券实物的流转表达证券权利的变动。不过，在证券无纸化以后，通过修改证券登记结算机构中心服务器上的账户信息及相关记录，便可实现证券交易结果的确认。在智能合约应用下的证券交易系统中，交易记录经过链上节点的验证并被打包到一个“区块”中后，交易就得到初步确认。当该“区块”链接到前一个区块之后，交易会得到进一步的确认。而在连续得到6个区块确认后，该笔交易便不可逆转地实现了链上意义的确认。可见，智能合约的应用改变了证券交易确认的方式，突破了证券法律制度的现有规定，可能对证券交易的正常运转造成不良影响。因此，若要在证券交易环节引入智能合约技术，链上交易确认方式需要首先得到法律的认可。

2. 实时结算可能引发日内回转交易频发。在现行证券交易结算模式下，参与多边净额结算的主体众多，包括结算参与人（证券公司）、资金托管银行、投资者等，主体之间的对接需要一定的时间，所以证券交易很难实现“T+0”的结算，实践中大部分国家采用“T+1”

---

[1] See Miraz M. H. & Donald D. C., *Application of Blockchain in Booking and Registration Systems of Securities Exchanges*, 2018 International Conference on Computing, Electronics & Communications Engineering (Aug. 17, 2018), https://ieeexplore.ieee.org/document/8658726.

结算或者“T+2”结算,日内回转交易也就没有了实现的可能。但在基于智能合约建立的证券交易系统中,凭借智能合约的点对点和自动执行特性,证券的实时结算将得以实现。在实时结算下,当日买入的股票可以于当日卖出,从而日内回转交易也就有了实现的可能。[1] 于我国而言,由于证券结算领域实行的是“T+0”的证券交割,日内回转交易本来也有实现的可能。但在智能合约应用下,由于结算时间被大幅缩短,加之资金交收也突破了“T+1”交收,实现了“T+0”实时交收,日内回转交易的发生概率将大大提高。

根据上海证券交易所和深圳证券交易所的证券交易规则,我国现行股票市场对日内回转交易持限制态度,原因主要有二:一是日内回转交易可能导致证券市场流动性虚高,造成股价不稳定;二是如果允许日内回转交易,高频交易、幌骗交易等违法行为将更加容易实施,从而可能对普通投资者的保护产生不利影响。[2] 据此,在基于智能合约建立的证券交易系统中,尽管证券清算交收在很短的时间内便可完成,日内回转交易具备实施的可能性,但由于我国尚未建立起日内回转交易的规范框架,也缺乏日内回转交易发育的土壤,日内回转交易发生概率的提升,不仅可能突破我国现有的证券交易规则,还可能对我国的证券监管体制提出巨大挑战。

第三节　应用智能合约对证券登记结算法律规范的冲击

在现行证券登记结算法律体系下,由于奉行证券直接持有模式,

---

〔1〕 参见刘文宇:《证券“T+0”交易制度的海外经验与启示》,载《上海经济研究》2016 年第 10 期。

〔2〕 参见《防范三类风险 科创板暂未引入 T+0 交易制度》,载中证网 2019 年 6 月 29 日,http://www.cs.com.cn/xwzx/hg/201906/t20190629_5963261.html。

加之中央对手方法律制度还存在疏漏，智能合约在我国证券登记结算领域的应用实际上并不会面临根本性的法律障碍。原因在于：(1)智能合约应用下，共识机制、非对称加密和信息的公开透明便能为投资者提供技术背书，证券可由实际投资者自己直接持有，这刚好与我国《证券法》采取的以直接持有为主的证券持有模式不谋而合。[1]实际上，证券持有模式在证券登记结算法律体系中占据着基础性地位，会对登记制度、托管制度和结算制度的构建产生根本性影响。持有模式的契合意味着智能合约的应用并不会对我国的证券法律制度产生颠覆性影响。(2)前已述及，由于智能合约本身便能为证券交易双方提供履约担保，中央对手方在证券登记结算过程中的作用将被淡化。然而，中央对手方作为重要的金融基础设施，在各国的证券登记结算法律体系中占据着关键位置，智能合约的应用在其他国家可能面临巨大的法律障碍，但于我国而言，现行证券法律制度对中央对手方清算机制的规定尚存在诸多缺漏：未对中央对手方清算的运行机制、中央对手方的生成方式等予以明确，且尚未引入中央对手方取得合同主体地位的法律依据——合同更替制度，所以智能合约在我国证券登记结算领域应用的法律障碍相对来说要小得多。

当然，法律总是与其所处的社会生产状况和经济状况相适应，建立在中心化证券登记结算模式之上的现行证券登记结算法律规范，必将难以实现对智能合约证券登记结算行业的有效规制。既无法解释智能合约应用带来的法律关系、证券权利表彰形式的变更，也无法破解结算货币种类变化带来的监管难题。一言以蔽之，智能合约作

[1] 目前，虽然证券登记结算实践中实行的是二级托管、分级结算制度，且新《证券法》第157条删去了“以投资者本人名义的表述”，但结合《证券登记结算管理办法》第18条及《证券法》有关登记制度和托管制度的规定可知，我国证券持有模式依然以直接持有为主。

为继互联网信息技术之后的下一代颠覆性技术，其应用必将给证券登记结算领域带来诸多法律风险。

一、数字证券冲击现有的证券权利表彰形式

证券权利表彰形式是证券权利的载体，是证券权利人证明证券所有权、行使证券权利的基础和依据，[1]因证券形式的不同而有所不同。在传统纸质化证券时代，证券作为一种金融凭证，其权利与纸质载体是一体的，证券以证券实物作为权利表彰，证券权利的转移通过交付证券实物来实现。所谓的存管、托管等概念，也正是在证券权利有实质载体的历史条件下提出的。而进入电子化证券时代，实物证券不复存在，权威证券登记机构维护的证券账户中的电子数据便成为证券权利的载体，证券权利人需要通过占有证券账户的方式来持有证券，并通过证券账户中的簿记记录来证明自己的证券所有权，证券权利的转移也表现为证券账户中的簿记记录的变更。[2]

而今，我国已经完全实现了证券的无纸化，因而《证券法》第151条以及《证券登记结算管理办法》第17条、第27条规定，证券以证券账户中的簿记记录作为权利表彰，证券权利人通过支配证券账户的方式实现对证券的占有。在现有的证券登记结算体系下，证券登记结算机构集中为投资者开立账户、办理证券登记，证券登记结算机构的登记记录是证券权利的法定公示方式，证券权利的转移也表现为证券登记记录的变更。换言之，证券登记记录既具有证明证券权利归属的功能，也具有对证券物权变动进行公示的功能，证券实际上表

---

〔1〕 参见冯果主编：《证券法》，武汉大学出版社2014年版，第286页。

〔2〕 参见周友苏、李红军：《无纸化背景下证券权利若干问题研究》，载《社会科学研究》2012年第4期。

现为证券账户中的电子簿记记录。[1]

而在智能合约证券登记结算系统中,基于智能合约的资产数字化特征,所有证券都表现为代币形式的数字证券。数字证券一般被存储在根据私钥和公钥生成的特定地址中,只有持有私钥的主体才能对其进行访问和处分操作,因而数字证券持有人实际上是通过持有私钥的方式来实现对证券的占有的。同时,由于所有证券所有权信息和交易信息均会被实时保存在不可篡改、可追溯的分布式账本上,并由全网公证证明,且每个节点均可查看和追溯,智能合约证券登记结算系统中的所有权记录和交易记录本身就可以产生公示效果,证券权利人凭借相关记录便能证明证券权利的归属和变动,因而不再需要借助权威证券登记结算机构的公信力。概言之,智能合约应用于证券登记结算领域后,电子化证券被数字证券所取代,证券不再以证券账户中的簿记记录作为权利表彰,证券所有人也不再以支配证券账户的方式占有证券,而是以区块链中的证券所有权记录和交易记录来证明自己的证券权利,并通过持有和交付私钥的方式实现对证券权利的占有和转移。

证券市场是法律监管的密集区,证券作为特殊形式的金融凭证或称金融产品,[2]表征证券投资者享有证券权益并有权获取证券收益,证券的定义、类型以及权利表彰形式等,均应由法律明确规定。从形式上来看,无论是电子化证券还是数字证券,均以特定系统中的记录作为权利表彰,但必须明确的是,由于现行证券法律制度将证券登记结算机构维护的簿记记录作为法定的证券权利表彰形式,区块链上的所有权记录和交易记录虽然具有证明证券权利归属和变动的

---

〔1〕 参见李东方:《证券登记结算的法理基础研究》,载《中国政法大学学报》2018年第5期。

〔2〕 参见朱伟一:《证券法》,中国政法大学出版社2018年版,第24页。

实际作用，但却因并非现行证券法律制度规定的证券权利表彰形式，且超越了物权法律制度对动产物权公示方法的规定，而不具有法律效力。

同时，根据《证券法》第 145 条和第 148 条的规定，只有经过国务院证券监督管理机构批准的证券登记机构，才有权办理证券的集中统一登记，而目前智能合约证券登记结算系统显然并不具备这一条件，因而区块链上的所有权记录和交易记录可能无法在法律上起到证明证券权利的归属和变动的作用。概言之，数字证券冲击了现有的证券权利表彰形式，使数字证券持有者陷入证券权利难以证明的困境。

二、登记结算的去中心化变更证券登记结算法律关系

"任何法律关系都根源于一定的经济关系或者社会物质关系。"[1]现有证券登记结算法律关系是建立在传统中心化、集中化和电子化的证券登记结算模式之上的，因而智能合约在颠覆现有中心化证券登记结算模式的同时，也会对证券登记结算法律关系的主体和内容造成巨大影响，从而使得现有证券登记结算法律制度受到冲击。

（一）登记结算法律关系主体的更替

在现有中心化证券登记结算模式下，证券和资金的安全、高效转移需要证券登记结算机构、发行人、投资者、证券公司、银行等主体的协同参与，因而证券登记结算法律关系主要是围绕这些主体展开的。而在智能合约应用下，分布式账本、智能合约、共识机制本身便能确保证券和资金的安全高效转移，证券登记结算机构、证券公司、银行等中介机构在证券交割和资金交收过程中的作用将大大弱化，在证

〔1〕 时显群主编：《法理学》，中国政法大学出版社 2013 年版，第 148 页。

券登记结算法律关系中的地位也将随之发生改变。在极端情形下,银行、证券公司等中介机构甚至可能不再是证券登记结算法律关系的主体。

同时,智能合约还为证券登记结算领域引入了区块链网络节点、智能合约证券登记结算平台、区块链智能合约系统开发者等新的主体,从而可能对现有的证券法律制度提出新的挑战。譬如,在智能合约证券登记结算系统中,区块链网络节点负责对发布到区块链网络中的证券所有权信息和交易信息进行验证,并在验证无误、加盖时间戳后将其写入特定的区块中。可见,区块链网络节点在功能上类似于传统的证券登记结算机构,但其在组织形式、目的等方面与证券登记结算机构并不相同。此时不免让人疑惑,区块链网络节点的法律地位为何?又如,在智能合约证券登记结算平台上,负责执行证券交割和资金交收的智能合约,实际上履行着原本属于证券公司和证券登记结算机构的职能。然而,智能合约本质上是部署在区块链上的计算机代码,并非法律上的主体。由此产生的问题是,作为智能合约提供者的智能合约证券登记结算平台,以及作为智能合约编写者的区块链智能合约系统开发者在证券登记结算关系中究竟处于何种地位?

(二)登记结算法律关系内容的变动

基于智能合约的去信任化和去中心化特征,智能合约应用下的证券市场将实现点对点、自动化的证券登记结算,从而可能导致证券登记结算法律关系的内容面临重构,已有的权利义务分配模式面临重塑。

1. 证券登记结算机构协助查询义务消灭。根据前文可知,在现有电子化证券时代,投资者证明自己的证券权利必须借助证券登记结算机构维护的簿记记录,因而《证券登记结算管理办法》第 14 条规定，证券登记结算机构应当为投资者、发行人等提供有关证券资料的查询服务。而在智能合约应用的背景下，由于所有证券所有权信息和交易信息均记载于高度透明的分布式账本上，投资者、发行人等可以自行查看和追溯，证券登记结算机构不再负有提供有关证券资料查询服务的义务。

2. 证券托管关系消灭。与我国实践中实行的二级托管模式相适应，《证券登记结算管理办法》第 34 条规定，证券公司分别与投资者和证券登记结算机构之间存在证券托管关系，作为托管人的证券登记结算机构和证券公司，应当妥善保管证券，并为客户办理证券的质押、锁定等业务。[1] 智能合约应用下，由于数字证券由投资者自己通过私钥直接持有，与证券间接持有相配套的证券托管关系自然归于消灭。

3. 结算关系简化。由于我国实行的是分级结算制度，根据《证券法》第 108 条以及《证券登记结算管理办法》第 43 条的规定，证券登记结算机构与证券公司、证券公司与投资者之间分别存在结算关系，作为结算主体的证券登记结算机构、证券公司，应当为客户办理证券、资金的集中清算和交收。然而，智能合约应用下的证券结算是点对点的结算，证券结算关系仅存在于证券买卖双方之间，证券登记结算机构与证券公司、证券公司与投资者之间的证券结算关系不复存在，证券公司和证券登记结算机构也不再承担证券和资金的集中清算、交收义务。

4. 新型法律关系难以界定。根据前文所述，区块链网络节点、智

〔1〕 此处需要说明的是，虽然前文提到《证券登记结算管理办法》与我国《证券法》未明确采取二级托管模式，《证券登记结算管理办法》有关二级托管的相关规定可能存在效力瑕疵，但鉴于我国证券登记结算实践中采取的是二级托管模式，此处有关证券托管法律关系的论述，仍然以上规定为基础。

能合约证券登记结算平台、区块链智能合约系统开发者等新的主体,在证券登记结算过程中发挥着重要作用,但由于我国区块链、智能合约立法较为原则和滞后,上述新型主体的法律地位和法律属性尚未明确,加之我国现行证券法律制度是建立在中心化证券登记结算模式之上的,上述主体与投资者之间存在何种权利义务关系自然也就无法在现有法律框架下得到合理解释。

可以发现,智能合约在减少传统证券登记结算主体的同时,又引入了新的法律关系主体,加之现行证券法律制度滞后于区块链、智能合约技术的发展,智能合约应用于证券登记结算领域后,现行证券法律制度既无法对区块链系统开发者、智能合约证券登记结算平台、区块链网络节点等新主体的法律地位和法律属性进行解释,也无法对智能合约、区块链网络节点与区块链智能合约系统开发者参与下的新型证券登记结算法律关系进行界定。

第四节 应用智能合约对银行法律规范和反洗钱法律规范的冲击

证券交易和登记结算作为金融活动的一种,涉及证券的交收及资金的交割,既受证券法律制度的调整,也受反洗钱法律制度和银行法律制度的调整。基于智能合约的资产数字化特征、去中介化特征和匿名性特征,智能合约在证券领域的应用,不但会对证券法律规范体系造成冲击,也会引发反洗钱法和银行法层面的风险,带来数字货币合法性问题,并削弱传统反洗钱机制的作用,从而可能对金融市场的安全有序运行造成不利影响。

一、登记结算的匿名性和去中介化削弱反洗钱机制

由于智能合约技术具有匿名性、去中心化和开放性等特征,在现

有的反洗钱监管模式下，智能合约在证券领域的应用，将极大弱化现有以中介机构为中心的反洗钱机制，使反洗钱监管机构无法及时发现和纠察隐藏在证券市场中的洗钱行为，从而导致证券市场洗钱行为频发。

1. 证券交易及登记结算的匿名性引发身份识别难题。从理论上来说，由于区块链能够通过共识机制、非对称加密技术和信息的公开透明，来构建节点之间的信任关系，区块链中的节点不必再通过公开真实身份的方式来建立信任关系，区块链中的节点均是匿名的，区块链中的活动均以匿名的方式开展。具体到智能合约应用下的证券市场来说，虽然证券登记结算完成后，所有证券的所有权信息和交易信息均会在区块链网络中公开，但其他投资者和监管机构仅能看到该投资者的地址，而很难准确识别其真实身份。[1] 与此同时，区块链网络中的数字地址往往是用户自己创建和保存的，脱离了第三方中介机构的参与，且与用户的真实身份之间并不存在直接联系，通过地址识别、追溯每笔交易参与者的真实身份和资金来源，对于监管机构来说困难重重。

然而，准确识别、追溯证券交易参与者的真实身份和资金来源，是监管机构及时发现和纠察洗钱行为的前提。智能合约的匿名性特征加大了监管机构的监管难度，为违法行为人实施洗钱行为提供了便利，使得智能合约应用下的证券市场很容易被用于隐藏或隐匿犯罪收益，沦为非法洗钱的工具。[2] 譬如，国际线上市场“丝绸之路”便是利用区块链的匿名性特征为犯罪分子提供洗钱场所。

---

〔1〕 See Gudkov Aleksei, *Control on Blockchain Network*, 42 Nova Law Review 353 (2018).

〔2〕 See Averie Brookes, *Regulation of Blockchain Currencies: Policy Overview*, 9 American University Intellectual Property Brief 75 (2018).

2. 证券发行交易和登记结算的去中介化弱化中介机构反洗钱职能。在传统的证券市场运作模式下，由于银行和证券公司等中介机构直接为证券交易双方提供交易结算服务，更容易了解到证券交易双方的真实身份和资金来源，我国《反洗钱法》《金融机构反洗钱规定》等相关法律法规均对其课以反洗钱义务，要求其在提供证券结算服务时，应当对客户的真实身份进行识别，合理保存用户的身份资料和交易记录，并在发现大额交易和可疑交易时及时向监管部门报告。从实践中来看，银行和证券公司作为反洗钱工作的重要阵地，在监测洗钱行为、配合反洗钱监管机构行政调查方面发挥着重要作用。

然而，由于具备去中心化特征，智能合约应用于证券领域后，证券发行交易和清算交收将呈现点对点的特征，证券公司、银行等中介机构在证券市场运作过程中的作用也被大大弱化，无法继续履行反洗钱义务。证券公司和银行等中介机构反洗钱义务的缺失，加大了反洗钱监管机构的监管压力，可能导致证券市场非法洗钱行为滋生。

3. 证券发行交易和登记结算的开放性带来跨国监管难题。由于区块链网络具有开放性特征，智能合约的应用将使得证券市场的国际化程度进一步加深，从而导致证券发行交易和登记结算的地域限制进一步弱化。而一国的反洗钱监管机制往往难以在境外适用，证券发行交易和登记结算地域限制的弱化将极大地增加反洗钱监管机构的监管难度，导致跨国洗钱行为滋生。[1]

二、证券结算的数字化伴随数字货币合法性问题

区块链是数字化资产的分布式账本，智能合约的自动执行也需

---

〔1〕 参见倪蕴帷：《区块链技术下智能合约的民法分析、应用与启示》，载《重庆大学学报（社会科学版）》2019年第3期。

要数字化资产的支持。因此,在智能合约应用下的证券市场,证券交易双方交收的资金不再是电子形式的法定货币,而是“以区块链作为底层技术支持,具有去中心化、可编程性、以密码学原理实现安全验证等特征”,“由严格的数字算法或者加密技术来保证其安全性、专有性的”数字货币。[1] 实际上,采用数字货币进行结算,不仅是智能合约资产数字化特征的必然结果,也是弱化银行在证券结算中的作用,突破证券登记结算地域限制,进而提高证券登记结算的高效性、开放性和安全性的必然要求。[2] 若是基于智能合约的证券交易依然采用银行卡账户支付的方式,那么资金交收的指令必须向银行发出,而区块链网络与传统互联网的对接极有可能出现不同步的情况,从而导致资金交收延迟,出现违约事件,进而引发系统性金融风险。相比之下,通过数字货币进行资金交收不仅能够避免不同系统对接困难导致的违约风险,还可以削弱银行在证券登记结算环节的作用,进而提高证券结算效率、降低证券结算成本、提升证券登记结算的国际化水平。

当前,虽然以澳大利亚证券交易所区块链证券登记结算系统为代表的“智能合约 + 证券”项目尚未引入数字货币,[3] 但随着区块链智能合约技术的不断发展,为了真正实现实时化、自动化的证券登记结算,相信未来数字货币一定会取代电子形式的法定货币,成为证券登记结算领域的主流货币。

---

[1] 参见杨延超:《论数字货币的法律属性》,载《中国社会科学》2020 年第 1 期;赵磊:《论比特币的法律属性——从 HashFast 管理人诉 Marc Lowe 案谈起》,载《法学》2018 年第 4 期。

[2] See Irina Cvetkova, *Cryptocurrencies Legal Regulation*, 5 BRICS Law Journal 128 (2018).

[3] See *ASX is replacing CHESS with Distributed Ledger Technology (DLT) Developed by Digital Asset*, ASX (10 May 2020), https: www. asx. com. au/services/chess - replacement. htm#Is ASX using bitcoin?

然而,不容忽视的是,在我国现行法律框架下,由于数字货币尚未取得合法地位,将数字货币引入证券登记结算领域,可能引发一系列监管难题,并导致证券交易卖方的合法权益无法得到保障。2017年9月,中国人民银行、中央网信办、工信部、原工商总局、原银监会、证监会、原保监会《关于防范代币发行融资风险的公告》,以“一刀切”的方式禁止了数字货币的发行和流通,并堵住了数字货币兑换为法定货币的合法路径,从而使得数字货币的交收无法构成证券法律制度上的“资金”交收,这在一定程度上阻碍了数字货币在证券市场的普及应用,减损了智能合约技术在提升证券市场融资效率、降低融资成本等方面的益处。目前,国际上已有多个国家先后承认了数字货币的合法性,并制定了相应的监管政策,从而极大地便利了智能合约在证券市场的应用,有利于真正实现实时化、自动化的证券结算。譬如2017年4月,日本修订了《日本支付服务法案》,将加密货币规定为合法的支付手段;又如2019年3月,加拿大的一个市政府和美国部分州政府接受利用比特币进行财产税的支付。

整体而言,我国对数字货币的规制态度因数字货币类型的不同而有所差异。对于以政府为发行主体、以法定货币计价的法定数字货币,我国基本持积极谨慎的态度。目前,央行正在积极推动法定数字货币的发行,但尚处于研究试点阶段,仅仅在苏州、上海、深圳、成都、青岛、长沙等城市展开了试点,且局限于境内零售支付领域,因而我国实际上还没有出现以国家为发行主体的法定数字货币。况且,根据我国《人民币管理条例》第2条的规定可知,合法的货币形式仅包括纸币和硬币,而不包括代币形式的数字货币。[1] 因而,无论是在实践中,还是法律上,我国都不存在真正意义上的法定数字货币。

---

〔1〕 参见邓建鹏:《区块链法治化监管需要大智慧》,载《人民论坛》2020年第2期。

而对于非由政府发行、不以法定货币计价的数字货币，如比特币、以太币等虚拟货币，我国基本采取的是禁止的态度。《关于防范代币发行融资风险的公告》不仅明确否定了比特币等虚拟货币的货币属性，对在我国境内开展的首次代币发行活动予以了禁止，甚至还规定代币融资交易平台不得提供法定货币与虚拟货币之间的兑换服务，金融机构和非银行支付机构不得为虚拟货币提供清算结算服务。这意味着，即使2019年杭州互联网法院根据原《民法总则》的规定，认可了比特币的虚拟财产属性，[1]但是由于数字货币缺乏兑换为法定货币的合法途径，数字货币持有人依然可能面临财产权益难以实现的困境。

综上所述，由于我国目前没有正式发行法定数字货币，比特币等虚拟货币的货币属性也没有得到认可，数字货币将面临合法性问题，利用数字货币进行的资金交收可能无法构成证券法律制度上的"资金"交收。如此一来，将依赖数字货币的智能合约技术应用于证券登记结算领域，必将面临诸多法律障碍。同时，由于法定货币与数字货币之间缺乏合法的兑换途径，将智能合约应用于证券登记结算领域，可能导致证券交易中的卖方面临财产权益难以实现的风险。

第五节　应用智能合约对证券监管体系的挑战

"对于任何社会而言，建立和维护安定的社会秩序，都是首要的治理目的和价值目标。"[2]随着经济社会的发展，证券监管已经成为我国发挥金融监管效能、维护金融市场稳定、促进融资市场繁荣的重

---

〔1〕参见《中国法院首次认可比特币虚拟财产属性》，载中国新闻网2019年7月18日，http://www.chinanews.com/gn/2019/07-18/8899776.shtml。

〔2〕张文显：《构建智能社会的法律秩序》，载《东方法学》2020年第5期。

中之重。总体而言,由于区块链技术构建了一个可信、透明的环境,且智能合约的应用能够极大地降低违约风险、操作风险和系统性风险的发生概率,引入智能合约技术确实能够极大地提升证券市场的安全性。但不可否认的是,目前区块链、智能合约技术尚处于发展的初级阶段,难免存在漏洞,可能遭受黑客的恶意攻击,加之区块链网络的公开性和透明性极高,将智能合约引入证券领域也可能引发证券丢失、信息泄露等问题,从而影响整个证券市场的公平有序运行。因此,为了在发挥智能合约技术提升证券登记结算高效性、安全性等优势的同时,还能确保证券市场的健康有序运行,强有力的证券监管至关重要。然而,基于智能合约的匿名性、去中心化等特征,智能合约在证券市场的应用将对证券监管的模式、实践、规则和标准带来诸多挑战,从而对现有证券监管体系的有效性造成不小影响。[1]

一、监管体制滞后

"早些年尽管进行了不少证券市场的制度改革,但中国证券市场的市场化程度低的状态没有改善,政府对证券市场的过度参与和管制随处可见。"[2]目前我国证券市场实行的是以政府行政监管为主的监管模式,证券监管权力集中在证监会,证券交易所和证券业协会的监管权大多来自证监会的授权,行业自律监管的作用十分有限。此种监管体制在现有中心化、实名化、电子化的证券发行、交易、登记结算模式下并不会面临较大挑战,因为证券交易所、证券登记结算机构、证券业协会均有义务协助证监会对证券市场进行监管,证监会并不会面临人力、物力、监管信息短缺的难题。但在智能合约应用下的

[1] 参见周仲飞、李敬伟:《金融科技背景下金融监管范式的转变》,载《法学研究》2018 年第 5 期。

[2] 易宪容:《构建适应经济增长新模式的现代金融服务体系》,载《人民论坛 · 学术前沿》2020 年第 22 期。

证券市场，由于证券发行、交易、登记结算将呈现出分散化、匿名化、数字化的特征，以政府行政监管为主的监管体制将面临“破窗性”挑战和“创造性破坏”，[1]从而将对我国证券监管体系的有效性造成不小影响。

具言之，在传统证券市场，为了解决信息不对称、消除证券市场主体之间的信任问题，证券公司、证券登记结算机构、证券交易所等中介机构贯穿证券发行、交易、登记结算全过程。由此，现有的证券监管规则是围绕中介机构来构建的，证券公司、证券交易所、证券登记结算机构等中介机构均负有协助证监会开展证券监管的职责。中介机构履行监管职责，对于提高信息披露质量、减少证券发行欺诈、促进市场资源合理配置意义非凡。然而，在基于智能合约建立的证券市场中，由于区块链、智能合约技术本身便能起到撮合交易、证明证券权利的归属和变动、确保证券和资金安全转移等作用，原有证券发行交易、清算结算等流程都会发生变革，呈现点对点的特征，证券登记结算机构、证券公司、证券交易所等中介机构在证券市场的作用将被极大地弱化，监管职能自然也就难以得到充分发挥。中介机构监管职能的弱化，在降低证券市场成本的同时，也加大了证监会的监管难度，使证监会面临较大的人力和物力短缺的压力。更何况，证监会毕竟远离市场，对于市场的把握远不如处于市场运行核心的证券交易所、证券公司等中介机构，在监管技术和专业人才方面也存在不足，[2]加之智能合约应用下的证券市场将呈现分散化和匿名化的特征，仅靠证监会的力量必将难以及时发现和纠察市场中出现的违法行为。概言之，智能合约应用于证券市场后，现有以证监会行政监管

---

〔1〕 参见马长山：《智能互联网时代的法律变革》，载《法学研究》2018 年第 4 期。

〔2〕 参见王文君：《金融智能合约技术性与合法性的功能主义检视》，载《金融发展研究》2021 年第 3 期。

为主的证券监管体制,必将难以应对智能合约应用诱发的证券丢失、信息泄露等风险,无法满足智能合约应用下证券市场的监管要求。

二、监管依据缺乏

监管规则总是与其所处的社会生产状况和经济状况相适应。现有的证券监管规则是建立在传统中心化的证券运作模式的基础之上的,仅对证券发行人、投资者、证券公司、律师事务所、会计师事务所等主体的义务和法律责任进行了规定,未涉及智能合约设计者、区块链系统提供者、区块链网络节点等新主体的义务与法律责任,滞后于智能合约等金融科技的发展。[1] 况且,智能合约技术尚未发展成熟,在证券领域的应用也尚处于开发和试验阶段,没有真正大规模应用,加之智能合约技术具备一定的复杂性和风险性,立法者和监管者对其能否应用于证券领域持慎重态度,难以在短时间内出台与之相适应的监管规则。[2] 由此,无论是《证券法》《网络安全法》,还是国家互联网信息办公室于2019年1月审议通过的《区块链信息服务管理规定》,均未对技术主体的责任分配机制作出规定。实际上,《区块链信息服务管理规定》仅将智能合约“视为区块链系统的一个技术组件,并未将其单列出来加以监管”[3]。

过于迟缓和不足的区块链、智能合约监管规则供给,使“智能合约+证券”处于无法可依的状态,不仅阻碍了智能合约在证券市场的应用,也给证券监管机构的监管造成了极大的障碍。智能合约责任分配机制的缺乏,将导致证券监管机构难以对相关主体的义务和责

[1] 参见周梅丽、顾陈杰、黎敏:《区块链金融法律问题研究》,载《金融纵横》2017年第8期。

[2] 参见卜学民、马其家:《论区块链证券结算的选择及制度展开》,载《福建师范大学学报(哲学社会科学版)》2020年第6期。

[3] 何人可:《基于区块链的智能合约在金融领域应用及风险防控》,载《理论探讨》2020年第5期。

任进行界定，从而极大地阻碍证券监管机构监管工作的开展。

举例来说，程序员几乎无法设计出能够抵御所有恶意攻击的完美智能合约，因而智能合约应用的背景下，难免出现黑客利用合约漏洞谋取不法利益（如 The DAO 事件），进而损害证券市场主体合法权益的情况。而当出现此种情形时，由于法律没有明确规定，证券监管机构实际上很难判断到底是由黑客承担责任，还是由智能合约平台或者智能合约设计者承担责任，从而难以实现对证券市场的有效监管。退一步讲，由于没有直接相关的法律依据，即便证券监管机构能够确定责任主体，责任主体应当承担的责任的性质和形式也很难确定。[1] 概言之，由于证券监管规范滞后于智能合约技术的发展，智能合约应用于证券市场后，证券监管机构将会面临监管依据缺乏的难题。

三、监管对象模糊

从监管对象的识别层面来说，由于智能合约具备去中心化和匿名性特征，智能合约在证券市场的应用可能导致证券监管机构面临监管对象难以确定的困境，引发证券市场欺诈、洗钱等非法行为滋生，进而对现有的证券监管制度提出挑战。具体而言：

1. 智能合约的匿名性模糊了监管对象。前已述及，由于区块链上的节点均为匿名，因此区块链网络中的其他投资者节点和监管机构节点，无法准确识别交易节点的真实身份。从一般意义上来说，准确识别监管对象，是监管机构及时发现和纠察证券市场中违法行为的基础和前提。因而，智能合约应用给证券市场带来的匿名性特征，不仅可能导致证券监管机构难以及时发现隐藏在证券市场中的违法

---

[1] 参见万国华、孙婷：《证券区块链金融：市场变革、法律挑战与监管回应》，载《法律适用》2018 年第 23 期。

行为,也使证券监管机构难以确定违法行为人的真实身份,从而无法对违法行为人施以相应处罚,进而危及证券市场的安全、有序运行。

当前,为了解决区块链网络中的身份识别问题,国家互联网信息办公室发布的《区块链信息服务管理规定》第8条已经规定了区块链信息服务提供者的身份验证义务。然而,通过验证身份证号码、组织机构代码的方式,并不能很好地识别区块链网络服务使用者的真实身份,实践中违法行为人依然可以通过盗取或者购买身份证等方式隐匿自己的真实身份。[1] 可见,虽然目前相关法规对区块网络服务提供者的身份验证义务予以了明确,但区块链网络中的身份追溯问题依然未得到根本解决。

2. 智能合约的去中心化模糊和分散了监管对象。一方面,在现有的证券市场中,由于直接接触证券市场主体的中介机构能够协助证券监管机构识别监管对象,证券监管机构在识别监管对象方面并不存在较大障碍。以证券登记结算环节为例,根据《证券登记结算管理办法》第21条的规定,证券公司在代理开户业务时,必须对投资者的真实身份进行审核和验证,并妥善保管相关资料。在此基础上,证券监管机构可以通过证券公司识别投资者的真实身份,此时证券监管机构识别监管对象的难度比较低。然而,智能合约应用下,由于证券公司在证券发行交易、登记结算环节的职能一定程度上被智能合约所取代,不再履行审核和验证投资者真实身份的职能,也无法继续协助证券监管机构识别监管对象,证券监管机构识别监管对象的难度将大大增加。

另一方面,在现有的证券市场中,几乎所有的证券发行交易和登记结算活动都在证券交易所或者证券登记结算机构的系统中完成,

---

[1] 参见崔志伟:《区块链金融:创新、风险及其法律规制》,载《东方法学》2019年第3期。

因而证券监管机构的监管对象集中在证券交易所或者证券登记结算机构的系统中，证券监管机构只需将人力和物力集中于证券交易所和证券登记结算机构即可。但在智能合约应用下，证券发行交易和登记结算活动将会分散在整个区块链网络中，而非集中在证券登记结算系统、证券交易所这样的中心化系统中，因而证券监管机构的监管对象和监管范围将呈现分散化的特征。在我国现有以政府行政监管为主的证券监管体制下，监管对象和监管范围的分散化将使证券监管机构面临巨大的监管压力，从而可能对我国现有的证券监管体制形成巨大冲击。

四、监管手段失灵

以技术性停牌、暂缓交收、取消交易等为代表的传统证券监管手段，产生于电子化证券时代，其实现以具备可修改特征的传统集中式数据库为支撑。智能合约应用下，证券市场进入数字证券时代，加之区块链、智能合约技术具备不可篡改、不可中止等特性，传统证券监管手段可能陷入无法适用的窘境。

（一）证券交易异常处置机制的失灵

在传统的证券市场，由于尚未摆脱人工干预，加之中心化的证券交易系统和证券登记结算系统易遭受黑客攻击，错误登记结算以及技术故障、错误交易等交易异常情形时有发生。如 2005 年东京证券交易所发生过“交易中断事件”和“J – COM 大规模错误订单事件”，2010 年、2012 年美国华尔街发生过“闪电崩盘事件”和“骑士资本事件”，我国则在 2007 年、2013 年发生过“ST 亚星对价事件”和“光大证券乌龙指事件”。其中 2013 年发生的“光大证券乌龙指事件”，便是由于光大证券自营的交易系统存在缺陷，导致连锁触发后生成了巨额订单。由于不可抗力、意外事件、技术故障，甚至是证券市场参与者主观恶意实施违法违规行为等原因，证券交易的异常情况虽然是证券市场中占比颇少的非正常状态,但以证券市场的庞大基数观之,却是我们不能忽视的问题。

尤其是当前高度电子化的证券交易活动,对证券交易的主机系统、通信系统、终端系统等基础设施高度依赖,一旦证券交易系统发生故障导致交易指令出现错误,将发生严重的后果,极易造成证券交易市场的严重混乱。[1] 错误的登记结算和异常交易不但会造成交易主体之间的不公,影响正常的证券交易活动,甚至可能引发蝴蝶效应,对整个证券市场的安全、稳定运行造成重大影响。[2] 对此,证券监管机构往往采取暂缓交收、取消交易、更正错误登记结算等监管手段,对错误登记结算和异常交易予以纠正。[3] 在众多的交易异常处置措施中,取消交易是一种较为有效、彻底的处置措施,它可以消除错误交易带来的影响,使买卖双方的权利义务恢复到交易前的状态。当然,也有学者建议引入错误交易撤销制度,以维护证券市场公平,避免错误证券交易干扰证券市场的平稳运行。[4] 根据《证券法》第111条和沪深证券交易所发布的《交易异常情况处理实施细则(试行)》的有关规定,在发生交易异常情形时,证券交易所可以采取技术性停牌、暂缓交收、取消交易等手段,以制止错误交易的发生或者履行。临时停市、暂缓交收、取消交易是妥善处理和应对证券市场异常交易的必要手段,对于确保证券交易公平进行、维护证券市场秩序、防范和化解系统性风险的意义不言而喻。

---

〔1〕 参见张才琴、金琦雯:《论我国证券错误交易撤销制度的构建——域外经验及其借鉴》,载《法商研究》2014年第5期。

〔2〕 参见张才琴、金琦雯:《论我国证券错误交易撤销制度的构建——域外经验及其借鉴》,载《法商研究》2014年第5期。

〔3〕 参见顾功耘:《证券交易异常情况处置的制度完善》,载《中国法学》2012年第2期。

〔4〕 参见顾功耘:《证券交易异常情况处置的制度完善》,载《中国法学》2012年第2期。

智能合约应用下，由于智能合约和预言机可能遭受黑客攻击，证券领域依然可能出现异常交易和错误的登记结算。这是因为，区块链具有一定的封闭性，智能合约只有借助预言机，才能与链下世界进行沟通，从而判断预设的执行条件是否满足。[1] 这意味着，当智能合约与链下世界进行交互时，如果预言机遭到了网络攻击，上链的数据就很有可能被篡改或者发生偏差，从而导致智能合约的执行偏离证券交易双方的意愿，产生异常的交易或者错误的登记结算结果。况且，智能合约从本质上来说是部署在区块链上的计算机代码，难免存在漏洞，[2] 而一旦用于证券登记结算的智能合约存在漏洞，则极易产生错误的登记结算结果。

然而，由于智能合约具有不可撤销和不可中止的特性，智能合约应用背景下的证券交易活动，具有比现有证券交易所中的电子化交易更为特殊的情况，将使得现有的证券交易异常处置机制难以适用，从而给证券交易参与人带来巨大风险。

首先，智能合约执行证券交易命令会在区块链上留下带有时间戳的完整交易记录，理论上，除非发生类似于51%算力攻击的情形，否则证券交易记录和交易结果会处于不可篡改、不可回溯的状态。[3] 也就是说，基于区块链的不可篡改特性，部署在区块链上的智能合约一旦执行完毕便不可撤销，错误交易撤销制度、取消交易处置措施也就没有适用的余地。[4]

其次，智能合约是自动执行的计算机代码，一旦预设的执行条件

---

〔1〕 参见许可：《决策十字阵中的智能合约》，载《东方法学》2019年第3期。

〔2〕 See Adam J. Kolber, *Not - so - smart Blockchain Contracts and Artificial Responsibility*, 21 Stanford Technology Law Review 198 (2018).

〔3〕 参见袁勇、王飞跃：《区块链技术发展现状与展望》，载《自动化学报》2016年第4期。

〔4〕 参见杨东：《区块链 + 监管 = 法链》，人民出版社2018年版，第15页。

被触发,便会自动执行,任何主体均难以对其施加干预。[1] 换言之,智能合约携带自动执行的代码指令,预设的执行条件经外界条件触发自动执行,不可进行人为干预,具有不可中止的特征,[2]加之负责搭载智能合约运作代码的区块链环境没有中枢控制系统,因而当交易系统出现问题时,想要对系统进行紧急关停操作并不现实。由此,当证券交易达成后,只要证券交易所将交易达成的信息传递至智能合约证券登记结算系统,部署在系统中的智能合约便会自动执行证券的清算和交收,任何个人和机构均无法中止其执行。如此一来,当智能合约证券登记结算系统中的智能合约已经接收到证券交易达成的信息时,即使证券交易所发现该交易存在异常情形,也无法采取暂缓交收或者取消交易等措施来阻止异常交易的履行。这意味着,除非证券交易所发现证券交易存在异常的时间早于交易达成的信息传递到智能合约证券登记结算系统的时间,否则将不能对异常的交易采取暂缓交收或者取消交易措施。因此,将智能合约引入证券交易环节后,当市场上出现异常交易时,暂缓交收、临时停市等错误交易处置机制也就无法继续适用,异常交易情形难以得到妥善处置。[3]

正基于此,在2016年发生的The DAO事件中,[4]当The DAO由于自身漏洞导致大量以太币被盗时,为了将黑客盗取的以太币追

---

[1] See Alexander Savelyev, *Contract Law 2.0:"Smart" Contracts as the Beginning of the End of Classic Contract Law*, 26 Information & Communications Technology Law 116 (2017).

[2] See Alexander Savelyev, *Contract Law 2.0:"Smart" Contracts as the Beginning of the End of Classic Contract Law*, 26 Information & Communications Technology Law 116 (2017).

[3] 参见袁康:《区块链技术在证券市场应用的监管问题研究》,载《证券法苑》2017年第5期。

[4] The DAO(Decentralized Autonomous Organization,去中心化自治组织)是区块链公司Slock.it发起的一个众筹项目,依靠智能合约在区块链上运行,没有法律实体。

回，技术人员不得不采用“硬分叉”的处理手段——使用人为手段将交易“强制回滚”，放弃已经完成验证的交易的效力，通过建立一条分叉链，在新链上建立新的共识和交易，从而追回丢失的以太币。然而，此种方法虽然维持了交易结果和区块记录的“正确性”，但是却与智能合约及区块链排除人工干预的基本特性相背离。[1]

概言之，智能合约应用下，当发生异常交易时，取消交易等异常交易处置措施可能无法继续发挥作用，除非提前在合约中设置了执行回转的运作逻辑，否则对于实际发生过的错误交易进行修改或回滚的成本是非常高昂的。这意味着，因证券异常交易而受损的一方当事人很难从链上的直接操作中得到救济。退一步讲，即使智能合约系统能够采用“硬分叉”的方式纠正错误交易和错误的登记结算，也会使系统的安全性和可信性大打折扣。[2]

（二）暂停或者暂缓发行上市实现受阻

根据《证券法》第 24 条以及《科创板首次公开发行股票注册管理办法（试行）》第 27 条、第 55 条的规定可知，对于可能涉及违法违规或者存在异常的证券发行，证监会可对其采取暂停或者暂缓发行上市的监管措施。暂停或者暂缓发行上市作为一种重要的监管措施，是纠正错误注册、防止发行人欺诈发行的关键，对于保障投资者利益、维护证券市场有序运行意义非凡。从理论上讲，智能合约应用于证券市场后，由于有关发行人公司治理、财务状况、公司经营情况等相关信息均需经过节点验证后保存在分布式账本中，错误注册和发行欺诈等异常情况或违法违规行为基本不会再出现。然而，上述论断是建立在智能合约安全运行的基础之上的。在实践中，由于存在

〔1〕 参见郑彧、魏舒：《证券交易所的变革：“去中心化”的可能与挑战》，载郭锋主编：《证券法律评论》2019 年卷，中国法制出版社 2019 年版。

〔2〕 参见杨东：《区块链 + 监管 = 法链》，人民出版社 2018 年版，第 15 页。

安全漏洞的智能合约并不少见，而存在漏洞的智能合约很容易遭受恶意攻击，或者被用于非法目的，[1]智能合约应用下的证券市场依然可能存在欺诈发行等违法行为，也可能发生错误注册的情形。因此，智能合约应用下的证券市场依然需要暂缓或暂停发行上市这一监管措施，以确保证券发行平稳开展。

然而，由于智能合约具备自动执行性特征，智能合约应用于证券市场后，暂缓或暂停发行上市这一监管措施可能会面临无法适用的困境。一方面，智能合约是运行在区块链上的自动执行的计算机代码，通过事先设定执行条件和执行规则，智能合约就能实现在满足预设执行条件时的自动执行，整个过程不需要第三方的干预。由此，一旦预先设置的执行条件被满足，智能合约便会自动强制执行，无论是合同当事人，还是行政机关等，均无法对其施加干预或者阻止其执行。[2] 另一方面，区块链具备不可篡改的特征，信息经过验证并加盖时间戳保存在区块链网络中后即无法删除和篡改。因而，用于发行证券的智能合约一旦被部署在区块链网络中即很难被删除和修改。[3] 由此，在智能合约应用下，当证监会做出注册决定并完成注册程序后，只要发行人将用于发行证券的智能合约部署在区块链上，此次证券发行就必须依约进行。此时，即使发现发行人不符合发行条件或者存在违法违规行为，证监会也无法暂停或者暂缓发行人的发行上市。暂缓或暂停发行上市机制难以实现，不但会减损证监会在发行注册中的监管职能，也会使得欺诈发行等违法违规行为难以

---

〔1〕 See Filippi P. D. & Wright A. , *Blockchain and the Law: The Rule of Code*, Harvard University Press, 2018, p. 142.

〔2〕 See Max Raskin, *The Law and Legality of Smart Contracts*, 1 Georgetown Law Technology Review 304 (2017).

〔3〕 See Rohr, Jonathan G. , *Smart Contracts and Traditional Contract Law, or: The Law of the Vending Machine*, 67 Cleveland State Law Review 71 (2019).

得到纠正，由此可能危及证券市场的安全与稳定，并对我国现有的证券发行法律制度造成不小的冲击。

五、监管主体弱化

在传统中心化证券市场中，被誉为金融市场管道的证券公司、证券登记结算机构等中介机构，联结分散在各个地区的投资者，贯穿证券发行、交易、登记、清算、交收各个环节，其不仅具有保证资金和证券在证券交易双方之间安全转移的职能，[1]也兼具监督证券发行人的信息披露、证券账户的开立和使用等职能，在防控证券市场违法行为、减轻证券监管机构监管压力方面意义非凡。具体而言：

在证券发行环节，证券中介机构作为证券市场的"看门人"，"可以通过不合作或不同意的方式来阻止"不当证券发行行为的发生，[2]从而起到保护投资者利益、维持证券市场秩序、促进信息披露的作用，对于证券市场的正常运行至关重要。[3] 实际上，保荐人和承销商等中介机构在证券发行过程中发挥着极其重要的作用，在提高信息披露质量、减少证券发行欺诈、确保证券市场有序运行方面意义非凡。

特别是在证券发行注册制下，由于证监会"将部分实质审核权以'上市审核'"[4]的形式下放到交易所，为了防止证券欺诈行为滋生、确保上市公司质量，弥补政府行政监管的不足，中介机构不仅要对发

---

〔1〕 参见[英]彼得·诺曼：《全球风控家——中央对手方清算》，梁伟林译，中国金融出版社2013年版，第1页。

〔2〕 王彦明、吕楠楠：《我国上市公司外部监督论略——以"看门人"机制为分析进路》，载《社会科学战线》2013年第12期。

〔3〕 参见刘志云、史欣媛：《论证券市场中介机构"看门人"角色的理性归位》，载《现代法学》2017年第4期。

〔4〕 蒋大兴：《隐退中的"权力型"证监会——注册制改革与证券监管权之重整》，载《法学评论》2014年第2期。

行人的信息披露状况进行监督,还要对发行人是否符合上市的实质标准进行把关。比如,保荐机构在证券发行过程中具有监督发行人信息披露、推荐发行人上市、担保发行文件真实等多种职能,在公司上市后其还负有持续督导责任。可见,保荐机构在证券发行过程中履行着重要的信息披露监管职能,在为投资者营造良好的投资环境、防范发行人信息披露造假等方面发挥着重要作用。至于承销商,其不仅在发行价格、确定定价方面扮演着重要角色,还在促进市场资源合理配置、提高发行人信息披露质量等方面发挥着重要作用。[1]

在证券登记结算环节,证券中介机构作为证券监管的重要支柱,在确保证券登记结算依法合规进行方面发挥着重要作用:(1)从证券登记结算机构的角度来说,根据《证券登记结算管理办法》第4条第3款、第23条、第25条以及《证券公司监督管理条例》第62条等相关规定可知,证券登记结算机构作为自律管理的法人,应当对证券登记结算行业进行监督和管理。当发现证券公司违法办理证券开户业务、投资者违法使用证券账户时,证券登记结算机构应当依法对其予以查处;而在发现投资者的交易结算资金、委托资金等被违法动用时,证券登记结算机构还有义务及时向证券监管机构报告。可以看出,证券登记结算机构作为证券权利归属证明者、证券资产保管者以及证券交收组织者,不仅履行着保障证券财产和证券交易安全的职能,也肩负防范系统性风险、维护投资者合法权益、监督证券登记结算活动安全有序进行的重任。(2)从证券公司的角度来说,根据《证券登记结算管理办法》第24条以及《金融机构反洗钱规定》第2条的规定,联结投资者和证券登记结算机构的证券公司,不仅对客户使用证券账户的情形负有监督职责,也对证券登记结算环节的洗钱行为

[1] 参见陈洁:《科创板注册制的实施机制与风险防范》,载《法学》2019年第1期。

负有监督职责，有义务对客户使用证券账户的情形进行监督，并在发现有违法使用证券账户的情形时，及时向证券交易所、证券监管机构等报告。可见，作为证券市场“看门人”的证券公司，在证券登记结算领域肩负重要的监管职能，这能够很好地弥补证券监管机构行政监管的不足。

然而，智能合约应用下，与证券发行、交易相关的信息都会在区块链网络上公开，每个节点均可查看和追溯，因而发行人与投资者以及证券交易双方之间“凭借公开、共享的信息认知便可建立信任”[1]，不再依赖保荐人、承销商和经纪人的信任背书，即基于智能合约的去信任化特征，智能合约应用下的证券市场得以实现点对点的证券发行、交易和登记结算，承销商的承销职能、保荐人的保荐职能、经纪人的经纪职能和证券登记结算机构的登记结算职能将被弱化，无法继续发挥“看门人”的作用。

从理论上来说，基于区块链的共识机制和不可篡改性特征，智能合约应用于证券发行领域后，发行人披露的信息的真实性和完整性都会得到极大提升，欺诈发行等违法行为发生的可能性将会大大降低，中介机构的监管职能将变得无关紧要。然而，区块链上的原始数据来源于现实世界，而现实世界的数据在上链的过程中存在被篡改或者发生偏差的可能性，因而区块链上的数据的真实性并不能完全得到保障，智能合约应用下的证券市场也可能存在信息披露造假的情形。[2] 此外，由于投资者人数众多、高度分散、难以与发行人就定价进行协商，加之科创板不再适用主板市场的23倍市盈率，承销商

---

〔1〕 崔志伟：《区块链金融：创新、风险及其法律规制》，载《东方法学》2019年第3期。

〔2〕 See Dirk A. Zetzsche, Ross P. Buckley et al., *The Distributed Liability of Distributed Ledgers: Legal Risks of Blockchain*, 4 University of Illinois Law Review 1361 (2018).

定价监管职能的缺失可能导致价格发现机制失灵,进而扰乱证券市场正常的运转秩序。在智能合约应用的背景下,为了维护投资者的合法权益和证券市场的安全运行,仍然需要相关机构对证券发行过程中的信息披露和定价进行监督。同时,正如前文所述,基于智能合约的匿名性特征,智能合约应用下的证券市场容易滋生洗钱等违法行为,需要强有力的反洗钱机制与之相配套。

因此,智能合约应用下中介机构监管职能的缺失,不仅可能导致证监会和证券业协会面临较大的监管压力,也可能使得违法使用证券账户、盗取证券、洗钱、信息披露造假等非法行为无法及时被发现和纠察,进而使投资者的合法权益受损,甚至危及整个证券市场的平稳运行。[1] 特别是在我国证券监管体制正处于改革的背景下,证券公司、证券登记结算机构监管职能的缺失,必将对我国的证券监管体制提出巨大挑战。

---

[1] 参见汪青松:《区块链系统内部关系的性质界定与归责路径》,载《法学》2019 年第 5 期。

第六章　智能合约应用于证券市场的法律规制

智能合约技术是一把“双刃剑”，既可以为证券市场带来高效率、低成本等益处，也可能给证券市场带来证券丢失、信息泄露、非法交易频发等风险，并从证券权利表彰形式、证券登记结算法律关系、证券种类、代理机制等方面挑战我国现有的证券法律制度，从而对投资者的合法权益和证券市场的安全运行造成负面影响。据此，若想最大程度发挥智能合约的创新优势，并有效应对智能合约应用带来的新型市场秩序和社会关系，就需要总结其他国家规制经验，探索智能合约应用于我国证券领域的法律规制进路，以引导智能合约在证券领域依法合规地应用，减少智能合约应用可能伴随的技术风险和法律风险。

第一节　区块链智能合约应用于证券市场的国外规制路径

随着澳大利亚证券交易所区块链证券登记结算系统、多伦多证券交易所区块链证券实时结算试点项目等相继测试成功，区块链、智能合约在证券市场应用的逻辑日益清晰，世界各国也纷纷出台相关法律对策和监管对策,以期为区块链、智能合约的应用提供法律依据,并防范区块链、智能合约应用可能带来的技术风险和法律风险。

一、美国:实行“包容审慎”监管及加强区块链立法

在区块链、智能合约技术日渐渗透到证券市场的背景下,作为区块链产业重镇的美国,一直采取“积极拥抱规范监管的态度”[1],不仅在“包容审慎”监管理念的指引下申明不对Paxos公司的区块链证券登记结算试点项目采取强制措施,还积极通过立法明确区块链、智能合约的法律属性,承认数字证券及数字资产托管的有效性,以促进区块链证券行业的健康发展,防范区块链、智能合约应用可能对证券市场造成的不良影响。

(一)SEC对“区块链+证券”采取“包容审慎”监管

针对区块链、智能合约在证券市场的应用,美国证券交易委员会(SEC)当前采取的是“包容审慎”的监管策略,既注重防范区块链、智能合约应用可能带来的风险,也最大限度减少对“区块链+证券”行业的事前强制干预,为区块链、智能合约技术的应用留下空间。其中最为典型的例子便是SEC对数字资产信托公司Paxos的区块链证券结算试点项目发出“无行动豁免”信函,以及通过Howey Test将The DAO发行的代币认定为证券法意义上证券,并纳入监管范围。

面对Paxos公司未经注册而开展的区块链证券结算平台研发活动,SEC在2019年10月发布的“无行动豁免”信函中指出,虽然根据《1934年证券交易法》的规定,开展证券结算活动的机构必须通过直接或者间接注册以取得合法地位,但鉴于Paxos公司的区块链证券

---

[1] 赵磊、石佳:《依法治链:区块链的技术应用与法律监管》,载《法律适用》2020年第3期。

结算平台研发活动符合《美国1934年证券交易法》有关鼓励技术创新、提高证券结算安全性和高效性的规定，在24个月的时间里，SEC将不对Paxos公司的研发活动采取强制干预。同时，为了防控区块链证券结算平台可能诱发的风险，SEC在“无行动豁免”信函中还对结算参与者的数量、结算股票的资格、日结算量等进行了限制，并要求Paxos公司建立实时监测程序、结算停止和恢复程序，以及按时向SEC履行季度报告和临时报告义务。[1]

面对The DAO的代币发行行为，美国证券交易委员会（SEC）在对The DAO发行代币的调查报告中指出，从Howey Test的分析框架来看，由于符合金钱投资、对利润的合理预期、利润源于他人的努力三个条件，The DAO发行的代币属于证券法中的“投资合同”，The DAO的代币发行行为应当纳入证券监管的范畴。2019年4月，美国证券交易委员会在调查报告的基础上发布《数字资产投资合同分析框架》，对数字资产投资合同的性质分析原则和判定标准予以了明确，并指出在判定数字资产的性质时，要聚焦数字资产是否满足Howey Test，以及其具体出售方式，而非数字资产的形式本身，同时需要尤其关注利润的合理预期是否来自活跃参与者对数字资产二级市场交易价值的努力与维系。[2]

由此可见，面对区块链、智能合约技术在证券市场的应用，SEC采取的监管方式较为灵活多样，因“区块链 + 证券”项目的风险程度

---

〔1〕 Securities and Exchange Commission, U. S. Securities and Exchange Commission, *Reponse of Clearing Agency Registration Under Section* 17A (b) (1) of the Securities Exchange Act of 1934, (Oct. 28, 2019), https://www.sec.gov/divisions/marketreg/mr-noaction/2019/paxos-trust-company-102819-17a.pdf.

〔2〕 参见张超：《证券型Token发行的监管范式转变》，载《行政法学研究》2020年第3期。

不同而采取不同的监管原则。“包容”应对风险比较小的 Paxos 公司区块链证券结算平台研发活动,“审慎”应对可能危及证券市场安全稳定的 The DAO 代币发行行为。总体来说,SEC 采取的“包容审慎”监管策略具有极强的灵活性,能够很好地平衡证券市场效率与安全之间的关系,在充分发挥区块链、智能合约技术创新性作用的同时,还能维护证券市场的安全运行。若是对区块链金融采取“一刀切”禁止的规制方式,则会显得极为保守和僵化,严重阻碍区块链、智能合约技术在证券领域的发展应用。为此,采取较为灵活的包容审慎监管策略,从而为区块链、智能合约技术在证券市场的发展营造宽松的制度环境确有必要。

(二)各州通过立法保障区块链智能合约应用于证券市场的合法性

从目前来看,美国证券交易委员会对“区块链 + 证券”的监管主要还是在现行证券法的框架内进行的,较为谨慎。不同于此,美国各州对区块链、智能合约在证券市场的应用则采取较为积极的规制策略,即通过各项立法为区块链、智能合约在证券领域的应用扫清法律障碍。细究起来,各州的立法主要集中在两个方面:

1. 明确区块链、智能合约的法律属性和法律效力。在区块链、智能合约发展初期,为了激发区块链、智能合约技术的创新活力,各州有关“区块链 + 证券”行业的立法主要关注的是区块链、智能合约本身的合法性问题。如亚利桑那州于 2017 年 3 月通过的“第 2417 号”法案规定,记录在区块链上的签名为合法的签名,可被视为《统一电子交易法》中的电子记录。该法案还规定,区块链上的智能合约基本等同于其他形式的合同,具有充分的法律效力和可执行性。与之类似,内华达州也于 2017 年 6 月通过了“第 398 号法案”,将区块链纳入了《统一电子交易法》的规范范畴,并将区块链技术定性为一种电子记录。[1] 除此之外，田纳西州、佛罗里达州、怀俄明州等也于2018年在立法上承认了区块链和智能合约的法律效力，将区块链记录界定为电子记录，并允许在电子交易领域运用区块链智能合约技术。[2] 2019年，美国国会批准《区块链促进法案》，《区块链促进法案》从美国联邦层面对区块链的定义和标准进行了界定，并为区块链的应用设置了监管框架，以避免区块链技术相关立法的碎片化。

2. 承认数字证券和数字资产托管的有效性。随着区块链、智能合约技术发展的不断深入，以及"区块链 + 证券"应用实例的出现，美国各州有关区块链、智能合约的立法已经不再局限于区块链、智能合约技术本身的合法性问题，而是开始将目光投向区块链、智能合约在证券领域应用的法律对策。如在2017年，特拉华州便率先通过各项法案对《普通公司法》《信托法》等予以了修订，从而在立法承认了基于区块链的股票发行交易活动及托管活动的合法性。此后，怀俄明州于2019年通过的"第185号法案""第125号法案"，不仅允许发行人通过区块链发行代币形式的数字证券，赋予银行开展数字资产托管服务的权利，还明确了将采取监管沙箱对区块链在金融领域的应用进行监管。[3]

整体而言，各州有关区块链与智能合约法律属性的立法，解决了区块链、智能合约的合法性问题，使区块链上的记录和智能合约具有了法律约束力，为区块链、智能合约在证券领域的应用奠定了基础。

---

〔1〕 See Lucy Kelly, *What is Enabled: How Blockchain Enabling Legislation Fails Commercial Contracts*, Rutgers Journal of Law and Public Policy 1 (2019).

〔2〕 See Morgan N. Temte, *Blockchain Challenges Traditional Contract Law: Just How Smart Are Smart Contracts*, 19 Wyoming Law Review 87 (2019).

〔3〕 See Yogita Khatri, *Wyoming Lawmakers Pass Three Bills in Boost for State's Crypto Industry*, See Coindesk (20 February 2019), https: www. coindesk. com/wyoming – lawmakers – pass – three – bills – in – boost – for – states – crypto – industry.

而特拉华州和怀俄明州有关"区块链 + 证券"的立法,对于扫清区块链、智能合约在证券领域应用的法律障碍,化解区块链、智能合约应用引发的法律风险意义非凡。

当然,美国各州有关区块链、智能合约在证券市场应用的立法也存在一定不足:对智能合约的关注还不够。根据相关学者研究,2015至2017年,美国各州的立法机构共拟定了100余条有关区块链、智能合约技术的法律草案条款,但只有不到10条的法律草案条款与智能合约有关,其余均将关注点放在了区块链技术身上。[1]

二、泰国:通过立法扩展证券形式与限定数字证券托管机构

面对方兴未艾的"区块链 + 证券"行业,泰国采取的规制策略是就有关事项进行系统性立法。近年来,为了应对"区块链 + 证券"和数字代币对现行证券法律制度、银行法律制度等带来的挑战,泰国先后出台了《数字资产法》《加密货币与ICO法规》《数字资产商业法令》《证券交易法》修正案等一系列法律法规,从法律层面对数字代币、数字证券等相关问题予以了回应。

其中,2019年2月通过的《证券交易法》修正案便在一定程度上破解了区块链、智能合约应用于证券市场的法律障碍。从具体内容来看,该修正案将无纸化证券的范围从二级市场扩展到了一级市场,承认了表现为代币形式的数字股票和数字债券的法律效力,从而为依托数字证券的"区块链 + 证券"行业的发展提供了法律依据。同时,该修正案还就数字证券的托管问题予以了明确,规定只有泰国证券交易所的子公司——泰国证券托管有限公司方能经营数字证券的托管业务。此外,据泰国证券交易委员会副秘书长透露,证券

---

〔1〕 参见王文君:《金融智能合约技术性与合法性的功能主义检视》,载《金融发展研究》2021年第3期。

交易委员会未来还将发布有关数字证券的详细指导方针和规则，以规范区块链、智能合约在证券市场的应用，提高证券监管的有效性。[1]

总体而言，泰国对"区块链 + 证券"采取的是非常积极、开放的规制策略，不仅通过修订《证券交易法》为数字证券扫清了法律障碍，还积极从数字证券托管、证券监管等层面完善配套措施，以支持"区块链 + 证券"行业的发展。可以预见，泰国对"区块链 + 证券"采取的规制措施，不仅能促进整个"区块链 + 证券"行业的规范化发展，也能减少区块链、智能合约应用带来的洗钱、欺诈等乱象，对于泰国"区块链 + 证券"行业的发展具有不可或缺的作用。

三、瑞士：发布修订证券规则的法律框架

在对"区块链 + 证券"的法律规制方面，瑞士可谓另辟蹊径，其采取先由联邦委员会就有关"区块链 + 证券"的法律适用和法律修订问题进行说明，待技术发展成熟后，再对现有的证券法律制度予以修改和完善的规制策略。详言之，为了促进区块链、智能合约在证券、支付等金融领域的可持续发展，防范区块链、智能合约应用可能引发的风险，瑞士联邦委员会于 2018 年 12 月发布了《分布式账本技术和区块链的法律框架：以金融部门为重点视角》（以下简称《区块链法律框架》），从民法、破产法、金融法等角度对区块链金融行业的法律适用和法律修订问题予以了说明。2019 年 11 月，面对如火如荼的"区块链、智能合约 + 金融"，瑞士联邦委员会正式提议对包括民法和金融市场法在内的 9 项法律予以修订。

---

〔1〕 See Yogita Khatri, *The Thai Government is Moving to Allow Blockchain – based Securities to be Issued and Traded in the Country*, Coindesk (22 February 2019), https://www.coindesk.com/thailand – green – lights – issuance – and – trading – of – blockchain – securities.

具体到“区块链、智能合约＋证券”领域来说，瑞士联邦委员会在《区块链法律框架》中指出，由于区块链、智能合约技术的应用颠覆了现有的证券发行交易、登记和清算交收模式，在现有中心化、集中化和电子化的证券法律规范体系下，可能引发一系列技术风险和法律风险。为了消除区块链、智能合约应用下的证券市场可能面临的法律障碍和法律风险，现有法律应当从以下几个方面予以修订：

1. 对于本质上为证券的资产类代币和实用类代币来说，其归属和变动是由区块链上的所有权记录和交易记录来证明的，而非现行法规定的权威登记机构的登记记录。因此，为了维护数字证券持有者的合法权益，应当在法律层面承认区块链记录具有证明证券权利归属和变动的效力。

2. 根据《金融市场基础设施和证券衍生品交易市场行为条例》的规定，证券交易机构应当具有撤销或者修改特定交易的能力。然而，从技术层面来说，在区块链、智能合约应用下的证券市场中，证券交易都是不可逆的。因此，为了适应区块链、智能合约技术的发展，应当对《金融市场基础设施和证券衍生品交易市场行为条例》有关撤销、修改特定交易的规定予以修订，从而使区块链、智能合约应用下的证券交易机构豁免适用上述规定。

3. 区块链、智能合约应用于证券登记结算领域后，智能合约实际上代替了证券托管机构、证券结算机构在证券清算交收过程中的作用，但根据现行《金融市场基础设施法案》的规定，中央托管人和证券结算机构必须获得授权，并由交易场所以外的法人实体经营。基于此，为了减少应用区块链、智能合约可能面临的法律障碍，应当对《金融市场基础设施法案》中有关证券托管机构和证券结算机构经营资质的规定予以修订。[1]

4. 根据《金融市场基础设施法案》，证券交易参与者必须履行特定的义务，如保存订单、披露已执行的交易记录和必要的市场信息等。在区块链、智能合约应用的背景下，为维护投资者合法权益，仍然有必要对加密资产交易参与者课以特定义务，并对加密资产交易的专业参与者和非专业参与者的义务予以区分。

通过对“区块链 + 证券”的法律修订问题进行体系化说明，《区块链法律框架》为瑞士证券法律制度的修订指明了方向，为“区块链 + 证券”行业从业人员的行为提供了预判，这对于引导瑞士“区块链 + 证券”产业的健康发展具有重要意义。若是对区块链金融的发展缺乏体系化的指引，不仅不利于“智能合约 + 证券”行业的健康、规范发展，也可能极大抑制区块链、智能合约技术的创新活力。提炼“智能合约 + 证券”的体系化治理思路，将有助于“智能合约 + 证券”的融合发展。

四、总结：“监管指引 + 区块链立法 + 证券法修订”的多元进路

面对区块链、智能合约应用给证券领域带来的机遇与挑战，世界各国的规制策略各不相同，呈现“监管指引 + 区块链立法 + 证券法修订”的多元特征。其中泰国采取的是立法先行、配套政策后续跟进的激进式规制策略，美国选择的是监管引导与立法保障并行的中庸式规制策略，瑞士则选择政策引导先行、立法后续跟进的稳妥式规制策略。当然，各国的规制实践也存在某些方面的共识，比如总体上均对区块链、智能合约在证券领域的应用持积极、鼓励的态度，都意识到了将区块链、智能合约引入证券领域必然要以现行证券法律制度的

---

[1] See the Federal Council, *Legal Framework for Distributed Ledger Technology and Blockchain in Switzerland: An Overview with a Focus on the Financial Sector*, December 2018.

修改为前提，基本皆提到应当赋予数字证券法律效力，并引入监管沙盒等监管科技以创新监管手段。同时，各国有关区块链、智能合约的立法都较为具体，可操作性也比较强。

本质而言，规制策略的不同，不仅体现了各国"区块链＋证券"行业在发展程度上的差异，也反映了各国在拥抱技术创新与维持证券市场安全、稳定之间的权衡，甚至折射出各国证券法律制度和监管制度的灵活性与包容性。

第二节　智能合约应用于我国证券市场的法律规制进路

基于智能合约应用给我国证券发行交易和登记结算法律制度、证券监管制度、银行法律制度和反洗钱法律制度提出的新挑战，本书认为，对于"智能合约＋证券"行业，我国应当遵循政策引导与立法保障并行的规制策略，秉承代码与法律融合共治的规制理念，构建"政府—平台—行业协会"协同治理的规制体系，并采取事前、事中、事后的全流程规制机制，以提升法律治理的有效性，回应智能合约应用可能带来的风险与法律挑战，促进"智能合约＋证券"行业的创新性发展，守住证券市场安全、平稳运行的底线。

一、遵循政策引导与立法保障并行的规制策略

于我国而言，由于"智能合约＋证券"行业尚处于萌芽阶段，证券法律制度的包容性和灵活性也存在不足，加之2019年《政府工作报告》强调要"坚持包容审慎监管，支持新业态新模式发展"[1]，因此为

---

[1] 李克强：《政府工作报告——2019年3月5日在第十三届全国人民代表大会第二次会议上》，载中央人民政府网2019年3月16日，http://www.gov.cn/premier/2019-03/16/content_5374314.htm。

了最大程度发挥智能合约技术在提高证券市场高效性、安全性等方面的作用，减少智能合约应用可能诱发的技术风险和法律风险，在规制“智能合约+证券”的策略方面应摒弃激进式规制策略与稳妥式规制策略两大极端，宜采取中庸式规制策略，即智能合约应用于证券市场后，我国应当遵循政策引导与立法保障并行的规制策略。

（一）以监管框架和行业发展指南引导智能合约安全合规地应用

目前，我国“智能合约+证券”行业的发展大部分项目仅停留在概念验证阶段，仅有香港证券交易所区块链结算系统等少数项目进入了实验研究阶段，智能合约在我国证券市场的应用模式和应用可能引发的风险都尚未明晰。此时，我国不宜贸然为“智能合约+证券”进行系统性立法，或者试图从根本上改变现有的法律制度以适应智能合约技术的发展，否则不仅可能极大地限制智能合约技术的创新性作用，也可能导致我国证券市场面临难以预测的风险。实际上，在“智能合约+证券”行业发展初期，我国还是应当在现行证券法律制度的框架下，通过政策调控引导智能合约安全合规地应用，从而为“智能合约+证券”产业的发展和区块链、智能合约技术创新性的发挥留下空间。

具体而言，监管机构应当在对智能合约证券系统进行了充分研究，并征集了区块链、智能合约行业从业人员的意见、建议的基础上，发布相关监管框架和行业发展指南，对“智能合约+证券”涉及的证券法律规范、银行法律规范和反洗钱法律规范的适用进行解释和说明，对“智能合约+证券”行业的发展原则、任务等予以明确，并为“智能合约+证券”行业设定负面清单，[1]从而为“智能合约+证

---

〔1〕 参见邓建鹏：《区块链法治化监管需要大智慧》，载《人民论坛》2020年第2期。

券”行业的规范发展提供政策指引，避免激进立法带来的不确定风险。2021年6月，我国工业和信息化部、中央网信办已经出台了《关于加快推动区块链技术应用和产业发展的指导意见》（工信部联信发〔2021〕62号），对区块链技术的发展原则、发展目标和重要任务等予以了阐释，为区块链技术的发展初步指明了方向。未来，监管机构应当陆续出台有关“区块链＋证券”行业发展的指导意见。

值得注意的是，当前我国涉及区块链、智能合约的金融监管大多采取“一刀切”的管制方式，在灵活性和包容性方面存在极大不足，严重抑制了区块链、智能合约金融的发展。[1] 有鉴于此，监管机构在制定监管框架时应当充分体现监管的包容性和谦抑性，为区块链、智能合约行业的创新发展留下试错的余地，以最大限度发挥智能合约技术在提高证券市场融资效率、降低融资成本方面的作用。此外，尽管中国人民银行已经发布了《金融分布式账本技术安全规范》，对智能合约的安全审计机制、生命周期管理、安全验证、攻击防范等内容进行了初步规定，[2] 但为了引导“智能合约＋证券”行业的规范发展，减少智能合约应用可能伴随的技术风险，监管机构还应当积极推动区块链系统开发标准、智能合约编写标准和“智能合约＋证券”行业标准的制定。

（二）以智能合约立法和现行法修订保障智能合约应用的合法性

当然，智能合约的应用毕竟颠覆了现有的证券发行交易、登记和

---

〔1〕 参见吴桐、李铭：《区块链金融监管与治理新维度》，载《财经科学》2019年第11期。

〔2〕 参见中国人民银行：《金融分布式账本技术安全规范》，载全国金融标准化技术委员会2020年2月21日，https://www.cfstc.org/jinbiaowei/2929436/2975874/index.html。

清算交收模式，突破了现行证券法律制度有关证券种类和权利表彰形式、证券法律关系、证券监管主体及监管手段等的规定，冲击了银行法律规范和反洗钱法律规范有关法定货币和反洗钱机制的规定，继续全盘适用现有规定，不仅可能阻碍“智能合约 + 证券”行业的创新发展，也难以实现对新型证券业态的有效规制，无法为投资者的合法权益提供充足保障。因此，在“智能合约 + 证券”行业发展相对成熟之际，我国还应当更新证券、银行和反洗钱法律制度的相关规定，从监管主体、监管原则、监管体制等层面对现有的证券监管制度予以创新，并将监管沙盒等监管科技引入证券监管领域。

同时，为了给智能合约在证券领域的应用提供合法性保障，在“智能合约 + 证券”行业发展初期，就有必要通过立法对区块链和智能合约进行定性，并赋予其法律效力。实际上，从国外的规制实践来看，包括美国在内的大多数国家均注重通过立法厘清区块链、智能合约的法律属性，并赋予区块链、智能合约法律效力，从而为“智能合约 + 证券”行业的创新发展提供法律保障。反观我国，目前关于区块链和智能合约的立法寥寥，仅国家互联网信息办公室发布了《区块链信息服务管理规定》。而《区块链信息服务管理规定》作为部门规章，立法层级较低，在准确性和可适用性方面也存在不足，且其规范的重点是区块链信息服务提供者的范围、义务及责任，缺乏对区块链和智能合约的定性，因而尚不足以为“智能合约 + 证券”行业的发展提供充足的法律支持。据此，我国还应当通过立法对区块链和智能合约的法律属性予以明确，并对区块链系统的开发和运行进行必要的规范，从而从根本上扫除智能合约应用的法律障碍。

二、秉承代码与法律融合共治的规制理念

区块链自治（代码即法律）和法律治理之间的权衡，是区块链治理领域的永恒话题，也是将智能合约技术引入证券市场首先需要解

决的问题。虽然美国、泰国和瑞士等国家对“区块链+证券”的规制均体现了对区块链自治的摒弃与对法律治理的拥护,但若想在激发智能合约技术创新性优势的同时,还能有效破解智能合约技术应用引发的技术风险与法律风险,进而充分保障证券市场的稳定运行和投资者的合法权益,光靠法律治理尚且不够,还需要从理论的角度对比分析区块链治理和法律治理各自的优劣,以寻求区块链自治和法律治理之间的平衡。

(一)代码治理之摒弃

部分区块链技术支持者主张,由于代码可以像法律一样控制参与者的行为,“取代法律、中介和人际关系成为信任的实现载体”[1],区块链系统可以脱离传统法律规制体系独立运行。易言之,在区块链系统中,代码就是法律。结合智能合约应用下的证券市场来说,代码即法律意味着,由于证券的登记、清算和交收都是通过代码自动执行的,证券交易双方的意思表示和行为不再以法律规则为准绳,仅受智能合约证券系统内部规则的约束。如 The DAO 就是一种典型的分散机构,它既不由任何人运行,也不受任何人控制,而是完全由代码控制。与其他由拥有最终决策权的个人操作的分散机构不同,The DAO 的设计目的是在区块链上自动运行。[2]

然而,区块链内部规则固然可以起到约束、规范证券发行交易和登记结算活动的作用以及起到事前防范违法行为发生的作用,但无法为证券市场参与者的合法权益和证券市场的稳定运行提供充足

---

〔1〕 凯文·沃巴赫、林少伟:《信任,但需要验证:论区块链为何需要法律》,载《东方法学》2018 年第 4 期。

〔2〕 See Primavera De Filippi & Aaron Wright, *Blockchain and the Law*: *The Rule of Code*, Harvard University Press, 2018, p. 142.

保障。[1]

1. 在智能合约证券系统中,证券的发行、交易、登记、清算和交收基本上是通过代码自动执行的,因而代码安全与否直接决定了证券市场能否安全、准确运行。[2] 由于代码编写者无法预见所有可能发生的情形,加之目前代码编写人员的质量参差不齐、存在道德风险,代码难免存在漏洞和错误。而存在漏洞的代码在自动执行证券发行交易和登记结算时,极易遭受黑客攻击或者发生偏差,进而引发证券丢失、错误登记结算、信息泄露等诸多问题。基于此,单纯依靠代码自治并不能为智能合约证券系统的有序运行提供充足保障。

2. 由于多数区块链采取的是工作量证明共识机制,一旦有节点掌握了超过 51% 的算力,就有发生 51% 算力攻击的风险,进而导致区块链上的数据被恶意篡改。根据相关调查显示,2018 年比特币的 55% 算力为四个矿池所掌握,而在以太坊中,五个矿池掌握了高达 80% 的算力。[3] 由此可见,51% 算力攻击在实践中并非没有发生的可能。而一旦发生 51% 算力攻击,区块链内部规则治理的安全性和可信性将受到巨大冲击。

3. 不同于传统合同,智能合约在理论上假设并不存在违约,因而智能合约系统本身并没有完善的责任分配机制和纠纷解决机制,加之区块链具备不可篡改特征,仅凭区块链内部规则,遭遇丢失证券、错误登记结算的投资者实际上很难获得救济。正如 2016 年的 The DAO 事件那样,即使创始人宣称 DAO 中的活动仅遵循内部规则,无须传统法律的介入和人工干预,但当攻击者利用代码漏洞盗取用户

---

〔1〕 See Karen Yeung, *Regulation by Blockchain: The Emerging Battle for Supremacy between the Code of Law and Code as Law*, 82 Modern Law Review 207 (2019).

〔2〕 See Aleksei Gudkov, *Control on Blockchain Network*, 42 Nova Law Review 353 (2018).

〔3〕 参见许可:《决策十字阵中的智能合约》,载《东方法学》2019 年第 3 期。

的资产时,DAO 实际上并不能根据系统内部规则保障用户的合法权益,而只能通过施加干预、生成硬分叉的方式挽回用户的损失。[1]

4. 区块链自治属于私人治理,其目标与公共治理的目标、价值不尽相同:区块链自治追求"维持技术、规则、市场各层面的正常运作,为各自在自身利益最大化前提下行动的分散参与者创造价值",[2]而法律治理等公共治理的目标则在于维持社会公共秩序、实现社会福利最大化。治理价值目标的不同,使区块链自治和法律治理在治理手段、治理范围等方面也存在极大不同。基于证券市场在维护金融稳定和投资者合法权益等方面的价值追求,智能合约应用于证券市场后,区块链自治实际上并不能实现对法律治理的替代。

综上所述,代码即法律不过是一种美好的幻想,就目前而言,代码治理是无法完全实现自洽的,智能合约系统实际上并不可能脱离法律而独立运行。为了保障投资者的合法权益和证券市场的平稳运行,智能合约在证券领域的应用必须在法律治理的基础上展开。

(二)法律治理之检讨

诚然,在区块链、智能合约应用的背景下,法律治理仍然会占据主导地位,但现有法律治理机制是建立在中心化的证券发行交易和登记结算模式之上的,滞后于"智能合约 + 证券"行业的发展,加之区块链智能合约技术具备去中心化、匿名性和不可中止性等特性,传统法律治理机制在对"智能合约 + 证券"行业进行规制时,可能面临有效性不足、成本高昂、效率低下等问题。

1. 由于传统中心化证券发行交易和登记结算模式依赖证券公

---

〔1〕 See Usha R. Rodrigues, *Law and the Blockchain*, 104 Iowa Law Review 679 (2019).

〔2〕 许获迪:《自治与他律:平台二重性视角下的区块链治理》,载《改革》2020 年第 8 期。

司、证券登记结算机构、银行等中介机构的协调参与，传统证券法律制度是以中介机构为切入点的，即在证券法律制度上，无论是证券发行规则、交易规则、登记结算规则，抑或是证券监管规则，均是围绕中介机构来构建的。譬如，现行《证券法》有关证券登记结算的规定主要见于第八章和第九章，而第八章和第九章是围绕证券公司和证券登记结算机构的准入条件、义务、责任等来展开的。实际上，在现有的法律治理机制下，中介机构作为连接监管机构和证券交易双方的纽带，在防范证券市场违法行为、维护证券市场安全运行方面发挥着重要作用。但在智能合约应用的背景下，证券发行交易和登记结算将呈现自动化和点对点的特征，现有证券法律体系下发挥作用的证券登记结算机构、证券公司等中介机构的职能将极大弱化，从而可能对传统法律治理的有效性造成不小影响。

2. 由于智能合约具有不可中止性、不可篡改性和匿名性等特征，司法机关和行政机关实际上是难以实现对“智能合约+证券”行业的有效规制和约束的。正如前所述，如果仅凭传统监管手段，司法机关和行政机关不仅难以有效识别监管对象，亦不能对预先设置好的代码施加影响，从而也就无法及时发现和纠察证券市场中的违法行为。换言之，智能合约应用于证券领域后，传统法律治理机制或许难以充分发挥作用。[1]

由此可见，智能合约应用于证券领域后，单纯依赖传统法律治理机制也是无法为证券交易双方提供充足保障，并完全确保证券市场安全稳定运行的。更何况，与区块链内部规则的自动化治理和事前监管相比，传统法律治理往往依赖人工监管和事后救济，难以在事前阻止违法行为的发生，因而在成本和效率方面的弊端突出。

---

〔1〕 See Primavera De Filippi & Aaron Wright, *Blockchain and the Law: The Rule of Code*, Harvard University Press, 2018, p. 142.

(三)技法融合治理之选取

如前所述,智能合约应用于证券领域后,无论是传统法律治理,还是区块链内部规则治理,均无法很好地平衡发挥智能合约技术优势和维护投资者合法权益之间的关系。相较之下,融合法律治理和区块链内部规则治理的技法融合共治由于具备以下优势,是规制"智能合约+证券"行业的最佳路径。[1]

1. 在现有中心化证券市场运行模式下,证券交易规则主要以纸质文本的形式存在,由国家授权的中心化监管机构实施,并由国家强制力予以保障。随着智能合约相关运行机制的日益标准化,法律实施和代码执行之间的界限将变得模糊。在基于智能合约建立的证券系统中,只要将法律代码化为技术规则,那么证券发行交易和登记结算规则就不仅可以由中心化监管机构来实施,还可以通过智能合约自动执行实施。[2] 法律代码化主要表现为两种形式:监管规则实施的代码化以及被监管主体利用代码自动实施合规管理。监管规则实施的代码化是指监管机构将监管规则翻译为计算机代码,并嵌入到部署在区块链上的智能合约中,促使进入交易系统的被监管主体自动遵守法律,从而实现对证券交易的自动监管,进而减少违法行为的发生,降低监管成本。同时,监管主体还可以节点形式接入智能合约证券交易系统,利用智能合约实现实时接收证券市场违法违规信息并对证券市场开展实时监管。被监管主体利用代码实现自动合规主要指,发行人通过公开透明的分布式账本实现信息披露的完整性和真实性,并利用智能合约自动履行法定义务。例如区块链公司

---

[1] See Philipp Paech, *The Governance of Blockchain Financial Networks*, 80 Modern Law Review 1073 (2017).

[2] 参见凯文·沃巴赫、林少伟:《信任,但需要验证:论区块链为何需要法律》,载《东方法学》2018年第4期。

harbor 推出的 R－Token 平台（R 代表 Regulated），可以利用智能合约确保通证的每一次流通都符合监管规则，并且满足 KYC/AML 和税务政策，从而实现通证流通的合规化。[1]

概言之，技法融合共治支持将证券法律规范转换为区块链内部规则，从而不仅能够实现法律规则的自动执行，提高法律执行效率、降低法律执行成本，还能从事前阻止违法行为的发生，化解传统法律治理机制往往只能为证券交易双方提供事后救济的弊端。[2]

2. 技法融合共治下，当投资者丢失证券或者遭遇错误登记、错误结算时，投资者可以通过传统法律治理机制获得司法救济，从而弥补区块链内部规则无法为投资者证券权利提供充足保障的弊端。同时，技法融合共治还能通过设置行为模式和法律后果的方式，规范和引导"智能合约＋证券"行业的发展，减少代码编写中的道德风险以及区块链系统中的 51% 算力攻击，以填补区块链内部规则治理在保障证券市场安全运行方面的不足。

综上所述，对于"智能合约＋证券"行业，我国应当采取技法融合共治的规制理念，强化法律治理在引导和规范"智能合约＋证券"行业发展、确保受损投资者获得救济方面的作用，积极汲取区块链内部规则治理在事前预防和事中自动控制方面的优势，发挥智能合约证券平台在规范和约束证券发行交易和登记结算行为方面的作用，并通过将证券法律规则和证券监管规则转化为区块链内部规则的方式，实现证券法律规范的自动执行以及实时化、自动化的证券监管。[3]

---

〔1〕 KYC 指了解你的客户（know－your－customer）；AML 指反洗钱（anti－money laundering）。

〔2〕 See Primavera De Filippi & Aaron Wright, *Blockchain and the Law: The Rule of Code*, Harvard University Press, 2018, p. 142.

〔3〕 参见陈吉栋：《播撒信任的技术幽灵——区块链法律研究述评》，载《探索与争鸣》2019 年第 12 期。

当然,法律规则的代码化实施对法律规则和执行环境要求较高,需要规则语言和代码语言的高度统一。而在当前技术条件下,由于代码缺乏灵活性,难以与法律规则一一对应,且法律规则条款和智能合约代码之间往往存在语言鸿沟,二者在进行转换时不可避免地存在误差,即在当前的技术条件下,法律规则的代码化实施暂时还存在一定的技术障碍,其实现还需要区块链智能合约技术的不断完善。

三、构建"政府—平台—行业协会"协同治理的规制体系

政府与市场的关系是市场经济运行中最重要的关系。党的十九届五中全会指出,"充分发挥市场在资源配置中的决定性作用,更好发挥政府作用,推动有效市场和有为政府更好结合"[1]。然而,我国现行的市场经济体制是由计划经济脱胎而来的,保留着浓重的行政干预色彩,行政部门秉承"父爱主义"观念,对市场过度管理甚至包办,导致市场与政府的关系严重失衡。智能合约应用于证券市场后,基于智能合约的专业性、分散性和匿名性,现有以政府行政监管为主的单一式治理体系将面临成本高昂、效率低下、手段滞后、信息缺失等难题,难以实现对证券市场的有效规制。相较之下,智能合约证券平台、证券业协会的信息获取能力、信息分析能力和专业技术能力更强,更能及时发现和纠正智能合约证券平台中的违法行为,从而实现对"智能合约+证券"行业的有效规制。

"共治是善治的核心要义,良好的法律秩序由共治而形成。"[2]在智能合约应用的背景下,应当打破现有单一式的治理格局,充分发挥智能合约证券平台和证券业协会的优势、资源和治理能力。不过,习近平总书记在主持中共中央政治局第四十次集体学习时强调,"金

---

〔1〕《重磅!十九届五中全会公报来了》,载人民日报2020年10月29日,https://baijiahao.baidu.com/s?id=1681890634977526537&wfr=spider&for=pc。

〔2〕张文显:《构建智能社会的法律秩序》,载《东方法学》2020年第5期。

融安全是国家安全的重要组成部分"[1]。证券市场作为资本市场的重要组成部分,事关我国的金融安全。更何况,正如前所述,由于智能合约难免存在技术风险和漏洞,将智能合约引入证券市场可能引发洗钱、证券丢失等问题。因此,在智能合约应用的背景下,为了维护证券市场的安全运行,仍然要确保政府行政监管的主导地位不动摇。综上所述,有必要在坚持政府行政监管主导地位的基础上,扩展治理主体,构建政府、平台和行业协会相互沟通协作的多元治理体系,形成以政府监管为主导,平台自治和行业协会自律相结合的多中心治理格局。[2]

(一)政府行政监管注重原则性监管

我国目前的政府行政监管主要采取的是规则导向的监管模式——依托一系列的证券法律和法规对证券市场实施审慎监管和行为监管,难以适应"智能合约＋证券"行业的创新性发展。原因在于,规则导向的监管模式留给证券监管机构的自由裁量空间极小,且目前智能合约技术尚处于发展的初级阶段,智能合约在证券领域的应用模式也尚未定型,立法机构暂时无法对现有的证券法律法规作出合理的修订。此时,继续采取规则导向的监管模式不仅可能极大地抑制"智能合约＋证券"的发展,使我国证券市场错失发展良机,也可能使洗钱、错误登记结算、信息泄露等风险难以得到有效控制,危及证券市场稳定。

相较之下,原则导向的监管模式不再诉诸具体的法律法规,而是"更多地依赖于原则并以结果为导向,以高位阶的规则用于实现监管

---

[1] 南方日报:《金融安全是国家安全的重要组成部分》,载中国共产党新闻网 2017 年 4 月 28 日,http://theory.people.com.cn/n1/2017/0428/c40531-29244246.html。

[2] 参见廖凡:《论金融科技的包容审慎监管》,载《中外法学》2019 年第 3 期。

者所要达到的监管目标"[1],这一做法极具弹性和灵活性,不仅能够为智能合约在证券领域的应用提供空间,化解立法滞后性带来的智能合约技术创新被抑制的问题,也能规范和引导"智能合约+证券"行业的健康发展,兼顾证券市场的安全与稳定。

综上所述,在"智能合约+证券"行业仍处于发展初期的现阶段,为了提升法律治理体系的有效性,实现风险防控与"智能合约+证券"行业发展的双重目标,政府宜采取更为灵活和包容的原则导向监管模式,充分发挥政府行政监管在引导"智能合约+证券"行业发展、防范化解重大风险、查处违法行为中的作用。

(二)行业协会自律注重自律规则的制定和实施

根据前文所述,由于"智能合约+证券"行业尚未发展成熟,目前政府行政监管宜采取原则导向的监管模式。然而,原则导向的监管模式虽极具灵活性,却在确定性和可预测性方面存在极大不足,难以为证券市场主体提供明确指引,不利于"智能合约+证券"行业的有序发展。因而,要想实现对"智能合约+证券"行业的有效治理,除了原则性监管之外,还需要辅之以相应的"规则性监管"。

当然,在智能合约应用的背景下,"规则性监管"的内涵将会有所不同,不再是以政府为主体,也不再以证券法律法规为依据,而是以证券业协会为主体,以行业自律规则为依据。一方面,较之于政府,证券业协会不仅专业性和技术性更强,更贴近证券市场,更了解智能合约应用下的证券发行交易和登记结算的运作情况,[2]也能够对市场主体采取更具针对性和灵活性的监督和指导。由此可见,智能合约应用于证券市场后,由证券业协会作为"规则性监管"的实施主体

〔1〕 许多奇:《互联网金融风险的社会特性与监管创新》,载《法学研究》2018年第5期。

〔2〕 参见张红:《走向"精明"的证券监管》,载《中国法学》2017年第6期。

更能达到保护投资者和维护金融安全的目的。况且,根据前文所述,智能合约的应用将极大地弱化证券监管机构以及证券登记结算机构、证券公司等中介机构的监管职能,因此为了提升证券监管的有效性,就更加有必要充分发挥证券业协会的一线监管职能。另一方面,作为"软法"的行业自律规则不仅更多地体现了市场主体的意愿,也更易于订立和修改,较之于证券法律法规来说,更能够平衡好证券市场稳定性与智能合约技术创新性之间的关系。

总而言之,智能合约应用于证券领域后,仅依靠政府的原则性监管是远远不够的,还需要证券业协会通过制定和实施相关的行业自律规则和行业标准,对智能合约证券系统的开发和运行、风险预警处置、市场准入、纠纷解决等问题予以明确,并对违反自律规则的主体进行调查和处罚,从而规范和约束证券市场主体的发行交易和登记结算行为,弥补政府原则性监管在确定性方面的不足。同时,证券业协会还应发挥桥梁作用,为政府和市场主体的沟通提供便利,以提升政府行政监管效能。此外,证券业协会还应结合研究成果和实践经验,积极向政府和立法机关建言献策,以加快"智能合约 + 证券"行业的法治化进程。

2021 年 6 月,西安市区块链技术应用协会联合中关村区块链产业联盟、上海区块链技术协会、深圳市信息服务业区块链协会等七家机构共同发布《关于加强行业自律促进区块链行业健康发展的联合倡议书》,为增强区块链企业及从业人员责任感,促进区块链行业合规化发展,营造自律、诚信的区块链行业环境做出了积极贡献。

(三)平台自治注重系统内部规则的维护

由于集合了共识机制和智能合约,智能合约证券平台可以凭借事先生成的系统内部规则,对平台内部参与者的证券发行交易和登记结算行为进行规范和约束,从而实现平台内部的自我治理。平台自治不仅能够通过智能合约实现系统内部规则的自动执行，提高治理效率，也能通过激励机制促使系统参与者主动维护系统内部规则，降低治理成本。[1] 习近平总书记在中央政治局第十八次集体学习时也提出要“引导和推动区块链开发者、平台运营者加强行业自律、落实安全责任”。[2]

智能合约应用下，有必要强调智能合约证券平台的自治功能，落实智能合约证券平台的主体责任，促使其开展风险控制和加强自我约束，并通过维护系统内部规则的方式对平台内的证券发行交易和登记结算行为予以约束，以弥补政府行政监管在效率和成本方面的不足。

更进一步来说，由于智能合约应用下的证券发行交易得以在投资者之间直接进行，证券公司等中介机构在证券市场运行过程中的作用将被极大弱化，甚至为智能合约证券平台所取代，[3] 难以继续在减少违法开户、冒用证券账户、洗钱等违法行为方面发挥作用。此时为了弥补中介机构监管职能的缺失，减少证券市场中的违法行为，有必要对智能合约证券平台课以反洗钱报告义务和用户身份验证义务，并要求其将身份验证规则和反洗钱规则嵌入系统内部规则，以实现对洗钱、冒用证券账户等违法行为的实时自动监管。

四、采取事前事中事后的全流程规制机制

从规制的时间维度来说，我国目前的法律治理体系对金融科技

---

[1] 参见石超：《区块链技术的信任制造及其应用的治理逻辑》，载《东方法学》2020年第1期。

[2] 《习近平在中央政治局第十八次集体学习时强调把区块链作为核心技术自主创新重要突破口加快推动区块链技术和产业创新发展》，载新华网2019年10月25日，https://baijiahao.baidu.com/s?id=1648359881433585914&wfr=spider&for=pc。

[3] 参见汪青松：《区块链系统内部关系的性质界定与归责路径》，载《法学》2019年第5期。

的规制以事后惩处为主,在事前和事中规制方面还存在极大不足,从而不仅有碍金融科技的创新发展,也不利于金融市场的安全稳定运行。有鉴于此,智能合约应用于证券领域后,我国应当采取事前事中事后的全流程规制机制,除注重对证券市场中的违法违规行为进行惩处外,也要重视在事前引导"智能合约+证券"行业的规范发展,在事中打击、制止违法行为的发生,并在事后保障受损的投资者能够依法获得救济。

(一)事前规制以规范代码编写为中心

在智能合约证券系统中,不论是证券的登记、清算还是交收,均是通过预先设置的代码自动执行的,且智能合约一旦开始执行便难以被修改或者中止,因而智能合约是否能够按照预设的执行规则安全运行,直接决定了证券市场能否稳定、有序运转。然而,正如前所述,智能合约存在漏洞在所难免。而存在安全漏洞的智能合约,不仅可能无法按照预设的执行规则产生正确的交易和登记结算结果,还可能遭受黑客的恶意攻击,进而导致证券交易双方面临资金和证券私钥丢失、信息泄露等风险。

同时,由于智能合约本质上是一串经过加密的代码,验证节点无法知晓其真实内容,智能合约存在被用于非法目的以及规避法律规定的税收、金融监管、投资者权益保护等方面的强制性义务的可能性,如匿名的国际线上市场"丝绸之路"便利用智能合约进行毒品、枪支等非法交易活动。[1]

"纵观历史上每一项技术的发展,技术标准的重要性不言而喻,

〔1〕 参见欧阳丽炜、王帅等:《区块链智能合约的发展现状:架构、应用与发展趋势》,载《自动化学报》2019年第3期。

可以说从来都是得标准者得天下。”[1]为了保障智能合约证券系统的有序运行,有必要在事前通过立法或者制定行业标准等方式,对代码编写人员所需具备的资格予以明确,对安全审计机制、自动中止机制等智能合约必备要素予以明晰,并对代码编写行为进行规范和约束,从而引导智能合约在证券领域依法合规应用,从事前预防智能合约不当编写、使用可能引发的证券丢失、错误登记结算、信息泄露等风险。

(二)事中规制以打击违法行为为中心

整体而言,基于智能合约技术的不可篡改性和透明性特征,在智能合约证券系统中,违法行为发生的概率将大大降低。但不容忽视的是,由于智能合约技术具备匿名性和开放性特征,智能合约证券系统中的洗钱、恶意获取投资者信息等违法行为也有发生的可能性。

首先,由于智能合约应用下的证券发行交易和登记结算均是以匿名的方式开展的,加之智能合约的应用将极大冲击现有以银行、证券公司为义务主体的反洗钱机制,智能合约应用下的证券领域极易滋生洗钱风险。其次,虽然基于智能合约的证券发行交易和登记结算均具有匿名性特征,且区块链上的所有权记录和交易记录仅记载交易双方的地址,而非交易双方的真实身份,但随着反匿名甄别技术以及量子计算机的发展,根据区块链上的证券所有权信息和交易信息识别各个交易参与者之间的联系,进而推断出交易参与者的真实身份是有可能实现的。[2]况且,区块链是一个集体维护的分布式账本,每个节点均保存有全链的总账信息,一旦有节点被黑客攻陷,则

---

〔1〕卜学民、马其家:《论区块链证券结算的选择及制度展开》,载《福建师范大学学报(哲学社会科学版)》2020年第6期。

〔2〕参见祝烈煌、高峰等:《区块链隐私保护研究综述》,载《计算机研究与发展》2017年第10期。

整个证券市场的证券所有权信息和交易信息均会面临被窃取的风险。[1]

因此，智能合约应用于证券领域后，监管机构仍然要注重事中规制，及时对出现的洗钱、恶意获取个人信息等违法行为予以惩处，以确保智能合约证券系统安全有序运行，维护投资者的合法权益。

（三）事后规制以保障投资者救济为中心

投资者是证券市场最主要的参与者。确保投资者的合法权益不受损害，是多数国家证券制度设计的核心，也是智能合约在证券领域应用的必要前提。在传统中心化的证券市场运作模式下，当投资者遭遇错误登记或者错误结算时，根据《证券登记结算管理办法》第52条的规定，证券登记结算机构不仅会负责纠正错误，还会为由此所造成的损失对投资者承担赔偿责任。也就是说，在传统证券市场，合法权益受到侵害的投资者是能够获得救济的。而将智能合约引入证券领域后，基于区块链的不可篡改特征，纠正错误的登记结算往往难以实现，加之区块链内部缺乏必要的责任分配机制，投资者很难获得赔偿，只能自行承担损失。

此外，在现有的证券登记结算模式下，由于证券主要表现为证券登记结算机构维护的证券账户中的簿记记录，当投资者遗失证券账户时，尚且可以通过代理其开户的证券公司找回。而在智能合约应用下，证券主要表现为数字形式，并被存储于根据公钥和私钥产生的特定地址，用户若想访问就必须持有与该地址相对应的私钥。此时，若投资者丢失行使证券权利的唯一依据——私钥，任何主体无法为其提供救济，投资者将自行承担证券丢失的风险。[2]

---

〔1〕 参见袁康：《区块链技术在证券市场应用的监管问题研究》，载《证券法苑》2017年第5期。

〔2〕 参见杨延超：《论数字货币的法律属性》，载《中国社会科学》2020年第1期。

由此可见，当智能合约证券系统中的投资者丢失证券、遭遇错误登记结算时，现行法律治理体系和区块链内部规则治理实际上都是无法为其提供充足保障的。对此，有必要通过一系列的制度安排，畅通投资者的救济途径，构建完善的链上纠纷解决机制，并明确各个参与者的责任分配，从而在事后保障投资者能够依法获得救济。

第七章　智能合约应用于我国证券市场的法律因应

技术的进步和更迭必然伴随法律制度的变革，况且智能合约的应用不仅会颠覆和重塑证券领域现有的主体结构和运作模式，诱发证券丢失、信息泄露、洗钱、算法操纵市场等风险，还可能从证券权利表彰形式、数字证券、中介机构监管职能弱化等方面对现有的证券法律制度带来巨大挑战。从本质上来说，风险是与预期相关的，是指向未来的，可以理解为实际结果对预期结果的偏离，[1]而法律的功能就在于通过保护人们的预期，使之适应尚未可知的、天生不确定的未来。[2]借助法律的稳定性与确定性价值，对证券法律制度进行适应性调整，有助于防范和化解智能合约的应用风险，给予证券市场相关主体更为稳定的预期。

当前，智能合约正在引领全球新一轮技术变革和证券市场变革，为开辟国际证券市场竞争新赛道，抢占新一轮证券市场制度创新的制高点，世界各国纷纷在证券市场布局智能合约技术。在此背景下，

---

〔1〕参见管斌：《论金融法的风险维度》，载《华中科技大学学报（社会科学版）》2012年第4期。

〔2〕参见管斌、张东昌：《金融法面向风险的治道变革》，载《经济法论丛》2012年第1期。

有必要从区块链和智能合约基础法律规范、证券法律规范、证券监管制度、银行和反洗钱法律规范的构建和完善入手，为“智能合约 + 证券”行业的发展提供法治化保障，以推动我国“智能合约 + 证券”行业的发展，培育形成具有全球竞争力的证券市场，助推我国在“新赛道”上争取先发优势。

第一节　区块链智能合约基础法律规范的增加

从设计初衷来看，具备自治、自足特征的智能合约遵循“代码即法律”的原则，完全排除法院、仲裁机构等第三方的干预。[1] 然而，代码是由人编写而成的，难免存在漏洞和错误，因而将证券发行交易和登记结算交由代码自动执行可能引发欺诈、信息泄露、洗钱等诸多风险。同时，区块链系统与智能合约本身并没有完善的责任分配机制和纠纷解决机制，加之区块链具备不可篡改、匿名等特征，权益受损的投资者实际上无法在脱离法律治理的背景下得到救济。[2] 由此可见，智能合约的自治性和自足性还存在不足，尚需法律规范来予以弥补。智能合约应用的背景下，我国应当通过立法增设区块链智能合约基础法律规范，对智能合约的制定和使用予以规范，以增强智能合约证券平台的安全性，引导“智能合约 + 证券”行业规范发展。

一、界定区块链和智能合约的法律属性

明确区块链和智能合约的法律属性，是智能合约在证券领域应用的前提。这是因为，只有区块链和智能合约的法律属性得以明确，区块链和智能合约应当适用的法律才能得以确定，监管机构才能将

---

〔1〕 参见王延川：《智能合约的构造与风险防治》，载《法学杂志》2019 年第 2 期。

〔2〕 See Usha R. Rodrigues, *Law and the Blockchain*, 104 Iowa Law Review 679 (2019).

区块链、智能合约纳入监管范畴，智能合约在证券领域的应用才能依法合规地进行。我国现有的区块链、智能合约立法尚属原则和滞后，专门的法律法规缺失，司法治理也未形成体系，[1]无法为区块链、智能合约在证券市场的应用提供充足的法律支撑。为了占据智能合约创新制高点，促进智能合约证券行业的规范发展，我国也应当适时出台相关法律法规，对区块链和智能合约的概念、外延、特征等予以界定，以廓清区块链、智能合约的法律属性，形成完备的区块链、智能合约法律规范体系。

1. 应当通过立法明晰区块链本质上是数据库的一种，并赋予区块链上的数字记录以法律效力。根据前文所述，区块链本质上是一种用于存储信息、由集体维护的分布式数据库，未来法律应当承认区块链作为数据库的法律属性。在具体的规则设计方面，相关法律法规应当将区块链界定为一种数字化存储、集体维护、有时间戳的分布式账本，除可以实现去中心化的数据存储、传递和验证外，还可以通过智能合约实现点对点的价值交换。[2] 此外，虽然最高人民法院已经在最高人民法院《关于互联网法院审理案件若干问题的规定》中认可了区块链中的电子数据可以作为证据使用，但最高人民法院《关于互联网法院审理案件若干问题的规定》作为司法解释其效力和适用范围毕竟有限，为了给区块链在证券市场的应用提供充足的法律支撑，还应当赋予区块链上的数字记录和数字签名以法律效力，并将数字签名纳入《电子签名法》的调整范围。[3]

---

[1] 参见马治国、刘慧：《中国区块链法律治理规则体系化研究》，载《西安交通大学学报（社会科学版）》2020 年第 3 期。

[2] 参见汪青松：《区块链作为治理机制的优劣分析与法律挑战》，载《社会科学研究》2019 年第 4 期。

[3] See Riley T. Svikhart, *Blockchain's Big Hurdle*, 70 Stanford Law Review Online 100 (2018).

2. 应当在法律层面明确作为缔约工具的合同型智能合约的合同属性。正如前文所述,合同型智能合约虽然表现为代码形式,但其完全具备传统合同的要约承诺要件,也具备对价要素,本质上与传统的纸质合同并无差异。因此,应当在法律上规定“具备合同要件的智能合约为电子合同的一种,除本法另有规定外,准用《民法典》的相关规定”。同时,智能合约毕竟无法等同于传统合同,因而我国还应当在《民法典》的基础上,针对智能合约的必备条款、结构以及法律条文的代码化等问题进行特别规定,并在法律上建立智能合约安全审计机制,将形式化验证作为智能合约编写过程中的必备流程,为智能合约代码编写者的代码编写提供参考,从而从整体上提高智能合约的安全性。

3. 应当在法律上明确作为执行工具的非合同型智能合约的执行工具属性。从本质上来说,非合同型的智能合约仅是一种执行工具,因而法律只需承认其工具属性即可,如可以在法律上规定“股东投票等行为不因其通过智能合约执行而被认定为无效”。

二、明确智能合约的法律效力及适用范围

证券市场的运转,离不开一系列商事合同的推动,证券发行、交易、结算清算等过程,也同时体现着合同成立、生效、变更、终止等合同的生命周期阶段。在智能合约涉足证券市场日常运行的背景下,肩负运转这一系列合同任务的正是智能合约。目前,世界各国纷纷通过立法承认智能合约的法律效力。美国亚利桑那州在 2017 年提交的 HB 2417 法案中确认了以智能合约形式存在的交易合约的有效性及可执行性。[1] 2018 年 3 月,田纳西州也通过第 1662 号法案对

---

[1] See Marie Huillet, *Bill Allowing Residents To Pay Taxes In Crypto Passes Arizona House Committee*, *Cointelegraph* (4 April, 2018), https://cointelegraph. com/news/bill - allowing - residents - to - pay - taxes - in - crypto - passes - arizona - house-committee.

智能合约进行了界定，并明确了其在电子交易中的合法性。[1] 英国法律委员会在第52份年度报告中（报告起止日期为2017年4月1日到2018年3月31日）披露，为智能合约创建有效法律框架的提议是欧盟委员会第十三个法律改革计划的一部分，而该份报告，也正是英国旨在推动智能合约认可与规范的行动之一。[2] 2017年12月，白俄罗斯总统亚历山大·卢卡申科（Alexander Lukashenko）签署《数字经济发展》法令，从中央政府层面承认智能合约的合法性，并授权公司在交易中使用智能合约。[3]

在此背景下，我国应当顺势而为，认真研究智能合约在商业交易方面的巨大应用潜力，并且在认识到智能合约能够实现当事人的权益变动与调整，具有明确合同属性的基础上，确认智能合约的法律效力，将其归入《民法典》合同编的规制范围，给予智能合约使用者以稳定的心理预期。同时，为了维护金融稳定，还有必要在综合考量经济安全和技术创新的基础上，为智能合约划定合理的适用范围。

智能合约内置的代码执行机制是以数据化、是或非的数理逻辑验证为前提的，虽然代码执行机制在处理精确可知的预定义代码事件方面得心应手，但在应对不可预料的情势变更或边缘案例方面存

---

〔1〕 See Molly Jane Zuckerman, *Tennessee Passes Bill Recognizing Blockchain, Smart Contracts for Electronic Transactions*, Cointelegraph (24 March 2018), https://cointelegraph. com/news/vtennessee - passes - bill - recognizing - blockchain - smart - contracts - for - electronic - transactions.

〔2〕 See David Hundeyin, *UK Govt, Researches Use of Blockchain Smart Contracts in Law*, https://www. ccn. com/uk - govt - researches - use - of - blockchain - smart-contracts - in - law.

〔3〕 See Kevin Helms, *Belarus Legalizes Cryptocurrencies and ICOs - Tax - Free for Five Years*, Bitcoin (22 December 2017), https://bitcoinmine. co. za/belarus - legalizes - cryptocurrencies - and - icos - tax - free - for - five - years - bitcoin - news/.

在困难。[1] 特别是当执行内容中含有“适当履行”、“善意”等概念术语时,由于其具备一定的开放性,且具体含义往往并不明确,计算机代码很难界定何种情形才属于“适当履行”“善意”,从而无法实现精准执行。相比而言,传统语义合同的灵活性仍然具有适用上的现实意义,不能低估合同缔结和履行过程中人类行为与判断的易变性。[2] 因此,智能合约的适用范围是有边界的。在确认智能合约的适用范围时,要充分认识智能合约身兼技术与法律的双重意涵,既要了解代表技术中立性的合约代码层,又要领会体现价值判断的合约文本层。

尤其需要注意的一点是,代码已经成为合同不可或缺的一部分,代码与书面合同有关部分共同构成不可分割的整体。[3] 法律以其语言的模糊性保证了更高的灵活性与适应性,智能合约则以技术刚性保证了自治性与执行力,法律与代码各有所长。因此,一方面应当继续发展语义技术,实现海量数据信息的机器可读,尤其是强化系统对非结构化数据(主要是文本)的识别与信息提取,扩大智能合约优势领域的应用推广;另一方面也可以考虑通过创建混合协议的方式实现语义合约与智能合约的协同与配合,将合同的开放性条款交由自然语言的语义合同呈现,同时充分发挥智能合约高效率的执行能力,实现智能合约与语义合同二者各自优势领域的能力发挥。

---

〔1〕 参见欧阳丽炜、王帅等:《区块链智能合约的发展现状:架构、应用与发展趋势》,载《自动化学报》2019 年第 3 期。

〔2〕 See Sklaroff & Jeremy, *Smart Contracts and the Cost of Inflexibility*, 166 University of Pennsylvania Law Review 263 (2017).

〔3〕 See *Smart Contracts and Distributed Ledger—A Legal Perspective*, *ISDA* (August 3, 2017), https://www.isda.org/2017/08/03/smart - contracts - and - distributed-ledger - a - legal - perspective/.

三、确立智能合约审查标准

分属不同范畴的标准与法律,因同样具备对规范性和秩序目标的追求而具有融合的基础,二者存在内在的互补性与外在规范领域的重叠,共同对同一对象发挥规范作用。[1] 尽管"标准本身并不能直接产生规范效力",[2]但不可否认的是,标准在实质上已经成为法律之延伸,作为"软法"对市场主体发挥着规范和约束作用。

现代互联网奇迹的出现,在很大程度上要归功于TCP/IP(网络通讯协议)等基础协议的达成,协议将数据的封装、定址、传输、路由以及在目的地如何接收等加以标准化,从而构筑起庞大复杂的互联网应用帝国。跟其他的代码一样,智能合约同样具有模块化的特质,能够被分解为彼此独立、被随意整理的功能块。[3] 随着智能合约标准代码库的不断丰富,原本基于商业和法律考虑而做出的特殊安排,包括因异常交易、非法交易等原因需要进行回转交易、取缔交易的算法逻辑代码,都可以从标准代码库中提取,因而以前需要付出昂贵代价的定制版合同,被高度标准化的低成本"组装"合同所取代。但同其他计算机程序一样,智能合约也存在漏洞,[4]在分析携带漏洞的

---

〔1〕 参见柳经纬:《标准与法律的融合》,载《政法论坛》2016年第6期。

〔2〕 柳经纬:《标准的规范性与规范效力——基于标准著作权保护问题的视角》,载《法学》2014年第8期。

〔3〕 See Henry E. Smith, *Modularity in Contracts: Boilerplate and Information Flow*, 104 Michigan Law Review 11175 (2006).

〔4〕 2018年3月,国外学者通过对近100万份智能合约进行每份十秒的粗略自动化分析后发现,其中的34,200份存在易利用的安全缺陷,而对其中的3759份智能合约进行抽样调查后,以高达89%的概率确认了3686份智能合约中的漏洞存在。数据参见中国信息通信研究院、中国通信标准化协会等:《区块链安全白皮书——技术应用篇》,载中国信息通信研究院网2018年9月,http://www.caict.ac.cn/kxyj/qwfb/bps/201809/P020180919411826104153.pdf;王冰、袁健洋:《技法融合:区块链技术下证券交易信息的保护进路》,载郭锋主编:《证券法律评论》2019年卷,中国法制出版社2019年版。

智能合约泛滥的原因时可以发现,行业标准的缺失是重要原因之一。[1] 智能合约的高度开放性带来自成体系的多样化应用,但行业标准以及智能合约安全审查机制的缺失,使合约编写者与使用者在借鉴或选用模板时缺乏可靠参照,尤其是安全标准方面无人把控。而带有明显漏洞的合约模板在证券市场大面积应用,很容易被投机者用来操纵市场或者进行非法交易获利,从而造成难以预料的后果。行业标准化的过程是产业完善发展的过程,也是吸引新参与方加入推动行业发展的过程,既有助于统一对技术的认知,也能够从根本上减少技术被"滥用""错用"的可能性,制止行业内的乱象发生。[2] 综上所述,为了确保智能合约在证券市场的安全应用,亟待推动智能合约审查标准和行业标准的制定。

在智能合约审查标准和行业标准的制定过程中,首先,应确立监管部门的主导地位。如果任由市场主体进行自发竞争,各标准的制定主体会基于自身竞争利益的考量进行市场选择,从而造成不同系统间的标准割裂,最终无法形成全行业的统一标准。同时,智能合约技术应用跨领域的特性要求所制定的标准应当符合跨境互联的发展趋势。所以,由政府部门进行统筹规划,并由其牵头制定智能合约审查标准和行业标准,具有较强的现实意义。其次,应当充分汲取行业智慧,广泛听取来自计算机科学、金融学、法学等各个领域的专家意见,力求出台的安全标准既符合法律的规范要求,又能保证行业内的

---

〔1〕 来自美国东北大学和马里兰大学的分析师在联合发布的一篇题为《以太坊合约拓扑分析》的论文中指出,大多数以太坊智能合约都是"直接或者间接复制其他合约",而且超过60%的合约"从未发生互动"。参见巴比特:《以太坊智能合约代码重复利用率太高,存在安全风险》,载微信公众号"币萌主"2018年11月4日,https://mp.weixin.qq.com/s/rqYfxQuUnK_-VidugssHZQ。

〔2〕 参见工业和信息化部信息中心主编:《2018年中国区块链产业白皮书》,载工业和信息化部网络安全产业发展中心(工业和信息化部信息中心)网2018年5月21日,http://www.miitxxzx.org.cn/art/2018/5/21/art_3_57.html。

普通从业者均可操作，并易于开展合约代码的日常合规化验证。尤其需要注意的是，安全标准要同现有标准协议实现兼容，并关照不同系统之间的互联互通。为此，智能合约的模板库和代码库可以模仿其他的软件库，创建可以重复使用的智能合约标准条款，采用开源的许可协议，允许法律、金融等方面专家参与，在持续的公开审查与互动反馈中推进智能合约的改进。实际上，在推进智能合约审查标准制定的过程中，可借鉴区块链的标准化路径，先明确推进路线，再逐步完成相关标准的确立。如中国区块链技术和产业发展论坛发布的《中国区块链技术和应用发展白皮书(2016)》中即列明了区块链标准化方案，[1]根据技术的发展路线描绘了技术标准化的路线图，明确了技术标准化的重点方向，并细化了标准化的实施方案。

四、规范区块链智能合约开发行为

由于存在代码漏洞和51%算力攻击，智能合约应用下的证券市场可能面临算法操纵市场的风险。为了减少智能合约代码漏洞，增强智能合约证券平台的安全性和稳定性，有必要对区块链、智能合约开发行为予以规范。虽然我国已经出台了《区块链信息服务管理规定》，但其主要约束的是区块链信息服务提供者的行为，未涉及区块链系统开发者的行为，也未对智能合约的编写予以规范。由此可见，除了制定区块链、智能合约行业标准之外，我国还应当从立法层面对区块链的应用类型进行限定，对智能合约编写行为予以规范，并对区块链系统开发者的义务与责任予以明确，以引导智能合约在证券领域规范应用，提高智能合约证券平台的安全性和可靠性。

---

[1] 参见中国区块链技术和产业发展论坛编写：《中国区块链技术和应用发展白皮书(2016)》，载中国区块链技术和产业发展论坛网2016年10月18日，http://www.cbdforum.cn/bcweb/index/article/rsr-6.html。

(一)明确证券领域应当采取联盟链

根据开放程度的不同,区块链可以分为公有链、私有链和联盟链三种类型。其中,公有链是开放程度最高,同时也是真正意义上具备去中心化特征的区块链类型,典型如比特币系统。公有链不对节点的准入进行限制,数据由全体参与者共同记录和维护,每个节点都保存有一份完整的数据副本,且任何节点均有权在分布式账本上写入、读取和验证数据。私有链则是将分布式账本交由一个机构统一管理,由该机构负责控制用户的准入以及数据的写入和验证。由此可见,在私有链系统中,只有特定的主体才能进入区块链系统,并且不同的主体在交易和读取数据方面的权限可能存在差异。[1] 联盟链是介于公有链和私有链之间的区块链类型,具有部分去中心化的特征。在联盟链系统中,数据的写入、验证和维护既不是由所有节点负责,也不是由单一的机构控制,而是由经过审查和授权的用户负责。可以发现,三种区块链类型在主体准入、数据维护等方面存在较大差异,因而适用的场景也各有不同。

1. 从效率和成本方面来看,公有链由于不对节点设置准入门槛,加之数据的写入需要经过全体节点的验证,不仅能耗比较高,运算速度也比较慢。而证券市场的高效对整个资本市场而言具有重要意义。据统计,目前公有链每秒仅能处理 7 笔比特币交易,[2] 而上海证券交易所早在 1999 年就实现了每秒处理 2 万笔交易。同时,在目前的比特币交易中,交易确认的时间一般需要耗费 10 分钟左右,用

---

〔1〕 See Pinna Andrea & W. Ruttenberg, *Distributed Ledger Technologies in Securities Post - Trading Revolution or Evolution*, ECB Occasional Paper 172 (April 2016), https://www.ecb.europa.eu//pub/pdf/scpops/ecbop172.en.pdf.

〔2〕 参见崔志伟:《区块链金融:创新、风险及其法律规制》,载《东方法学》2019 年第 3 期。

时过长。因此,由于存在交易速度慢、交易效率低、能耗高、容量有限等问题,公有链并不适合被引入证券领域。相较之下,私有链和联盟链中的节点数量比较有限,在运算速度和能耗方面更能满足证券市场的需求。

2. 从安全方面来看,公有链的开放性和去中心化程度比较高,将公有链应用于证券领域,会使得投资者面临较高的信息泄露、证券丢失风险。同时,由于公有链缺乏准入门槛,且匿名性特征比较明显,在证券领域应用公有链,也可能给证券监管机构带来较大的监管压力,导致证券市场滋生洗钱等违法行为。[1] 至于私有链,虽然其有助于化解错误登记结算难以纠正、信息泄露等风险,但由于数据的写入和维护为单一主体把控,极易发生篡改数据等风险,也不适宜被引入证券领域。相较而言,联盟链授权特定主体对分布式账本进行维护,各节点的身份比较容易被识别,监管机构的监管难度将大大降低,洗钱、信息泄露等风险也能够得到控制。同时,联盟链允许可信节点对账本上的记录予以纠正,能够破解错误登记结算难以纠正等问题。

综上所述,基于安全、成本、效率等方面的考量,完全去中心的公有链并不适宜应用于证券领域,相较而言,并非完全意义上去中心化的联盟链,能够满足证券市场在安全、效率和监管等方面的需要,比较适宜引入包括证券市场在内的金融领域。目前,澳大利亚证券交易所的区块链证券登记结算系统采取的便是联盟链,该系统仅允许受到许可的主体进入区块链系统,且私人的合同信息将被隔离。[2]

---

〔1〕 参见袁康:《区块链技术在证券市场应用的监管问题研究》,载《证券法苑》2017年第5期。

〔2〕 See ASX, *ASX's Replacement of CHESS for Equity Post – Trade Services: Business Requirements*(2016).

在具体的规则设计方面,我国应当在法律上规定联盟链为智能合约在证券领域的应用类型,并搭建起联盟链治理机制,对联盟链中的节点准入标准和节点身份验证标准予以明确,明晰可信节点的信义义务,强化对可信节点的监督,[1]进而破解区块链匿名性特征引发的监管对象识别困难、洗钱频发等问题。

(二)明晰区块链系统开发者的义务和责任

区块链系统开发者作为区块链系统的提供者,其专业和负责与否,直接决定了智能合约证券平台能否安全运行。为了确保智能合约应用下的证券市场得以安全有序运转,有必要对包括软件开发者、代码编写者在内的区块链系统开发者施以一定的义务与责任。

一方面,为了防止区块链被用于逃避法律规定的强制性义务,法律应当规定:区块链系统开发者在开发区块链系统时,除应当遵循区块链技术标准之外,还应当履行金融法规定的税收、反洗钱、隐私保护等方面的义务,完善密钥管理技术,向监管者披露智能合约证券平台的算法逻辑、风险和缺陷,[2]为监管机构监管工作的开展提供便利,否则应当承担相应的法律责任。另一方面,区块链系统开发者在功能定位上与产品制造商相类似,因而为了保障受损投资者能够依法获得救济,有必要仿照《产品质量法》的规定,要求区块链系统开发者对所提供的区块链系统的质量负责。[3]这意味着,当投资者因系统内含的技术问题而遭受损害时,区块链系统开发者有义务承担相应的损害赔偿责任。

---

〔1〕参见王延川:《"除魅"区块链:去中心化、新中心化与再中心化》,载《西安交通大学学报(社会科学版)》2020年第3期。

〔2〕参见李晓楠、马其家:《区块链下证券结算场景变革及监管应对》,载《上海金融》2019年第12期。

〔3〕参见蔡一博:《智能合约与私法体系契合问题研究》,载《东方法学》2019年第2期。

（三）规范智能合约编写行为

从本质上来说，证券丢失、信息泄露、错误登记结算等问题，均源于区块链、智能合约技术本身存在的代码漏洞、51% 算力攻击等弊端。对智能合约的开发过程进行规范和约束，是智能合约在证券领域安全应用的必要保障。因而，为了规范和促进智能合约在证券领域的应用，减少智能合约应用可能带来的负面影响，有必要对智能合约服务提供者与智能合约的编写行为予以规范，并建立智能合约安全审计机制。

首先，应当对智能合约服务提供者予以规范。为了提高智能合约的准确性和安全性，最大限度减少智能合约被用于欺诈发行、洗钱等非法目的的可能性，有必要设置相应的准入门槛和评价标准，使只有具备相应条件的主体才能提供智能合约服务。在具体操作层面上，应当授权区块链行业协会制定相应的智能合约服务提供者准入标准和服务质量评估标准，并以此为依据对进入证券领域的智能合约服务提供者进行筛选和评价，以确保"智能合约 + 证券"行业能够安全有序地发展。[1]

其次，应当对智能合约的编写行为予以规范。有漏洞的智能合约不仅容易被发行人用于非法目的，也容易遭受黑客的攻击，为了维护投资者和发行人的合法权益，应当对智能合约的编写行为予以规范。当前，智能合约开发者质量参差不齐、智能合约编写行为缺乏标准，是智能合约漏洞百出的主要原因。对此，我国应当以《民法典》合同编的规定为基础，对智能合约的必备条款、结构以及法律条文的代码化等问题作出特别规定，为智能合约代码编写者提供参考，从而从

---

〔1〕 See Jiang Jiaying, *The Normative Role of Smart Contracts*, 15 US - China Law Review 139 (2018).

整体上提高智能合约的安全性、标准化和通用性。

最后,应当建立智能合约安全审计机制。当前,囿于技术发展所限和编写人员专业性的不足,实践中存在安全漏洞的智能合约并不鲜见。存在漏洞的智能合约如若被用于证券发行交易和登记结算,不仅可能导致投资者和发行人的合法权益受损,也可能危及证券市场的安全运行。因此,为了有效防范智能合约漏洞带来的风险,有必要建立智能合约安全审计机制,要求智能合约开发者必须对即将投入使用的智能合约进行形式化验证,从而从事前降低智能合约漏洞的发生概率,保障智能合约安全运行。同时,为了确保智能合约安全审计机制得以落实,对于违反安全审计义务的智能合约开发者,应当要求其承担相应的法律责任。[1]

五、构建智能合约自动中止机制

从理论上而言,智能合约一旦被部署在区块链上便不可修改,也无法通过外部干预使其中止或者终止。然而,由于智能合约技术尚未发展成熟,加之其运行过程中缺乏有效的监管手段和安全审计流程,实践中存在安全漏洞的智能合约比比皆是,智能合约应用下的证券领域依然存在欺诈发行、登记结算错误的可能。此时,若是一味固守智能合约的不可干预性和不可中止性,将会使暂缓或者暂停发行上市等传统证券监管手段失灵,导致错误发行交易、错误登记结算难以得到纠正,引发当事人之间的权责失衡,损害投资者的合法权益,进而对证券市场的安全运行造成巨大威胁。基于此,有必要建立智能合约自动中止机制,确保证券监管机构可以在特定条件下对错误或者违法违规的证券发行行为以及错误的登记结算行为进行干预和

---

〔1〕 参见欧阳丽炜、王帅等:《区块链智能合约的发展现状:架构、应用与发展趋势》,载《自动化学报》2019 年第 3 期。

纠错。[1]

关于如何干预和中止智能合约,从而实现对违法违规的证券发行行为和错误的登记结算行为的纠正,目前学者提出的方案是将监管部门、司法机关等设置为智能合约上的“超级节点”,并赋予其修改区块链数据的权限,从而实现对错误发行结果和错误结算结果的纠正。[2] 然而,此种方案虽然能够实现对错误登记结算结果的修正,以及对暂缓或者暂停发行上市难以实现这一难题的化解,但也消弭了区块链、智能合约不可篡改、强信任的优势,因而并非最佳选择。[3] 相较之下,通过设置中止执行条款和反向交易条款的方式建立智能合约自动中止和修复机制,不仅可以有效应对错误登记结算难以纠正、暂缓或者暂停发行上市难以实现的问题,增加智能合约的灵活性和适应性,同时也有助于维持区块链、智能合约的不可篡改、强信任特性。[4]

中止执行条款以证券监管机构、司法机关等有权主体发布的中止执行信息作为执行条件,以中止智能合约的执行作为执行结果。当智能合约编写者将中止执行条款编写到智能合约中后,一旦智能合约接收到有权主体发布的中止执行信息,中止执行条款便会被触发,从而自动中止智能合约的执行。[5] 而反向交易条款则以监管部门、司法机关或者智能合约证券平台发布的登记错误信息、交易撤销

---

〔1〕 参见袁康:《区块链技术在证券市场应用的监管问题研究》,载《证券法苑》2017年第5期。

〔2〕 参见许可:《决策十字阵中的智能合约》,载《东方法学》2019年第3期。

〔3〕 See Alexander Savelyev, *Contract Law 2.0*:“*Smart*” *Contracts as the Beginning of the end of Classic Contract Law*, 26 Information & Communications Technology Law 116 (2017).

〔4〕 参见翟晨曦、徐伟等:《区块链在我国证券市场的应用与监管研究》,载《金融监管研究》2018年第7期。

〔5〕 See Philipp Paech, *The Governance of Blockchain Financial Networks*, 80 Modern Law Review 1073 (2017).

信息等为触发条件,当满足触发条件时,反向交易条款便会被激活,通过执行反向交易将证券登记结果或者交易状态恢复至原状。由此可见,通过设置中止执行和反向交易条款,智能合约应用可能引发的错误登记结算难以纠正、暂缓或者暂停发行上市难以实现的问题将迎刃而解。

综上所述,智能合约应用于证券市场后,我国法律可将中止执行条款和反向交易条款作为智能合约的必备条款,要求智能合约设计者在设计智能合约时必须设置该条款,从而在法律层面建立起智能合约自动中止和修复机制。

六、创建数字证券数据备份机制和链上纠纷解决机制

无救济则无权利。证券纠纷解决与证券救济是保护证券投资者的重要一环,也是建设有序健康、持续稳定的证券市场的关键。在智能合约应用的背景下,为了给遭遇证券丢失、错误登记结算、欺诈发行的投资者提供畅通的救济途径,维护投资者的合法权益,有必要创建数字证券数据备份机制和链上纠纷解决机制。

(一)数字证券数据备份机制

在智能合约应用的背景下,基于区块链技术的资产数字化和分布式数据存储特征,证券主要表现为代币形式的数字证券,投资者证券权利的行使主要依靠自身对私钥的掌控,一旦发生私钥遗失或者被盗的情形,去中心化的智能合约证券平台将无法为投资者找回私钥,投资者将面临证券权益难以实现的风险。对此,除了可以通过多重签名、物理隔离(冷钱包)等技术手段对投资者的证券所有权进行保护外,[1]还可以在法律层面构建数字证券数据备份机制,在去中

---

[1] 参见十月传媒 Oct:《Thinkbit 的冷钱包技术让你的代币告别黑客攻击》,载腾讯云 2018 年 8 月 21 日,https://cloud.tencent.com/developer/news/302895。

心化的智能合约证券平台中建立一个具有公信力的数据备份机构，由该机构对链上确认的证券权利归属信息和证券私钥进行备份，并允许该机构在不损害区块链不可篡改、去中心化特性的前提下，帮助投资者找回丢失的证券私钥。在数字证券数据备份机制下，当投资者的证券私钥被盗或者丢失时，投资者可向该机构提出申请并提交证明资料，进而通过该机构寻回证券私钥。

（二）链上纠纷解决机制

智能合约应用于证券领域后，因证券丢失、错误登记结算或者欺诈发行而遭受损害的投资者，固然可以通过诉讼或者仲裁寻求救济。但是，由于区块链、智能合约技术具有较强的专业性、开放性和不可篡改性，采取诉讼的方式化解纠纷不仅耗时长、成本高，也可能面临裁判者专业性不足、管辖权确定不易、判决结果执行困难等问题。[1]况且，从证券市场自身的司法救济机制来看，我国法院对于证券诉讼的审理工作呈现消极态度，以最高人民法院的司法解释作为依据不受理[2]或是设置不合理的“前置条件”[3]间接提高诉讼门槛的现象突出。而仲裁虽然在效率和成本方面优于诉讼，但仍然存在专业性不足、判决结果执行困难等问题。为了给受损投资者提供多元的

---

〔1〕 See Amy J. Schmitz & Colin Rule, *Online dispute resolution for Smart Contracts*, 2019 Journal of Dispute Resolution 103 (2019).

〔2〕 如最高人民法院1998年发布《关于中止审理、中止执行涉及场外非法股票交易经济纠纷案件的通知》《关于中止审理、中止执行已编入全国证券回购机构间债务清欠链条的证券回购经济纠纷案件的通知》，2005年发布《关于人民法院是否受理金融资产管理公司与国有商业银行就政策性金融资产转让协议发生的纠纷问题的答复》。

〔3〕 如最高人民法院通过发布《关于受理证券市场因虚假陈述引发的民事侵权案件有关问题的通知》《关于受理证券市场因虚假陈述引发的民事赔偿案件的若干规定》两个文件，就因虚假陈述引发的民事侵权纠纷案件的受理活动设置了前置程序，即法院受理的虚假陈述行为，应当是经过证监会及其派出机构的调查并已经做出处罚决定，或是人民法院已经出具刑事裁判书。

纠纷解决机制,便利投资者寻求救济,有必要在借鉴 ODR 的基础上,建立链上纠纷解决机制。

实际上,目前实践中已经出现了 ECAF(EOS Core Arbitration Form)、Kleros、Aragon 等链上纠纷解决机构。以 ECAF 为例,ECAF 是为解决 EOS 系统内部争端而创建的链上纠纷解决机构,可以对 EOS 系统内发生的黑客攻击、欺诈等纠纷进行处理,并有权采取账号冻结等紧急保护措施。ECAF 中的仲裁员是由系统内的所有参与者投票产生的,ECAF 一般对每一案件任命一名仲裁员。[1] 总体而言,ECAF 能够为 EOS 系统内的参与者提供便捷、快速的纠纷解决途径,破解裁判结果执行难等困境。智能合约应用于证券领域后,以 ECAF 为代表的链上纠纷解决机制,对于破解投资者救济无门、错误登记结算难以纠正等问题至关重要。不过,当前 ECAF 尚未解决信任问题,也缺乏明确的仲裁规则和程序,因而面临被废除的困境。事实上,智能合约系统中的证券司法救济呈现超越传统的个性特征,在证券市场中建立链上的司法救济机制并非易事。

智能合约是信息时代的产物,信息互联网时代下,远程视频开庭、数据电文等当事人非面对面的网络司法形式是未来司法的大势所趋。2017 年 8 月挂牌成立的杭州互联网法院是国内试点的第一家集中审理涉网案件的法院,通过信息技术的应用,该法院实现了全流程在线办案,并根据涉网案件特点及审理要求探索出台了《诉讼平台审理规程》《当事人权利义务告知书》等涉网案件审理规程,搭建起了涉网案件诉讼规则的基本框架。2018 年,杭州互联网法院在一起

---

[1] See Orna Rabinovich - Einy & Ethan Katsch, *Blockchain and the Inevitability of Disputes: The Role for Online Dispute Resolution*, Journal of Dispute Resolution 47 (2019).

有关信息网络传播权的案件中，采纳了区块链技术的存证方式，[1]随即区块链的证据定位被最高人民法院的司法解释所认可，[2]司法部门在电子证据的问题上向前更进了一步。2019年，杭州互联网法院上线了区块链智能合约司法应用，将智能合约运用于司法纠纷解决机制中，以联盟链的技术架构打造"自愿签约—自动履行—履行不能智能立案—智能审判—智能执行"的全流程闭环，形成了互联网时代新的合同签署及履行形态，推动了网络信用体系的再造。[3] 与此同时，北京互联网法院联合包括司法机构、行业组织、大型央企、大型金融机构、大型互联网平台等不同类型的19家单位作为链上节点组建的司法区块链"天平链"，也于2018年9月9日正式上线运行。[4]在办理一起网络侵权纠纷案时，北京互联网法院首次采用区块链智能合约技术实现"一键立案执行"，这标志着司法区块链智能合约应用的切实落地。[5] 新型互联网法院的上述有益探索，有助于推动区块链上的司法机制的建构。

由于智能合约系统最终要依靠人来支持，来自人类社会中的法律规则、社会规范等也能成为链上纠纷解决的支持方式。智能合约的共识指令依托区块链上的节点才能完成，因此可以通过链上节点所形成的共识来保证适用人类社会中的纠纷解决规则。基于此，各节点成为实质上的法官。然而，"凡是属于最多数人的公共事务常常

---

[1] 参见童丰：《公证介入区块链技术司法运用体系初探——从杭州互联网法院区块链存证第一案谈起》，载《中国公证》2018年第9期。

[2] 最高人民法院《关于互联网法院审理案件若干问题的规定》第11条第2款。

[3] 参见贾彦颖：《智能合约技术实现"一键立案执行"》，载《人民法治》2019年第22期。

[4] 参见北京互联网法院：《北京互联网法院"天平链"》，载北京互联网法院2021年11月1日，http://tpl.bjinternetcourt.gov.cn/tpl/#shen4。

[5] 参见贾彦颖：《智能合约技术实现"一键立案执行"》，载《人民法治》2019年第22期。

是最少受人照顾的事务，人们关怀着自己的所有，而忽视公共的事务；对于公共的一切，他至多只留心到其中对他个人多少有相关的事务"[1]。对于个体而言，单纯通过自愿或劝诫性的道德方法对其施加影响是很难奏效的。一般来说，高级的区块链协议都会设计一套完整的激励机制方案，用以支持链上交易的运作和智能合约的执行，以太坊即是采用工作量证明的共识与激励机制，用以调动链上节点的积极性。对于链上纠纷解决平台的搭建而言，也需要设计一套合理的激励机制，使认真参与并有效解决链上纠纷的节点，可以因此得到适当的利益激励。

同时，为了确保链上纠纷解决机构合法、规范的运行，有必要在法律层面赋予链上仲裁庭的仲裁结果以法律效力，并对仲裁庭的组成、仲裁规则、仲裁程序等做出明确规定。当然，法律还必须明确链上仲裁庭的仲裁结果不具有最终性，即当事人如若对仲裁结果不服，还可以向法院寻求救济，从而为区块链系统参与者的合法权益提供充足保障。

七、厘清智能合约相关主体的责任分配

法律责任作为法律实施的保障机制，在法律制度由文本规范到社会秩序的转化过程中，发挥着举足轻重的作用。[2] 智能合约改造后的证券交易与结算呈现极简的运行风格，大量证券中介机构的消失，使运作流程得以简化，当事人之间的法律关系也更加清晰明了，各方的权利义务愈加明确。但与此同时，智能合约应用后的证券系统，除了交易当事人之外，所涉及的主体还包括智能合约的模板编写者、链上各验证节点、智能合约应用平台开发者，以及智能合约证券

---

[1] [古希腊]亚里士多德：《政治学》，商务印书馆 1983 年版，第 48 页。

[2] 参见中国社会科学院课题组、陈甦：《证券法律责任制度完善研究》，载《证券法苑》2014 年第 1 期。

平台的维护者。

智能合约应用下，对于证券交易当事人双方的权利义务与责任分配殊无疑问，可以沿袭以往的法律思维与判断路径。但模板编写者、链上各验证节点、智能合约平台维护者等智能合约参与者，虽然在作用方面类似于证券公司、证券登记结算机构等传统中介，但其与传统中介机构在组织结构等方面存在诸多不同，难以适用现有中介机构的责任归结方式，即智能合约模板编写者、智能合约平台维护者等新型主体的法律性质及法律责任，尚无法在现有的法律规则体系下寻求解释，有待通过法律规范的完善进一步予以明确。因此，智能合约应用的背景下，为了破解监管依据缺失的困境，便利监管机构监管工作的开展，保障智能合约证券参与者的合法权益，有必要通过设定责任的方式，倒逼新出现的主体尽职尽责保障智能合约证券系统的正常运行。例如，2019 年 1 月由国家网信办发布的《区块链信息服务管理规定》中，就对区块链信息服务的提供者、使用者的法律定位予以了明确，指定了监督管理机关，并对区块链信息服务提供者的安全责任做出了规定。在后续设计法律规范时，应当明确智能合约相关主体的法律定位，并结合各参与主体在业务中起到的实质作用作出相应的责任设置，从而净化行业环境，引导智能合约行业良性发展，有效打击打着技术幌子的集资、诈骗、洗钱等非法行为。

新技术应用条件下，首先应当转变责任追究思维。证券法律责任的实质是侵权责任与合同责任，而最终又归结为侵权责任。“对于损害，传统侵权行为法系采取移转方式，而现代侵权法系采分散方式，其所关心的基本问题，不是加害人之行为在道德上应否非难，而是加害人是否具有较佳之能力分散风险。”[1] 从以往的规制实践来

---

〔1〕 王泽鉴：《民法学说与判例研究》（第 2 册），中国政法大学出版社 1998 年版，第 165 页。

看，对涉及算法技术的电子商务等领域进行规制时，监管机构通常遵循平台责任的规制思路，加重平台的责任义务。但对于智能合约技术的运用而言，比之搭载的平台，合约模板对于执行结果更具有决定性作用。因而，对于智能合约证券系统的责任，应从单轨的平台责任，转化为平台责任与技术责任并重的双轨责任体制，对技术开发者、使用者等的责任同样予以关注。[1]

智能合约技术应用下证券市场主体结构发生重大变化，原本作为证券市场"看门人"的证券中介机构逐步退出或走向幕后，点对点的交易模式下产生许多游离于传统金融机构之外的证券参与主体。传统中心化的交易所和登记结算机构是能够独立承担责任的法律主体，但智能合约系统主导的证券业务发生在去中心的区块链网络中，再对其进行干预，显然不能再依据从前追究单一组织或个人责任的方式。[2] 当然，对于区块链网络也要进行区分，对于私密性更高、能够在整体上施加人为控制的私有链和联盟链，可以通过相应主体备案登记等程序设置，对有控制力的平台课以相关义务或责任。

在利用智能合约进行的违法犯罪中，智能合约的模板设计者提供的是空白合同，而合同内容是由违法犯罪行为人依据自身的违法犯罪目的和需求进行编辑的。[3] 因此，在对智能合约模板的底层代码设计者设置法律义务时，宜采用"合理预见"规则，即存在利用模板实施违法违规行为的明显可能性时，设计者应当具有"合理预见"，违背"合理预见"规则的设计者，应承担相关行为的后果及法律责任。

---

〔1〕 参见张凌寒：《风险防范下算法的监管路径研究》，载《交大法学》2018 年第 4 期。

〔2〕 参见凯伦·杨、林少伟：《区块链监管："法律"与"自律"之争》，载《东方法学》2019 年第 3 期。

〔3〕 参见赵志华：《区块链技术驱动下智能合约犯罪研究》，载《中国刑事法杂志》2019 年第 4 期。

综上所述,由于智能合约在证券市场的应用以联盟链为基础,智能合约应用下的证券市场系统责任分配如下:(1)对于因一方当事人过错导致的违约,应当按照过错责任原则,由存在过错的当事人承担责任。(2)对于当事人均无过错,而是因智能合约本身存在漏洞而导致的合约执行失败情形,由于智能合约可以被视为一种虚拟产品,智能合约设计者、智能合约证券平台的责任,可以借鉴《产品质量法》的相关规定来具体确定,[1]即当智能合约证券平台尽到了相应的注意义务和安全保障义务,而智能合约设计者又违背了"合理预见"规则时,则可以认定损害结果的产生完全是基于智能合约设计者没有遵守合理注意义务而导致的,此时应当由智能合约设计者承担责任。[2] 而当智能合约证券平台存在不作为、未尽注意义务的情形时,应当由智能合约设计者和智能合约证券平台承担连带责任。[3](3)如果合约执行失败是因为智能合约的漏洞被利用或者遭受黑客的攻击造成的,则应当按照侵权责任法律制度的相关规定,合理确定黑客和智能合约设计者、智能合约证券平台的责任承担范围。(4)由于我国侵权责任法律制度保护的客体包含无形财产,当投资者遭受的损害单纯是因为黑客的恶意攻击或者验证节点的疏忽遗漏,而非源于智能合约本身的缺陷时,应当根据《民法典》侵权编的规定,由实施侵权行为的黑客或者验证节点对受损投资者承担赔偿责任。同时,为了便于受害者寻求救济,相关法律还应当对侵权主体、侵权行

---

〔1〕 参加蔡一博:《智能合约与私法体系契合问题研究》,载《东方法学》2019 年第 2 期。

〔2〕 参见夏庆锋:《区块链智能合同的适用主张》,载《东方法学》2019 年第 3 期。

〔3〕 See Dirk A. Zetzsche, Ross P. Buckley & Douglas W. Arner, *The Distributed Liability of Distributed Ledgers: Legal Risks of Blockchain*, 4 University of Illinois Law Review 1361 (2018).

为和因果关系的认定予以明确。[1]

第二节 证券发行法律制度的更新

由于智能合约具备去中心化、匿名性、自动执行性等特征,智能合约应用于证券发行领域后,我国证券法有关证券种类、投资者适当性义务、暂停或者暂缓发行上市以及证券监管的规定将受到冲击,证券市场也可能面临发行失败和发行合规的风险。为了消除智能合约在证券发行领域应用的法律障碍和法律风险,充分发挥智能合约的创新优势,我国的法律制度应当从以下几个方面对智能合约的应用作出回应。

一、扩展《证券法》上的证券种类

证券定义不是一个简单的概念提出,其不仅关系着证券类型的增减、《证券法》调整范围的大小,甚至关系着证券市场内相关行为罪与非罪的性质界定。证券定义的厘清,不仅有助于我们有效识别现实中的实质证券发行行为,并将其纳入监管范围,也有助于防范假借金融创新之名进行传销诈骗的违法犯罪风险。

结合链上 ICO 行为的合法性界定而言,证券定义的明确性与包容性程度决定了 ICO 代币发行行为是否构成证券发行,并是否被纳入证券监管范围。2014 年,美国国家税务局(IRS)发表声明宣称,比特币是财产而非货币,并对比特币设置了复杂的所得税规则。[2] 美

〔1〕 参见蔡一博:《智能合约与私法体系契合问题研究》,载《东方法学》2019 年第 2 期。

〔2〕 See Scott J. Shackelford & Steve Myers, *Block - by - Block: Leveraging the Power of Blockchain Technology to Build Trust and Promote Cyber Peace*, 19 The Yale Journal of Law & Technology 367 (2017).

国证券交易委员会(SEC)更是在对 The DAO 发行代币的调查报告中指出,特定交易是否涉及证券发行和交易,取决于包括交易的经济现实在内的事实和情况,通过区块链、智能合约等技术实现某些功能的自动化并不会改变代币发行行为的本质,The DAO 所发行的代币应当列于 1933 年《美国证券法》和 1934 年《美国证券交易法》所划的“证券”范围,须纳入规制范围。[1] 显然,美国在司法判例中形成的证券类型——“投资合同”,[2]为代币发行的合规性提供了解释的空间。新加坡金融管理局(MAS)也认为代币是“股票或集体投资计划单位的要约”,应当受到当地法律的约束。[3]

其实,关于我国《证券法》中的证券定义问题,并不是一个新问题,立法中的“证券”定义长期存在“宽、窄”之争,在以列举的方式对证券进行界定无法完全周延的情形下,就如何建立兜底的法律标准方面一直悬而未决。[4] 囿于对证券直接定义的难度,“列举 + 兜底”的间接定义方式成为各国的通用立法例,而我国则采取“列举 + 授权认定”的定义模式。从法条规定来看,我国《证券法》第 2 条明确列举了股票、公司债券、存托凭证三种证券类型,并授权国务院依法认定其他证券类型的权利。但在实践中,国务院从来没有据此授权增设过证券类型。

---

〔1〕 See *Report of Investigation Pursuant to Section* 21(*a*) *of the Securities Exchange Act of* 1934: *The DAO*, Securities and Exchange Commission, https://www.sec.gov/litigation/investreport/34 - 81207.pdf.

〔2〕 See 328 U. S. 293, 66 S. Ct. 1100, 163A. L. R. 1043, 90 L. Ed. 1244 (1946).

〔3〕 See Monetary Authority of Singapore, *MAS Clarifies Regulatory Position on the Offer of Digital Tokens in Singapore*, Iosco(1 August 2017), https://www.iosco.org/library/icostatements/Singapore%20 - %20MAS%20 - %20Regulatory%20position%20on%20the%20offer%20of%20digital%20tokens%20in%20Singapore.pdf.

〔4〕 参见曾洋:《论证券法之“证券”——以〈证券法〉第 2 条为中心》,载《江海学刊》2012 年第 2 期。

一般而言,对证券种类的规定是否合理,是检验一个国家证券立法智慧、证券监管能力和证券市场创新能力的试金石。而判断有关证券种类的规定是否合理的主要依据在于:其一,该规定能否为企业提供多样的融资渠道,便利企业在证券市场获取发展所需的资金;其二,该规定能否避免监管漏洞,为投资者的投资安全提供充足保障。以此来看,我国现行《证券法》第 2 条对证券种类的规定并不合理。虽然我国 2019 年《证券法》修订已经对证券的范围予以了扩充,将资产支持证券、资产管理产品纳入了证券法的规制范畴,但现行《证券法》第 2 条对证券种类采取列举式的规定方式,弹性不足,无法涵盖新兴的数字证券。智能合约应用于证券发行领域后,如果继续适用现行《证券法》第 2 条的规定,则不仅可能导致证券市场的金融创新被遏制,发行人面临合规风险,也可能使诸多基于智能合约的证券发行行为游离于证券监管的范围之外,导致欺诈、洗钱等违法行为多发,投资者合法权益受损。

美国对证券种类除采取列举的规定方式之外,还设置了灵活的兜底条款,赋予监管机构根据 Howey Test(豪威测试)自主认定投资合同的权利。[1] 基于此,SEC 在 2017 年发布的《有关 the DAO 代币发行融资调查报告》中指出,对于数字代币发行活动,只要其发行的代币本质上属于联邦《证券法》规定的证券,即符合 Howey Test 中的资金投资、为了获取利润、利润源于他人努力等要件,则无论发行主体是传统公司还是分散化的自治组织,也无论发行过程中是否使用了区块链技术,均应当纳入证券法的规制范畴,接受 SEC 的监管,履行《美国证券法》第 5 条规定的注册手续,并向投资者披露作出投资

[1] Howey Test 是美国联邦最高法院于 1946 年确立的一种判断特定交易是否构成《1933 年证券法》上的“投资合同”的标准,包括资金投资、投资于共同的事业、为了获取利润、该利润仅依靠他人的努力四项要素。

决策所需的必要信息。[1]

综上所述，在我国面临中小企业融资渠道受阻、证券市场安全性与稳定性不足、数字证券合规性存疑等难题的背景下，我国立法机关有必要对证券种类采取描述加列举的界定方式，在《证券法》第2条增设灵活、合理的兜底性条款，将具有投资性、横向共同性和风险未受规制性特征的凭证、工具或合同也纳入证券法的规制范围，[2]从而扩充我国证券法上的证券种类，解决资产类通证、应用类通证的合法性问题，为智能合约在证券领域的应用提供充足的法律保障，便利监管机构对数字证券的监管，减少市场上的欺诈和非法集资乱象，拓宽企业的融资渠道。

二、明确智能合约证券平台的义务

智能合约应用下，由于证券公司在证券市场中的经纪、保荐等职能被弱化，以证券公司为基础的部分证券法律制度将失去适用的余地，如投资者适当性制度、反洗钱客户身份识别制度等。而这两项制度的缺失不仅会导致投资者面临的投资风险增加，也会使现有的证券监管制度面临巨大挑战。基于此，为了确保证券市场平稳运行，有必要对投资者适当性制度、反洗钱客户身份识别制度予以变革，将智能合约证券平台作为"整个网络监管和法律规则适用的适当切入点"[3]，以回应智能合约应用带来的主体结构的变更。智能合约应用于证券领域后，应当从法律层面明确智能合约证券平台负有以下义务。

---

〔1〕 See Securities and Exchange Commission, *Report of Investigation Pursuant to Section* 21(*a*) *of the Securities Exchange Act of* 1934: *The DAO*, July 25, 2017.

〔2〕 参见邢会强：《我国〈证券法〉上证券概念的扩大及其边界》，载《中国法学》2019年第1期。

〔3〕 汪青松：《区块链系统内部关系的性质界定与归责路径》，载《法学》2019年第5期。

（一）投资者适当性义务

一直以来，由于缺乏相应的专业投资判断能力和风险承受能力，普通投资者遭受诈欺的现象屡见不鲜。作为前沿科技的智能合约应用更加拔高了证券投资的专业门槛，市场信用机制的重大转换以及由此引发的风险难以为普通投资者所准确认知。故而在智能合约应用下的证券市场中，缺乏专业背景的投资者无法依据自身的知识体系进行客观的投资判断，投资者适当性制度仍然必不可少。[1]

起源于美国的投资者适当性规则，在引入我国之后，逐渐上升成为适当性制度。在我国的证券监管体系中，适当性规则并不鲜见。如证监会2013年发布的《关于建立金融期货投资者适当性制度的规定》第2条、2016年发布的《证券期货投资者适当性管理办法》第3条、中证协发布的《证券公司柜台市场管理办法（试行）》第4条等。适当性制度的核心本应是向合格投资者出售证券产品，从而保护投资者利益。但在引入我国之后，投资者"买者自负"成为适当性制度的实质，成为各种金融机构和非金融机构推出高风险金融产品、高风险交易方式或交易场所的正当理由。[2]

在应用智能合约、可能导致证券市场潜藏风险较大的情况下，应当将投资者适当性制度正本清源，消除把投资者适当性制度定位为管理投资者的制度、制度适用范围能够弹性扩张等误区，回归适当性制度作为投资者保护制度与证券监督管理制度的法律本质，[3]使其重新成为证券投资者利益保护的屏障。当然，由于去中介证券交易

---

〔1〕 参见杨东、武雨佳：《智能投顾中投资者适当性制度研究》，载《国家检察官学院学报》2019年第2期。

〔2〕 参见朱伟一：《证券法》，中国政法大学出版社2018年版，第447～451页。

〔3〕 参见张付标、李玫：《论证券投资者适当性的法律性质》，载《法学》2013年第10期。

模式的出现，原本承担投资者适当性义务的证券公司等经营机构，可能会因智能投顾等创新模式的出现而被替代，但投资者适当性制度仍有存在的必要，只是应当顺应智能合约的应用调整投资者适当性义务的履行主体。[1] 在对传统投资者适当性制度进行调整时，应当着力构建以投资者保护为核心理念、科技监管为重要手段，兼顾现有法律规范的投资者适当性制度体系。[2]

从投资者适当性义务的起源来看，由于证券市场上的投资者数量众多，而证券交易所的容量有限，投资者若要参与证券投资，就必须委托证券交易所的会员——证券公司代为买卖证券。由此可见，证券公司与投资者之间便形成了委托代理关系。但是，与证券公司相比，投资者在信息的占有上往往处于弱势地位，加上投资者与证券公司之间可能存在利益冲突，因而就有必要对投资者进行倾斜保护，要求证券公司在代理投资者进行证券买卖时，必须履行相应的忠实义务和勤勉义务——在对客户和产品有充分了解的基础上，为客户推荐与其风险承受能力、投资经验等相适应的证券。由此可见，投资者适当性义务的理论基础是委托代理理论。换句话说，证券公司之所以负有投资者适当性义务，是基于其受托人地位。[3]

当前，无论是在立法上，还是在理论中，均没有形成有关用户与智能合约平台之间的法律关系的清晰界定，仅有以太坊白皮书和少数学者指出，智能合约是用户的自动代理人。[4] 笔者认为，在智能

---

[1] 2018 年 4 月 27 日发布的《关于规范金融机构资产管理业务的指导意见》(银发〔2018〕106 号)第 23 条明确规定，运用人工智能技术开展投资顾问业务须取得相应资质，开展资产管理业务应遵守投资者适当性规定。

[2] 参见杨东、武雨佳：《智能投顾中投资者适当性制度研究》，载《国家检察官学院学报》2019 年第 2 期。

[3] 参见翟艳：《投资者适当性制度研究》，中央编译出版社 2018 年版，第 13 页。

[4] 参见陈吉栋：《智能合约的法律构造》，载《东方法学》2019 年第 3 期。

合约应用下的证券发行领域,基于智能合约的去中心化和自动执行性特征,投资者的代理人不再是证券公司,而是证券发行平台上的智能合约,即证券公司的经纪职能为智能合约所取代。然而,智能合约本质上仅是一段计算机代码,并非法律上的主体,不可能与投资者建立法律关系。同时,智能合约是智能合约平台提供的格式合同,因而与投资者之间存在法律关系的主体实际上是智能合约证券平台。同时,在证券发行交易过程中,智能合约证券平台“处于强势地位,其设计并主导整个智能合约系统,区块链上的其他当事人只是被动接受智能合约的自动执行”[1],此时有必要对智能合约证券平台科以一定义务,以实现对投资者的倾斜保护。综上所述,智能合约证券平台与投资者之间存在委托代理关系,而取代了证券公司受托人地位的智能合约证券发行平台,自然应当承继证券公司的投资者适当性义务。

综上所述,智能合约应用于证券发行后,由于证券公司的经纪职能被削弱,无法继续履行投资者适当性义务,为了有效防控投资风险,确保证券市场安全运行,有必要将智能合约证券平台确立为链上投资者适当性制度的实施主体,在立法上明确智能合约证券平台的投资者适当性义务,要求智能合约证券平台全面了解投资者和证券产品,为不同的投资者设定不同的交易权限,对某些高风险的产品加以标记,并通过提示或公告的方式提醒投资者防范投资风险,以确保投资者的交易权限与其投资经验、资金实力等相适应,从而有效控制投资者面临的投资风险,维护证券市场稳定。

(二)用户身份验证义务

由于智能合约应用下的证券交易都以匿名的方式展开,且证券

---

〔1〕 吴烨:《论智能合约的私法构造》,载《法学家》2020年第2期。

公司无法继续履行反洗钱身份验证义务，智能合约的应用将使证券监管机构陷入监管对象难以确定的困境，从而可能导致证券欺诈、洗钱等违法行为滋生。为了减少智能合约应用可能带来的负面影响，智能合约在证券领域的应用应当以身份追溯问题的解决为前提。

智能合约证券平台作为用户准入者，能够轻易地获取市场主体的真实身份信息，应当由其履行用户身份验证义务。况且，既然智能合约证券平台已经取代了证券公司在证券发行中的作用，那么本应由证券公司承担的身份验证义务也应当由该平台承担。实际上，《区块链信息服务管理规定》第 8 条已明确规定，区块链信息服务提供者负有客户身份验证义务。不过，《区块链信息服务管理规定》的规定并不完善，还存在一定缺漏，并未提及保存客户资料和交易记录、报告异常交易、辅助监管机构识别监管对象等义务，因而尚不足以破解智能合约应用带来的监管对象难以识别的困境。

鉴于此，我国应当在法律上明确规定智能合约证券平台的身份验证义务，要求智能合约证券平台对进入平台的用户的真实身份进行验证，妥善保管平台内的用户资料和交易记录，协助监管机构识别监管对象，在发现异常交易时及时向监管机构报告，并对所收集的信息进行严格保密，以平衡好身份验证与隐私保护之间的关系，化解证券监管机构面临的监管对象难以确认的困境，实现证券监管机构对证券发行行为的有效监管。

三、重塑中介机构“看门人”角色

证券市场存在天然的信息不对称，且内含较高风险，加之我国证券市场以专业性不强、理性程度不高的散户投资者为主，为了保障证券市场的安全、公平、稳定运行，“看门人”机制意义非凡、必不可少。然而，正如前所述，基于智能合约的去中心化特征，保荐人、承销商等中介机构在证券发行中的作用将被弱化，从而导致传统“看门人”机制的作用无法得到充分发挥。智能合约应用下,为了营造优质的投资环境,保护普通投资者权益,实现证券市场的稳健发展,有必要重筑证券市场的“安全防线”,推动中介机构转变职能,并强调智能合约证券平台的监管职能。

1. 重塑中介机构“看门人”角色。智能合约应用于证券发行领域后,证券中介机构不再担任发行人的“代理人”,也不再承担信息披露监督责任,从而可能导致发行人信息披露质量下降,加大投资者与证券发行人之间的信息不对称,进而导致投资者的合法权益受损。为了避免证券市场信息失衡,维护证券市场的安全性和透明性,应当加大对发行人信息披露的审核力度。具体而言,可以由各个证券公司、律师事务所、会计师事务所等多个节点组成一个难以攻击的、中立的中介层,由该中介层共同对证券发行人披露的信息进行审核,并对证券市场可能出现的操纵市场、内幕交易等违法行为进行监督,从而弥补因承销商和保荐人缺失而造成的信息不对称。

另外,在投资者认购证券时,证券中介机构虽然不再为投资者提供证券经纪服务,但是依然可以为投资者提供投资咨询服务,并帮助投资者查验信息的真假,以降低投资者的投资风险,提高投资者的投资热情。证券投资和区块链智能合约技术都具备较强的专业性,但我国证券市场主要由专业程度不高的散户投资者构成,因此为了便利投资者参与证券投资,维护证券市场稳定,有必要充分发挥证券中介机构的专业优势,由其为投资者提供证券投资咨询服务,从而促进我国证券市场的繁荣。

2. 强调智能合约证券平台的监管职能。智能合约应用于证券发行后,较之于证券中介机构,作为连接投资者与证券市场通道的智能合约证券平台,更接近和了解证券市场,更应当成为保护投资者权益的屏障。实际上,将智能合约证券平台作为“整个网络监管和法律规则适用的适当切入点”[1]，可以提高证券监管的有效性，起到弥补中介机构“看门人”机制弱化的作用。因此，在智能合约应用下的证券市场中，智能合约证券平台应担负起维护市场秩序的责任，辅助证券监管机构实施市场准入审查、控制证券发行人质量，以保障投资者免受欺诈发行和不良证券的侵害。

四、规范链上证券发行行为并降低证券发行成功门槛

为减少智能合约应用下的证券发行失败风险，提高证券发行成功概率，充分激发证券市场融资活力，可以从以下两个方面入手：

1. 规范链上证券发行行为。根据前文所述，在智能合约应用和发行注册制改革的双重背景下，发行人售出的证券数量不足是证券发行失败的主要原因。而通过规范链上证券发行行为，可以从整体上提升发行人发行的证券质量，从而提高投资者的认购率，使发行人更容易达到法定的发行成功标准。具体而言，规范链上证券发行行为可以从以下两个角度展开：

(1)加重欺诈发行的刑事责任。面对资本市场层出不穷的欺诈发行行为，新《证券法》已经加重了欺诈发行的民事责任和行政责任，具体包括提高了行政罚款的金额，确立了先行赔付制度、证券集体诉讼制度等。然而，欺诈发行的刑事责任仍然存在刑罚过轻、威慑力不足等问题，难以为智能合约在证券市场的应用保驾护航。智能合约应用的背景下，应当不断加大证券市场的违法违规成本和惩治力度，通过修改刑法的方式加重欺诈发行的刑事责任，提高违法成本，从而促进证券发行行为不断规范化和透明化，进而激发投资者的认购热情，减少证券发行失败的风险。

---

[1] 汪青松：《区块链系统内部关系的性质界定与归责路径》，载《法学》2019 年第 5 期。

（2）提高信息披露要求。提高信息披露要求可以确保投资者有效获取信息并识别出优质证券，从而提高投资者的投资热情，进而提升证券发行成功的概率。特别是在智能合约应用的背景下，虽然所有与证券发行交易相关的信息均会在区块链网络中公开，但由于信息以数字化、代码化和分散化的形式呈现出来，投资者获取有效信息的难度实际上是被加大了。为适应智能合约的未来应用趋势，便于投资者快速获取作出投资决策所需的必要信息，应着力推进注册制改革在信息披露方面的前进步伐：首先，继续强化相关信息的公开与透明，除了信息披露"老三性"之外，[1]还应当吸收借鉴科创板"新三性"[2]（尤其是可理解性），要求信息披露义务主体不仅要及时准确地进行信息披露，还要建立代码语言与自然语言之间的"翻译"桥梁，预先对信息进行优化整合，精减复杂无用的信息，并对过于专业的信息作出相应的通俗化说明。其次，也应兼顾证券行业的商业私密性，信息披露宜采取差异化、分层分级的披露标准，初始要求为最低层级的披露标准，当相关主体出现异常交易或信用水平降级时，须追加披露信息，即通过系统动态、持续监测用户的交易信用状况，并通过智能合约代码系统的设定，精确界定信息披露的范围，确保信息公开透明与商业秘密保护的二元平衡。

2. 通过修改《证券法》中关于证券发行失败的规定，允许基于智能合约的证券发行适用不同的发行成功标准，以降低证券发行成功门槛。现行《证券法》第33条规定的发行成功标准过于严苛，且缺乏弹性和包容性，不利于企业在证券市场募集发展所需的资金。相较之下，在上市标准方面，注册制大多设置多通道的IPO标准，例如《上海证券交易所科创板股票上市规则》第2章列举了五种上市标准，综

---

〔1〕 即真实性、准确性、完整性。

〔2〕 即充分性、一致性、可理解性。

合了预计市值〔1〕、净利润、营业收入等多项评价因素，发行人仅需满足标准之一即可上市。科创板上市规则仅将预计市值作为发行人上市的一项弹性评价因素，若发行人预计市值不高，仅符合最低要求，但是净利润或营业收入符合条件，发行人也可以申请上市。科创板规定的弹性上市标准，在促进资本市场更好地服务于实体经济、解决中小企业融资困境方面具有重要意义。在智能合约应用的背景下，为了减少证券发行失败风险，促进证券市场更好地服务于实体经济，有必要对《证券法》第33条的规定予以修订，使证券发行成功标准与上市标准保持同样的弹性和包容性，使不同层次的企业适用不同的发行成功标准，从而提高证券发行成功的概率。

第三节　证券交易法律制度的革新

客观事实发生变化会引起法律制度的重构与变革。智能合约的应用不仅引发了算法操纵市场、非法交易、投资者信息泄露等风险，还冲击了委托申报规则和交易结算规则，打破了证券交易所、证券中介机构、投资者之间的权利义务配置，导致现行证券交易法律制度难以适用。智能合约应用的背景下，证券交易法律规范亟待做出先见性安排和预设性重构。为了确保证券市场相关主体间权利义务关系的稳定和有序变动，激励智能合约技术的发展，有必要重新确定各个主体在证券交易中应扮演的角色，明确各方应享有的权利及承担的义务，并对我国的证券法律规范予以完善。

为应对证券交易主体的变更，应确保证券交易所核心地位、重新定位证券中介机构角色及健全投资者跨国投资保护机制；为应对证

---

〔1〕预计市值由保荐机构先评估后询价作出预估，与投资者对发行人未来市值的预期联系紧密。

券交易规则所受到的冲击，应建立智能合约委托申报规则体系、构建“交易即结算”规则体系以及利用监管科技处置异常交易；为保护证券交易参与者合法权益，应当健全投资者跨国投资保护机制、搭建链上投资者信息保护制度。

一、确保证券交易所的核心地位

证券交易所不仅是维护交易秩序、保护投资者权益的关键力量，也是促进金融科技发展的主导要素。无论智能合约应用与否，证券交易所在证券交易中都应当处于核心地位。因此，如何在多中心化的冲击下维持证券交易所的核心地位，是智能合约应用于证券交易市场首先需要考虑的问题，也是促进数字证券发展的重要课题。智能合约应用下，证券交易所的核心地位将体现在其掌握证券市场的核心权力上。实际上，证券上市审查权和“刹车”权是证券交易所核心地位的体现。

1. 强化证券交易所的上市审核权。智能合约应用下，证券发行主体将更加多元化，不仅包括传统的上市公司，也包括一些区块链及智能合约初创企业。而区块链及智能合约技术具有较强的专业性，区块链及智能合约初创企业披露的信息中可能存在普通投资者难以发现的隐蔽风险，因而在智能合约应用的背景下，信息披露审核尤为重要。证券交易所处于证券市场的核心，贴近证券市场，具有较强的信息优势和专业优势，因而在智能合约应用的背景下，由证券交易所作为审核上市公司信息披露的主要机构，更有助于发现上市公司所披露信息中的不实之处，从而减少证券市场欺诈行为的发生，推动我国证券市场的高质量发展。

2. 赋予证券交易所“刹车”和“改错”的权力。智能合约具有自动执行的特点，且其代码可能出现漏洞，若是完全依靠智能合约系统的内部自治，可能会导致智能合约的技术风险发生扩散，进而在证券市场产生系统性金融风险。通过赋予证券交易所"刹车"和"改错"的权力,可以对智能合约加以适度规制,以弥补智能合约的代码漏洞,维持证券市场正常的交易秩序。[1] 实际上,由证券交易所对智能合约进行监管和规制,可以使智能合约尽快在证券市场落地,减少应用智能合约可能带来的不利影响,从而充分发挥智能合约在促进我国证券市场国际化、市场化改革中的作用。智能合约应用下,有必要在法律层面确立证券交易所作为自动中止机制和反向交易机制触发机关的法律地位,从而确保证券交易所能够实现对证券市场违法行为的制止和纠正。

二、健全投资者跨国投资保护机制

为了降低我国证券投资者面临的跨国投资风险,扩充我国企业融资方式,同时也为了加快我国区块链初创企业的发展,提高我国金融科技的竞争力,笔者提出如下建议:

1. 逐步放开和规范证券型通证的发行和交易。对于证券型通证的发行和流通宜疏不宜堵,相关部门有必要放开在我国境内发行证券型通证的限制,同时制定相关法律法规对证券型通证的发行予以规范,要求证券型通证发行人必须履行相应的信息披露程序,以最大限度降低证券型通证发行带来的风险。[2] 另外,我国亦应紧跟国际潮流,在证券交易所之外设立证券型通证交易所,逐步放开证券型通证的交易限制,并将其纳入监管范围,以促进我国证券市场的发展,更好地保护投资者的合法权益。此外,为了有效防范因国家之间监

---

〔1〕 参见巴比特:《上交所前总工白硕:去中心化交易所,出事也得"有人担责"》,载微信公众号"区块链社圈"2018 年 4 月 20 日,https://mp.weixin.qq.com/s/yZkVx8Q418Uhu7ZUyg5lzA。

〔2〕 参见李敏:《融资领域区块链数字资产属性争议及监管:美国经验与启示》,载《现代法学》2020 年第 2 期。

管差异而导致的投资风险,应加强国家间的对话,加强各国金融监管当局之间的信息交流和信息共享,建立发行人母国和东道国的监管协调和信息沟通机制,合理分配对证券型通证发行、交易行为的监管权限,防止出现全球范围的金融动荡。[1]

2. 继续完善投资者适当性制度。面对国际监管差异带来的投资风险,有必要完善我国的投资者适当性制度,提高投资者对投资风险的重视程度。特别是智能合约应用的背景下,除了应将智能合约证券交易系统作为投资者适当性义务的主体之外,还应当允许智能合约证券交易系统利用大数据、人工智能等监管科技,使投资者适当性制度的实施更加精确。[2] 需明确的是,投资者适当性的评估是形式评估,而不是实质评估,原因在于,若是要求投资者适当性义务主体对投资者的风险承受能力进行实质评估,则属于给义务主体施加了过重的责任负担,可能制约智能合约证券市场的创新发展。[3] 这意味着,只要投资者适当性义务主体明确提示了投资者存在的风险,即视为尽到了投资者适当性义务。

三、制定程序化交易规则

从证券交易模式的历史演进路径来看,智能合约应用下的证券交易模式仍然属于电子化交易的范畴,即交易节点依托高速计算机进行自动化的证券交易活动。程序化交易风险在我国已初现端倪,

---

[1] 参见张金城、李成:《金融监管国际合作失衡下的监管套利理论透析》,载《国际金融研究》2011 年第 8 期。

[2] 参见柯达:《数字货币监管路径的反思与重构——从"货币的法律"到"作为法律的货币"》,载《商业研究》2019 年第 7 期。

[3] 参见杨东、武雨佳:《智能投顾中投资者适当性制度研究》,载《国家检察官学院学报》2019 年第 2 期。

2015年的伊士顿公司操作期货市场案即是一例。[1] 为了规范智能合约技术应用背景下的证券程序化交易，防止个别节点利用技术优势实施非法交易、洗钱以及操纵市场等违法行为，我国应当陆续出台相关的规则和办法。放眼世界，欧盟已经于2018年在《金融工具市场指令Ⅱ》（MiFID Ⅱ）中，将程序化交易纳入了证券监管的范围，并明确了程序化交易者在维护交易程序稳健、实现风险控制方面的主体责任，以及程序化交易者向监管机构和交易场所应当履行的报告义务等。[2]

其实，证监会也曾在2015年起草了《证券期货市场程序化交易管理办法（征求意见稿）》，其中不但对程序化交易进行了定义，[3] 明确了程序化交易的监管范围，而且建立了申报核查管理、接入管理、指令审核、收费管理、严格规范境外服务器的使用、监察执法等监管制度。[4] 尽管基于各种原因该草案最终被搁置，但相关规定仍可作为智能合约应用下自动化证券交易的规则参考。同时，在2019年最新修订的《证券法》中，立法者也明确规定了程序化交易的内容，并要求程序化交易"不得影响证券交易所系统安全或者正常交易秩序"。[5] 尤其需要注意的是，程序化交易具有相当的门槛限制，其要求参与主体既有深厚的数理与金融知识作支撑，还具备先进的计算

[1] 2015年伊士顿公司通过程序化交易进行自买自卖等大量交易，非法获利数额达3.893亿余元，2017年6月，上海市第一中级人民法院对伊士顿公司以操纵期货市场罪判处罚金人民币3亿元并没收违法所得人民币3.893亿元。参见张榆：《伊士顿操纵期货市场案一审宣判 获利3.9亿余元》，载财新网2017年6月23日，http://finance.caixin.com/2017-06-23/101104894.html。

[2] 参见谢贵春：《证券市场稳定机制比较、趋势与中国对策》，载《上海金融》2018年第12期。

[3] 《证券期货市场程序化交易管理办法（征求意见稿）》第2条。

[4] 《证券期货市场程序化交易管理办法（征求意见稿）》的起草说明。

[5] 《证券法》第45条。

机硬件配置和一定的资金优势。因此,将来在制定相关的规则、办法时,应当更加关注对普通投资者的利益保护。[1]

起源于美国的“黑池交易”[2],集合了算法与程序化交易、匿名化、场外市场等元素,与智能合约应用下的证券交易模式具有较多的相似性,故而黑池交易中存在的价格操纵、技术竞争、高频交易等风险也可能存在于智能合约应用下的证券交易中。在制定程序化交易规则的过程中,可以重点强化信息披露和外部监管。[3] 同时,可以仿效传统金融机构的内控要求,要求开展证券业务的智能合约平台以及要求相应的合约模板编写者进行特殊的机制设置,包括差异化的节点身份识别以及“合理怀疑”基础之上的可疑交易报告机制等,以遏制匿名化条件下非法交易与洗钱行为的发生。

四、建立智能合约委托申报规则体系

在基于智能合约建立的证券交易系统中,投资者仅依靠智能合约便能参与证券交易,不再需要委托证券经纪商进行交易申报。这在简化证券交易流程的同时,也突破了原有的委托申报规则,可能使证券交易主体面临不小的法律风险。为了防控新型代理机制诱发的法律风险,需对现有中介化的委托申报规则体系予以重构。

1. 确认基于智能合约发出的交易指令的法律效力。基于智能合约发出交易指令属于当事人发出意思表示的一种方式,且《民法典》

---

〔1〕 参见封涌、刘伟:《法治视野下程序化交易的市场公平性影响及相关民事责任探讨》,载《理论月刊》2015 年第 7 期。

〔2〕 黑池交易本质上是场外交易的一种形式,通常由券商或其他金融中介机构设立,为买卖双方的大宗股票交易指令提供匿名撮合成交服务。参见吴燕妮:《境外黑池交易平台的发展演进及法律风险防范对我国的启示》,载《兰州学刊》2018 年第 7 期。

〔3〕 参见吴燕妮:《境外黑池交易平台的发展演进及法律风险防范对我国的启示》,载《兰州学刊》2018 年第 7 期。

第491条规定了当事人可以数据电文形式发出要约、订立合同，而智能合约是一种特殊形式的数据电文。因此，应当从法律层面确立基于智能合约发出的交易指令的合法性，并将这一证券买卖形式纳入交易所的交易规则中，以确认利用智能合约进行的证券交易的合法性。

2. 当智能合约代码和当事人意思不一致时，应当根据投资者是否有过失确定代码的效力。在商事领域，为了保护交易对手方的信赖利益，维护交易安全，当事人意思和外部表示不一致时，一般贯彻外观主义，通过当事人行为的外在表现形式来确认效果意思。〔1〕由此可见，当投资者利用智能合约发出意思表示时，代码即为当事人意思的表示形式，如果二者不一致，那么根据外观主义原则，应以代码为准。但是，智能合约代码并非当事人自己设计，代码与当事人意思不一致并不一定是当事人的过错导致，也可能是因为代码编写者的失误造成的，在此情况下，如果要求当事人自己承担代码表示和主观意思不一致的后果，则显然有失公平。因此，在智能合约应用的背景下，根据投资者是否有过失来确定代码的效力是更优的选择。具言之，如果当事人有过错，那么就应当确认代码有效，维持已进行的证券交易的效力；如果当事人没有过错，便应当确认代码无效，并通过一定的机制对已完成的证券交易予以纠正。同时，对于因代码表示和主观意思不一致而给投资者带来的损失，代码编写者和系统维护者若是没有履行合理注意义务，存在故意或者重大过失，那么也应当承担相应的责任。至于其他情形造成的投资者利益受损，可以由相关赔偿基金予以赔偿，以保证当事人权利义务的稳定性。

五、构建“交易即结算”规则体系

针对“交易即结算”对现行证券交易结算规则带来的挑战，有必

---

〔1〕 参见刘胜军：《论商事外观主义》，载《河北法学》2016年第8期。

要构建“交易即结算”规则体系，以规范智能合约技术在证券交易领域的应用。

1. 明确链上交易确认方式的法律效力。数字证券与电子证券在权利证明方式和权利转让方式方面存在诸多不同。智能合约应用下，当投资者通过智能合约自动完成证券清算和结算，并在连续得到6个区块的确认后，交易便达到了完成状态，不再需要借助证券登记结算机构完成交易确认。因此，将智能合约引入证券交易后，应当通过立法承认区块链记录对证券权利转移的公示公信效力，增加区块确认为新的交易确认方式，以保护投资者的证券权利，维持证券交易秩序。

2. 严格限制日内回转交易，并加强风险管理。智能合约应用下，由于交易即结算得以实现，日内回转交易的发生将变得更加容易。但就我国证券市场的发展现状和发展方向而言，日内回转交易尚未达到应该放开的程度。因此，在智能合约应用的背景下，还是应当对日内回转交易进行严格限制。在具体的限制方式方面，证券监管部门可以将限制日内回转交易的规则嵌入智能合约内部，由智能合约对投资者当日买入的证券进行锁定，至次日再解除锁定、允许投资者卖出，从而使得投资者当日买进的股票只能在次日卖出，以实现对日内回转交易的限制。

六、完善操纵市场责任机制

51%算力攻击的解决不仅有赖于新型共识机制的研发，也有赖于操纵市场责任机制的不断完善。诚然，现行《证券法》第55条和第192条已经扩大了操纵市场的行为类型，并加重了操纵市场的责任，但由于智能合约应用下的操纵市场违法行为的种类将更加多样，手段会不断翻新，加之我国目前对操纵市场的制裁多以刑事制裁和行政制裁为主，忽视了民事责任在投资者保护方面的作用，现行证券法律制度的规定实际上并不能对智能合约应用下的新型操纵市场行为形成足够威慑,无法为投资者的合法权益提供充足保障。智能合约应用下,我国的操纵市场的责任机制还应当从以下两个方面予以完善:

1. 明确操纵市场的认定标准,增加利用代码漏洞、51%算力攻击影响证券交易价格或者交易量为新的操纵市场类型,从而为监管机构纠察操纵市场行为提供确切的指引。

2. 完善民事责任追究机制,加大行政责任的追究力度,形成刑事责任、民事责任和行政责任并存的多层次责任追究机制。就民事责任而言,由于投资者仅能主张补偿性赔偿,且需要证明操纵市场与其所受损失之间的因果关系,实践中投资者索赔的积极性很低,索赔成功的案例少之又少。[1] 对此,未来证券法律制度应当在保护投资者合法权益的原则指引下,对赔偿的主体、因果关系和举证责任的分配予以明确,引入惩罚性赔偿制度,从而对操纵市场的行为人形成足够威慑,减少操纵市场行为的发生。就行政责任而言,除了罚款、没收违法所得、警告外,还应当增加市场禁入等处罚措施。[2] 就刑事责任而言,若行为人的违法行为符合《刑法》规定的操纵证券、期货市场罪的构成要件,就应依法承担刑事责任。

七、扫除智能合约证券平台证券经营行为的法律障碍

智能合约证券平台能够有力推动智能合约、区块链等新兴技术与证券市场深度融合,是促进证券市场转型升级的着力点。针对智能合约证券平台可能涉嫌非法经营证券期货业务的问题,有必要从

---

〔1〕 参见邢会强:《内幕交易惩罚性赔偿制度的构造原理与现实选择》,载《中国社会科学》2018年第4期。

〔2〕 参见崔金珍:《从法律责任视角论证券市场内幕交易行为监管》,载《法学杂志》2018年第6期。

制度层面扫清智能合约证券平台证券经营行为的法律障碍,并将其纳入监管框架。

放眼世界,避免智能合约证券平台非法经营证券期货业务存在两种路径:一是由现有的证券交易所来建立和运营智能合约证券平台,如纽约证券交易所、纳斯达克证券交易所、瑞士证券交易所等国外主流证券交易所,已经在积极布局区块链数字证券交易平台。由现有证券交易所建立和运营智能合约证券平台,不仅便于智能合约证券平台获得证券期货经营资格,摆脱非法经营证券期货业务风险,还有利于监管机构对智能合约证券平台进行监管,维护金融安全。二是允许满足特定条件的市场主体注册成为数字证券交易所,并由其搭建用于证券交易的智能合约证券平台,如美国证监会(SEC)在发表的《数字资产证券发行与交易声明》(*Statement on Digital Asset Securities Issuance and Trading*)中指出,在SEC注册为全国性证券交易所或获得注册豁免的主体可以提供数字资产证券交易,并作为"交易所"运营。相较而言,允许经过注册的市场主体建立并运营智能合约证券平台,可以增加智能合约证券平台的供给量,形成竞争性交易所市场,进而加快数字证券产业的发展。

于我国而言,由现有证券交易所设立智能合约证券平台,是顺应全球证券市场发展趋势的现实选择,也是充分利用数字证券激发金融发展活力、维护金融安全的必然要求。实际上,出于安全的考量,由现有的证券交易所设立智能合约证券平台是当今世界的主流做法。更何况,我国目前的证券监管尚未强大到足以支持市场主体设立智能合约证券平台的程度,因而综合考虑证券市场发展程度、金融安全、监管制度等多方面因素,由现有证券交易所设立并运营智能合约证券平台是我国最佳的选择。

在具体的规则设计方面,我国可以出台相关的法律法规,对证券交易所申请设立智能合约证券平台的条件和程序予以明确，从而为智能合约证券平台经营证券期货业务扫清法律障碍。同时，相关法律法规还应当明确，对于开展证券投资咨询、财务顾问、数字货币管理服务等业务的智能合约证券平台，还需要另外向国务院证券监督管理机构申请经营证券业务许可证。

八、搭建链上投资者信息保护制度

智能合约应用下，投资者的身份信息和个人信息全部保存在区块链网络中，一旦发生信息泄露，将给投资者造成巨大损失。其实，投资者信息安全的维护除了有赖于区块链、智能合约技术的不断进步之外，也有赖于我国投资者信息保护制度的不断完善。智能合约应用下，我国应当从以下两个方面构建链上投资者信息保护制度，从而确保投资者的信息安全能够在智能合约技术的冲击下得到保障。

（一）明确智能合约证券平台的信息保护义务

根据《网络安全法》第40条、第42条的规定，网络运营者应当建立健全用户信息保护制度，并采取必要的技术措施，以确保其收集的个人信息的安全性。智能合约证券平台作为证券交易场所提供者以及系统维护者，有义务采取必要措施保护投资者的信息安全，否则应当承担相应的责任。就目前而言，智能合约证券平台可以从以下两个角度维护投资者的信息安全：

1. 增强系统的安全性。智能合约证券平台被攻击是造成个人信息泄露的重要原因。采取必要的技术策略，可以从根本上增强智能合约证券平台的安全性，从而防止恶意节点接入和监听网络，防范因系统被攻击而造成的信息泄露。[1] 例如，美国纽约的 Chainalysis 公

---

〔1〕 参见祝烈煌、高峰等：《区块链隐私保护研究综述》，载《计算机研究与发展》2017年第10期。

司,开发了一款用于防范勒索软件攻击及打击其他网络犯罪的工具,该工具可以有效维护智能合约及区块链系统的安全性与可靠性。

2. 用户信息录入分级及限制查看权限。应用智能合约后的证券市场,需要关注信息披露与信息保密间的平衡关系:一方面,作为智能合约运行环境的区块链(主要指公有链)采用全公开的开放式架构,每个节点均存储着全网全部活动的账本记录,且分布式账本的时间戳与不可篡改特性确保了链上信息的真实性,这在提高信息披露水平的同时,也给信息安全以及商业秘密的保护带来了难题。另一方面,尽管链上各节点具有匿名性的机制设计,但该"匿名性"名不符实,[1]同样存在密码被破译、交易节点的主体身份显名化的风险。因此,智能合约应用于证券市场后,如果继续保持公有链的数字共享特征,则投资者的信息安全将受到巨大威胁。为了平衡信息披露与商业秘密保护间的关系,可采用联盟链权限分级的原理设计,采取"用户信息分级录入方法"[2],根据主体信用的不同水平要求证券登记义务主体进行不同程度的信息录入。同样地,证券信息的查询主体也需要受到限制,需要在区分个人信息类型的基础上设计数据共享规则和分层授权规则,要求用户节点在特定授权范围内使用链上信息,从而使只有拥有相关查看权限的节点,才能查阅投资者的相关信息,以防止投资者信息泄露。[3]

---

〔1〕 准确来说,区块链智能合约中的各用户的"匿名性"是假名性。智能合约、个人账户等都是通过一种地址标识(如以太坊公私钥地址)来实现在区块链网络上的数据传输,但是,一旦用户和现实世界的事务发生关联,如数字货币钱包代理商等,用户的地址标识就会变为网络代号(如论坛的网名),虽然不知道用户具体身份,但任何与用户相关的数据和行为都可以关联到这个代号上。参见贺海武、延安、陈泽华:《基于区块链的智能合约技术与应用综述》,载《计算机研究与发展》2018 年第 11 期。

〔2〕 夏庆峰:《区块链智能合同的适用主张》,载《东方法学》2019 年第 3 期。

〔3〕 参见王利明:《数据共享与个人信息保护》,载《现代法学》2019 年第 1 期。

（二）完善投资者个人信息保护制度

我国现有的投资者个人信息保护制度还存在法律体系不健全、监管缺失等问题，难以为投资者提供充足的保障。实际上，我国直接针对证券投资者个人信息保护的法律法规较少，且虽然《证券法》第41条概括规定了证券交易所、证券公司、证券登记结算机构及其工作人员要对投资者的信息保密，国务院办公厅《关于进一步加强资本市场中小投资者合法权益保护工作的意见》也明确了证券期货经营机构和中介机构应当对所收集的投资者个人信息保密，但上述规定均未明确违反保密义务的后果，难以对相关机构形成足够约束，因而缺乏可操作性。同时，现有的规定集中于对投资者个人信息的保护，忽视了对投资者交易信息的保护。

不同于有形实体交易的传统货物买卖，金融市场的交易安全更依赖于信用体系的建设以及整个市场的制度安排，因而证券交易更为关注信息的透明度与可信性。信息披露是证券市场的主线，作为现代证券立法的基本哲学和指导思想，公开是证券法的核心内容和灵魂所在。[1] 我国《证券法》第78条第2款明确规定，“信息披露义务人披露的信息，应当真实、准确、完整，简明清晰，通俗易懂，不得有虚假记载、误导性陈述或者重大遗漏”。但同时证券类金融交易又具有较强的商业性与隐私性，对信息的安全性要求较高。证券登记及交易记录中裹挟的大量信息不仅有体现交易者隐私的个人信息，更包含着有可能决定市场主体投资成败的商业秘密，因而交易信息的保密性安排也应当受到关注。

智能合约应用下，为了有效防控信息泄露风险，我国应当对我国的投资者个人信息保护制度予以完善。具体而言，应当在法律上明

---

〔1〕 参见朱锦清：《证券法学》，北京大学出版社2011年版，第80页。

确界定投资者个人信息的范畴,将交易信息纳入投资者个人信息的范畴。除此之外,应当明确交易对手方、智能合约证券平台等主体均有义务保护投资者的个人信息,并对违反信息保护义务的主体规定严格的责任。同时,监管机关也应当加强对恶意获取、泄露个人信息的行为的监管,及时处罚侵害投资者个人信息的行为,从而维护证券市场的信息安全。[1]

第四节 证券登记结算法律制度的修订

智能合约的技术应用只是一个开端,真正支撑智能合约在证券市场中持续运行的是与之相配套的制度安排与规范设计。在实物券阶段,证券投资者可以通过出示证券实物的方式来表征权利、主张权益。但是在完全无纸化的证券市场形势下,证券投资者必须依靠具有权威性的证券登记来证明证券权利的归属,并就此主张证券权益。可以说,证券市场的无纸化使投资者的权益更加依赖市场的整体制度安排。[2] 智能合约应用的背景下,由于证券登记结算的主体结构和运作模式均发生了变化,为了维护投资者的合法权益,应当对证券登记结算制度作出适应性的调整。

一、增加区块链记录为新的证券权利表彰形式

表现为数字证券、数字票据等形式的链上数字财产,之所以可以被拟制为“物”而非一种“债权”,是因为其虚拟性只是表现为非实体

〔1〕 参见侯东德、苏成慧:《证券投资者个人信息的法律保护》,载《法学杂志》2018年第9期。

〔2〕 参见王静:《论无纸化证券市场对“证券”的挑战》,载《中共中央党校学报》2009年第6期。

性的财产存在方式，并非其不具有真实的财产价值性。[1] 数字资产本身就具备内在的价值性和高度的流通性，并不寄希望于特定主体的承认或帮助来实现自身价值。[2] 数字化背景下，尽管证券投资者无法通过直接控制实体来表征对证券的持有状态，但由于代码在本质上仍然具有可解释性与可读性，所以从功能上来说，智能合约代码载体所呈现的内容，同传统的书面、口头或是数据电文等具有同质性，数字证券依然具有表彰证券权利的效用。

为了适应数字时代的发展趋势，应当肯定数字证券等数字资产的物权属性，并在充分认识数字资产无限复制性、空间拓展性等特性的前提下，及时更新证券法律制度有关证券权利表彰形式的规定。在证券确权方面，现有的《证券登记结算管理办法》第 27 条规定，“证券登记结算机构根据证券账户的记录，确认证券持有人持有证券的事实……”但在智能合约应用下，由于数字证券不再表现为证券账户中的簿记记录，而是以代币的形式而存在，其权利表彰形式也不再是证券账户中的簿记记录，而是区块链系统中的证券所有权记录和交易记录。同时，私钥是证券权利人访问存储在区块链系统中的数字证券的唯一凭证，证券权利人通过持有私钥便能实现对数字证券的占有和处分，不再需要支配证券账户。由此可见，共识机制下的证券交易与权利移转过程已经达成了各方主体间的一致认可，已然完成了私法意义上的公示过程，那么此时只需赋予共识机制法律效力，便可实现物权规范在新技术应用条件下的适应性调整。

由此，有必要对《证券法》第 151 条以及《证券登记结算管理办

[1] 参见陈兴良：《虚拟财产的刑法属性及其保护路径》，载《中国法学》2017 年第 2 期。

[2] 参见包丁裕睿、迟骋、李世刚：《区块链争议解决与治理范式选择》，载《科技与法律》2019 年第 3 期。

法》第 17 条、第 27 条等规定予以修订,在证券法上增加新的证券权利表彰形式,承认区块链记录的公示公信效力,以回应智能合约应用引发的证券形式的变更,维护投资者的合法权益。

具体而言,我国应当在《证券登记结算管理办法》第 17 条增加“数字证券的持有者通过私钥持有证券,数字证券以区块链系统中的所有权记录和交易记录作为权利表彰。数字证券持有者以所有权记录证明自己持有证券的事实,数字证券权利的转移以区块链系统中的交易记录作为公示”的规定。在《证券登记结算管理办法》第 27 条和《证券法》第 151 条增加“数字证券除外”的规定。同时,由于《证券法》第 145 条和第 148 条对有权办理证券登记结算业务的机构进行了限定,为了赋予区块链记录以公示公信效力,保障数字证券持有者的合法权益,还应当在《证券法》第 145 条和第 148 条后增加“数字证券的登记除外”的规定。

二、塑造弱中心化的证券登记结算法律关系

智能合约应用下的证券登记、清算和交收将以点对点和自动化的方式进行,中介机构的职能将被大大弱化,现有的证券登记结算法律关系也将随之改变。一方面,智能合约应用下的证券登记结算是在证券交易双方之间直接进行的,证券公司等中介机构在确保证券和资金安全高效交收方面的作用被淡化,无法再向投资者和发行人收取相关服务费用。从权责相一致的理念出发,应当对“智能合约 + 证券”行业排除适用现行证券法有关中介机构职权和义务责任的规定,从而使智能合约证券系统中的参与者,不再受有关证券公司与投资者、发行人与证券登记结算机构、证券登记结算机构与证券公司之间法律关系等规定的约束。另一方面,由于现行证券法滞后于智能合约技术的发展,区块链网络节点、平台提供者、系统开发者等主体与投资者之间的关系将难以在现行证券法上寻求解释。而明确智能

合约证券系统中参与各方的权利义务关系是投资者通过追责机制获得救济的前提，也是“智能合约 + 证券”行业规范运作的基础。

为了应对智能合约应用给证券登记结算领域带来的主体结构和运作模式的变更，明确证券登记结算领域各个主体的权利义务关系，有必要对传统证券登记结算法律关系予以重塑。

1. 智能合约证券平台与投资者之间的法律关系。根据《区块链信息服务管理规定》的相关规定可知，智能合约证券平台是区块链网络服务提供者，而投资者则为区块链网络服务使用者，因而智能合约证券平台与投资者之间存在网络服务关系。作为网络服务提供者的智能合约证券平台，除应当履行法律赋予的税收、反洗钱等方面的强制性义务外，还应当根据其与投资者之间的网络服务合同，积极履行维护区块链网络安全稳定运行、持续提供区块链网络服务等安全保障义务。同时，在智能合约应用的背景下，智能合约证券平台扮演着“技术提供和维护者、结算体系运行维护者和管理者、数据保管者、安全保障者等”[1]多重角色，替代了证券登记结算机构的部分功能，因而还有必要在法律层面明确，智能合约证券平台作为结算服务的提供者，应当对进入平台的参与者的资格和真实身份进行审核，并建立风险管理机制，[2]从而确保投资者的证券交割和资金交收能够安全进行。

2. 区块链系统开发者、智能合约编写者与投资者之间的法律关系。从功能和地位层面来说，区块链系统开发者、智能合约编写者与投资者，实际上类似于产品质量法中的产品生产者和消费者。因此，

---

〔1〕 卜学民、马其家：《论区块链证券结算的选择及制度展开》，载《福建师范大学学报（哲学社会科学版）》2020 年第 6 期。

〔2〕 参见卜学民：《论区块链对中央对手方结算的挑战及其应对》，载《北方法学》2019 年第 6 期。

虽然区块链系统开发者、智能合约编写者与投资者之间并不存在直接的法律关系，但应当在法律层面明确，区块链系统开发者和智能合约编写者作为“生产者”，必须对其开发的区块链系统、所编写的智能合约的安全性负责，积极履行保障投资者财产安全和信息安全的义务，严格遵守区块链、智能合约行业标准。当投资者因区块链、智能合约自身的缺陷遭受损害时，区块链系统开发者和智能合约编写者应当承担“产品责任”，对受损的投资者进行赔偿。

3. 区块链网络节点与投资者之间的法律关系。在智能合约证券系统中，由于各个网络节点与平台提供者之间存在共同目的——为证券交易双方办理证券登记结算，且区块链系统是由所有节点和平台提供者联合控制的，各个网络节点与平台提供者之间实际上存在类似于合伙的组织关系。更进一步而言，由于平台提供者在证券登记结算过程中发挥着核心作用，负责处理区块链系统外部事务，可以将各节点与平台提供者的关系细化为类似于有限合伙的关系，即网络节点的作用和地位与有限合伙相仿，平台提供商则扮演类似于普通合伙的角色。[1] 在合伙关系下，各节点实际上与投资者之间也不存在直接的法律关系，但为了减少错误登记结算等风险的发生概率，法律应当明确全体网络节点对投资者负有注意义务，应当对异常的登记结算、盗取用户信息等进行识别和报告；而对于违反注意义务的网络节点，则应当对受损投资者承担赔偿责任。

三、构建资产数字化制度

当今世界，电子银行、第三方支付日益普遍，比特币等数字货币也被允许在一定范围内流通，货币的轻量化、资产的数字化成为全球

---

〔1〕 参见汪青松：《区块链系统内部关系的性质界定与归责路径》，载《法学》2019 年第 5 期。

资本市场的发展趋势。传统的互联网金融之所以只能扮演信息传递者的角色，原因就在于其无法解决开放网络下的信任问题以及在此基础之上的价值传递问题。[1] 而智能合约之所以能够解决这一问题，本质上是通过赋予对象（如资产、市场、系统、行为等）数字特性来实现的，即将对象程序化并部署在区块链上，使之成为全网共享的资源，再通过外部事件触发合约的自动生成与执行，进而改变区块链网络中数字对象的状态（如分配、转移）和数值。[2] 智能合约技术的应用过程，反映着信息互联网向价值互联网的转型趋势。[3] 当然，价值互联网的建构需要资产数字化，否则就不能在区块链网络中进行价值传递。[4] 链上与链下的分离、链上不同系统之间的相对割裂，均对数字世界中的价值传递形成阻碍，从而出现数字资产不被法律认可、由法律特殊安排的资产被错误执行等问题。因此，资产数字化制度的构建，是智能合约应用的基础。

理论上，现实世界中的实物资产是可以对应数字资产而出现的，但如同目前社会中以法定货币作为价值的一般衡量物一样，资产数字化同样需要以数字货币的合法化为基础。从货币的历史发展来看，货币经历了从最原始的牙齿、贝类，到后来的贵金属金银，到近现代的纸币，一直到完全虚拟化的数字货币的发展历程。随着社会的

---

〔1〕 参见常健、罗伟恒：《论区块链技术下我国互联网金融法律的制度演化》，载《北京行政学院学报》2018 年第 6 期。

〔2〕 参见贺海武、延安、陈泽华：《基于区块链的智能合约技术与应用综述》，载《计算机研究与发展》2018 年第 11 期。

〔3〕 如果说信息互联网是以信息的生产、汇聚与处理为连接中心，那么在价值互联网时代，人与人的纽带就是虚拟货币、数字资产和任何有价值的事物，智能合约促使这些交易得以实现。参见许可：《决策十字阵中的智能合约》，载《东方法学》2019 年第 3 期。

〔4〕 参见许金叶、夏凡等：《区块链下资产分布式加密数字化的特征、路径及标准化》，载《会计之友》2017 年第 23 期。

发展与技术的进步,货币的形式呈现一种“脱实向虚”的趋势,从有形逐渐变为无形,但货币作为一般等价物的本质并没有改变,对于制度和规则的依赖也愈加明显。以比特币为代表的数字加密货币,在过去几年间经历了盛极一时到跌落谷底的戏剧化过程,比特币等数字加密货币的出现本该是资产数字化全面启动的绝佳开端,但却事与愿违。在缺乏监管的原始环境下,数字加密货币项目泥沙俱下,最终使数字加密货币的真正价值被掩埋,沦为破灭的资本泡沫。比特币带来的惨重教训,使许多国家和地区走向了谨慎甚至是极端保守的一端,数字货币的发展受阻。在法定数字货币方面,我国大体上秉持积极的态度,2017 年中国人民银行设立正厅局级的数字货币研究所,用于开展法定数字货币的研究探索。加快法定数字货币的研发与应用进程,是我国迈向全面资产数字化的第一步。

此外,在资产数字化的具体制度构建方面,俄罗斯自 2017 年起草了《数字金融资产法(草案)》,涉及包括数字交易和数字交易登记在内的数字金融资产交易登记与验证制度、代币发行程序、代币购买限额等规定,以及数字金融资产立法与反洗钱立法、货币立法、银行业立法等相关立法的协调配合等内容,[1]包含资产数字化制度构成的诸多重要内容,尤其在数字代币等数字金融资产的法律定位以及是否赋予其货币属性等核心问题方面进行了有益尝试。我国亦应关注数字金融资产、资产数字化等方面的制度构建。需要注意的一点是,标准化是数字世界的典型特征,而金融系统向来具有构建内部标准与内部话语体系的封闭性倾向,因而在资产数字化过程中,要求各方对资产的标准条款和数字描述符达成一致并非一项可简单拓展的

---

〔1〕 参见张建文:《如何规制数字金融资产:加密货币与智能契约——俄罗斯联邦〈数字金融资产法〉草案评述》,载《上海政法学院学报(法治论丛)》2018 年第 5 期。

任务，在制度构建时需要以明确的法律和监管政策予以推动。[1]

四、取消存管托管、交付持有等过时概念

从最初的纸质化，到电子化，再到如今向数字化的迈进，证券权利表彰形式的历史变迁，不仅意味着传统意义上以纸质为载体的“证券”成为历史概念，连同在纸质证券基础上衍生形成的存管、托管、交付持有等概念，也同样变得“不合时宜”，因此应当取消存管、托管、交付持有等过时概念。

1. 应当删除证券存管和托管的概念。如前所述，证券存管和托管概念产生并主要适用于证券作为有体物被集中保管的时代背景下。在纸质证券时代，将证券进行存管和托管主要是为了避免实物证券交收过程中的失误，减少证券文书凭证的印刷、交付、注销等烦琐的处理工作，从而简化证券交易后流程，提升证券交易效率。证券无纸化背景下，已然没有了存管和托管的证券实体，证券的交易与登记结算过程，实质上已经转变成了后台系统中高度简化的数据传输与数据处理工作。尤其是由智能合约与区块链提供技术支持的证券交易结算系统，其拥有应对高频次交易与海量数据处理的强大算力，不再需要通过存管或者托管证券的方式提高证券结算效率。在此背景下，证券存管和托管作为特殊历史条件下产生的概念，实际已没有存在的意义，理应废除。

2. 证券交付、持有的概念也没有存在的必要。《证券法》第35条规定，用来交易的证券必须是依法发行并交付的证券。然而，如果证券没有了实物载体，又如何能够“交付”？同样地，没有物质载体的证券“持有”也是无法想象的。需说明的是，取消证券“持有”的概念并

---

〔1〕 参见凯文·比勒、丹尼尔·基雅雷拉等：《区块链技术在资本市场的应用》，载《金融市场研究》2016年第2期。

不意味着不需要进行证券持有模式的探讨与区分,原因在于,证券持有模式是判断证券发行人与证券投资者之间是否存在直接法律关系的依据,关系到证券投资者所享有的证券权利的性质,以及该证券权利的证明方式,[1]即持有和持有模式不可混为一谈。

3. 证券过户的概念也应该被取消。《证券法》第 108 条中规定,证券登记结算机构根据成交结果,按照清算交收规则,与证券公司进行证券和资金的清算交收,并为证券公司客户办理证券的登记过户手续。从中可以看出,过户既是对证券交易结果的确认,也是对证券权利变动事实的确认。[2] 所谓的“过户”,其真实意涵是证券权利的移转,在无纸化的证券交易中体现为证券权属的变更登记。因此,过户概念的使用,既未明确表达出该行为的法律实质,也因此导致法律概念严谨性的丧失,故应予删除。

五、回归证券直接持有并贯彻货银对付原则

对于商事交易活动而言,交易结构越简单,流转环节越少,交易效率也就越高,同时交易安全性也越能够得到更好的保障。证券间接持有模式建立在多层级中介代理以及证券混藏的制度设计之上,在效率与安全价值方面具有相对性:当证券市场中证券实物交割的压力转换成后台系统中的数据处理压力时,拥有强大算力的高速计算机的出现意味着间接持有体系的多层级中介代理反而成为效率提升的阻碍。并且,名义持有以及证券混藏使得证券投资者无法享有完整的证券权利,证券投资者不得不承担着中介机构的信用风险。此外,用以提升效率、化解风险的中央对手方机制,在本质上并非对

---

[1] 参见邓丽:《论无纸化证券的持有与所有》,载《法律科学(西北政法大学学报)》2008 年第 4 期。

[2] 参见周友苏、李红军:《无纸化背景下证券权利若干问题研究》,载《社会科学研究》2012 年第 4 期。

风险的消除，而只是对风险的集中管理，[1]其凭借自身信用汇聚并承担了参与者对手方的信用风险，因此极有可能成为系统性风险的潜在爆发点。在智能合约将证券结算还原到点对点的简易模式时，回归证券的直接持有，并删除间接持有模式下的多级结算、多级托管和中央对手方清算机制，具有返璞归真的重要意义。

证券直接持有模式的优越性之一，即是投资者可以通过对证券权利的直接支配来控制信用风险。从法律的角度来看，信用最核心的含义就是关于权利义务履行的时间差。在关于如何消除结算环节双方在义务履行上的时间差、提升证券权利移转过程中的信用问题上，货银对付制度具有巨大价值。[2] 尽管货银对付早已作为证券结算领域的共识性原则，[3]但在实际的操作过程中，该原则仍未完全实现。如在我国主流的 A 股市场中实行 T+1 的交收方式，股票与资金分开结算，投资者购进股票可以当天（T+0）完成交割过户，但投资者卖出股票的所得资金，只能 T+1 日才能提取。由此可见，该交收结算过程并非真正意义上的货银对付。在由智能合约负责执行的证券交易结算系统中，证券可以实现“交易即结算”，智能合约的模板代码可以保证交易双方资金、证券双向转移的同步性，当且仅当买方的资金到账时才会执行证券给付，反之亦然。智能合约应用下的证券结算能够实现“一手交钱，一手交货”的即时交易，因而可以最大限度地降低交易对手方的信用风险，将原本已经规定的货银对付原则

---

〔1〕 参见姜宇：《中央对手方机制内在矛盾之法律纾解——以衍生品市场为例》，载《金融法苑》2015 年第 1 期。

〔2〕 参见井涛：《论证券结算客观性风险之法律控制》，载《现代法学》2005 年第 1 期。

〔3〕 G30（三十人小组）早在 1989 年的报告中就指出了“货银对付（DVP）应当作为所有证券交易的结算方法，各国在 1992 年之前应该建立相应的 DVP 系统”。G30 Working Group, *Clearance and Settlement Systems in the World's Securities Markets*, 1998.

继续贯彻并予以真正执行。此时，有必要结合智能合约应用下的证券市场特征，将货银对付原则予以细化，修订《证券登记结算管理办法》中有关货银对付的规定，促使“一手交钱，一手交货”的货银对付原则真正在我国贯彻落实。

六、确认节点账户的性质与效力

自证券市场迈入无纸化时代，证券账户便取代实物载体成为证券交易活动的重要工具，与证券账户的相合成为对无纸化证券进行确权的要点之一。而“智能合约自动执行的基础就在于其建立在区块链的账户体系之上，实现账户之间实时的数据传输和变更”[1]。《证券登记结算管理办法》第17条规定“投资者通过证券账户持有证券……”第27条规定“证券登记结算机构根据证券账户的记录，确认证券持有人持有证券的事实……”由此可见，证券账户更像是证券投资者的“证券存折”，记录并反映着证券投资者所持有的证券数量及其变动情况，证券投资者对于证券权利的支配主要体现在对证券账户的支配上。所以，应当认识到证券账户与证券资产间的强关联关系，确认交易节点账户所具有的财产权性质，并以此为基础，从法律层面着手建构证券账户的安全保障机制，从而维护证券资产的安全。

七、修改完善证券结算风险基金制度

智能合约的应用给证券结算带来了巨大变革，证券结算由中心化、多级化的模式转变为点对点的模式，这在降低证券结算成本、提高证券结算效率的同时，也使中央对手方风险隔离机制被弱化，可能引发系统性金融危机。对此，有必要重构证券结算风险基金制度，对与智能合约应用下的证券市场相悖的规定予以修正，以应对因智能合约证券结算平台存在漏洞或者遭受黑客攻击而造成的交收违约情

---

〔1〕 蔡一博：《智能合约与私法体系契合问题研究》，载《东方法学》2019年第2期。

况，保障智能合约证券结算平台正常运转。

实际上，在现有的证券结算体制下，证券结算风险基金制度便是确保中央对手方清算机制正常运行的强有力后盾。正是由于证券结算风险基金的存在，中央对手方才可以有效应对因交易一方违约而产生的信用风险。在智能合约应用的背景下，由于资金和证券需要在交易达成后转移至智能合约，从而形成一种特殊形式的等额担保，[1]加之智能合约本身可以实现交收担保功能，即使中央对手方机制的作用已经被弱化，借助证券结算风险基金制度，证券市场也可以很好地防止交收违约的风险在证券市场扩散，从而起到风险隔离的作用。不过，智能合约毕竟颠覆了证券结算领域中心化的运作模式，因而要想充分发挥证券结算风险基金制度在风险隔离方面的作用，就必须对现有的证券结算风险基金制度予以重构。

首先，需要更换证券结算风险基金的来源。根据《证券结算风险基金管理办法》第 3 条的规定，证券登记结算机构、结算参与人缴纳的份额是基金的主要来源。但在智能合约引入证券市场后，由于证券登记结算机构不再负责组织证券的清算交收，基金缴纳的主体应当由证券登记结算机构更换为智能合约证券结算平台。同时，由于证券公司不再作为结算参与人参与证券结算，此时的“结算参与人”应当更换为证券交易双方。其次，降低证券结算风险基金的数额。智能合约应用下，由于交收违约发生的概率很低，证券结算风险基金的数额并不需要那么大。为此，应当减少证券结算风险基金的数额，以降低证券结算成本。

---

〔1〕 参见卜学民：《论区块链对中央对手方结算的挑战及其应对》，载《北方法学》2019 年第 6 期。

第五节 反洗钱法律规范和银行法律规范的联动修改

金融领域的各部门是有机联系的整体,牵一发而动全身,智能合约在改变证券领域的运作模式和法律架构的同时,也会对现有的反洗钱法律制度和银行法律制度造成一定的冲击,带来证券公司、银行反洗钱职能弱化以及数字货币合法性问题。据此,有必要从更换反洗钱义务主体、推行法定数字货币两个层面,推动银行法律规范和反洗钱法律规范的联动修改,以最大程度发挥智能合约在提高证券市场融资效率、降低融资成本方面的作用。

一、明确智能合约证券平台的反洗钱义务

为了有效防控智能合约应用可能引发的洗钱风险,遏制利用区块链智能合约进行的违法犯罪活动,日本金融厅已于2016年在《支付服务法》中赋予了数字交易平台反洗钱义务。[1] 相较而言,我国《区块链信息服务管理规定》仅对区块链信息服务提供者的身份验证义务进行了规定,未对信息服务提供者科以客户资料和交易记录保存、异常交易报告等方面的义务,因而尚不足以实现对洗钱行为的有效规制。同时,由中国人民银行在内的五部委发布的《关于防范比特币风险的通知》,虽然规定了提供比特币服务的网站必须采取用户识别、可疑交易报告等反洗钱措施,但作为部门规章其效力层级过低,且因为具体标准的欠缺而缺乏可操作性。[2] 据此,智能合约应用于

---

[1] 参见翟晨曦、徐伟等:《区块链在我国证券市场的应用与监管研究》,载《金融监管研究》2018年第7期。

[2] 参见杨东、陈哲立:《虚拟货币立法:日本经验与对中国的启示》,载《证券市场导报》2018年第2期。

证券领域后,我国应当在法律上对现有的反洗钱法律规范予以完善,以有效遏制利用证券交易进行的洗钱行为。

在具体的完善路径方面,笔者认为,应当在法律上明确规定智能合约证券平台负有反洗钱义务。这是因为,既然智能合约证券平台取代了证券公司和银行的职能,那么也应当履行本该由证券公司和银行履行的反洗钱义务。同时,由于所有的证券所有权信息、交易信息、数字证券、数字货币等均保存于区块链网络中,较之于其他主体,作为区块链网络维护者的智能合约证券平台,更容易掌握所有的投资者身份信息和交易信息,也更容易发现隐藏在证券市场中的操纵地址、冒用账户等违法行为。换言之,从效率方面来说,由证券平台承担反洗钱义务具有极大优势。

在具体的规则设计方面,为了给智能合约证券平台履行客户身份识别义务、客户身份资料和交易记录保存义务、大额交易与可疑交易报告义务提供具体的规则指引,我国应当在反洗钱法律规范中将智能合约证券平台纳入金融机构的范围,即在《金融机构反洗钱规定》第 2 条后增加规定"(六)智能合约证券平台",从而使得智能合约证券平台成为法定的反洗钱义务主体,并得以准用反洗钱法律规范有关金融机构反洗钱义务的规定,进而有效减少智能合约证券系统中的洗钱风险。

二、规范和保障法定数字货币的发行

智能合约应用下,为了促进"货银对付"及实时结算的实现,降低资金交收成本,破解数字货币合法性难题,有必要在证券结算过程中使用法定数字货币,即在智能合约应用的背景下,证券登记结算环节交收的不再是电子形式的法定货币,而是代币形式的法定数字货币。然而,就我国现阶段而言,由于尚未正式发行法定数字货币,法律上也没有承认比特币等数字代币的货币属性,加之比特币等数字代币与法定货币之间并没有合法的兑换途径,在智能合约证券系统中,证券交易卖方很可能面临财产权益难以实现的风险。据此,为了维护投资者的合法权益,最大程度发挥智能合约的积极作用,有必要推动银行法律规范的修订,以回应智能合约应用可能面临的数字货币合法性问题。[1]

从一般意义上来说,解决数字货币的合法性问题存在三种不同的路径,第一种是由国家作为发行主体发行法定的数字货币,如委内瑞拉政府已于2018年完成了石油币的发行;第二种是承认比特币等数字代币的财产属性,并允许法定货币和数字代币之间自由兑换,如美国否定了比特币的货币属性,认为比特币仅具有财产属性;第三种则是赋予比特币等数字代币以货币属性,如德国和日本不仅承认了比特币的合法地位,甚至在一定范围内承认了比特币的货币属性,认可了比特币的支付功能。比较来看,基于成本、效率和安全等方面的考量,发行法定的数字货币是我国的最佳选择,主要原因如下:(1)基于安全方面的考量,承认数字代币与法定货币具有同等地位并不具有合理性。原因在于,虽然每种类型的数字代币的发行数量都是有限的,但是由于实践中存在上千种的数字代币,承认数字代币的货币属性会导致大量不受中国人民银行控制的数字代币进入流通领域,从而可能对法定货币的供应量产生极大影响,最终给我国的货币体系带来巨大风险。[2] (2)从成本和效率方面来看,将数字代币界定为虚拟财产,并保障数字代币与法定货币之间的自由兑换,也并非我国的最佳选择。原因在于,将数字代币定义为合法的虚拟财产,虽然

---

〔1〕 See Manuela Geranio, *Fintech in the Exchange Industry*: *Potential for Disruption*, 11 Masaryk University Journal of Law and Technology 245 (2017).

〔2〕 参见赵磊:《论比特币的法律属性——从 HashFast 管理人诉 Marc Lowe 案谈起》,载《法学》2018 年第 4 期。

避免了对我国法定货币体系的冲击，却因为证券交易卖方必须通过将数字代币兑换为法定货币才能实现其合法权益，而不符合证券领域对成本和效率方面的要求。

相较而言，从相关学者的实证研究来看，由于既不会对法定货币的供应量造成影响，也省去了与法定货币之间的兑换环节，发行法定数字货币以支持“智能合约＋证券”的发展，不仅能够满足证券领域在成本、效率和安全方面的需求，还能起到优化传统法定货币的支付功能、打造一种全新的货币工具的作用。[1] 更为重要的是，中国人民银行目前已经在研究法定数字货币的发行，也在少数城市进行了试点，因而即使是从现实的角度来讲，发行法定数字货币这一路径也更具合理性。

实际上，为顺应货币发展新趋势，目前很多国家已开始积极研发法定数字货币，并出台关于法定数字货币的促进政策来推进数字货币的发行进程，以期促进货币智能化，提升本国货币竞争力，我国也不例外。[2] 中共中央、国务院于2019年施行的《关于支持深圳建设中国特色社会主义先行示范区的意见》便指出：“支持在深圳开展数字货币研究与移动支付等创新应用。”

当然，法定数字货币的发行和流通也需要银行法律制度的支持。根据《中国人民银行法》第16条以及《人民币管理条例》第2条的规定，在我国，法定货币仅包括中国人民银行发行的纸币或者硬币。基于此，为了消除法定数字货币发行和流通的法律障碍，有必要对现行

---

〔1〕 参见姚前：《法定数字货币的经济效应分析：理论与实证》，载《国际金融研究》2019年第1期。

〔2〕 2019年8月，中国人民银行支付结算司副司长穆长春指出，“从2014年至今，央行数字货币研究已经开展了5年。我国央行数字货币呼之欲出”。参见中国经济网：《央行法定数字货币呼之欲出》，载人民网2019年8月13日，http://money.people.com.cn/n1/2019/0813/c42877-31292531.html。

中国人民银行法律规范予以修订,扩充《中国人民银行法》第16条以及《人民币管理条例》第2条规定的法定货币的类型,增加中国人民银行发行的数字货币为新的法定货币类型,并增加相关规定对法定数字货币的发行和流通予以规范,[1]从而推动法定数字货币在“智能合约+证券”领域的合法使用,进而保障投资者的合法权益,促进证券登记结算的高效运行。

值得注意的是,由于法定数字货币以区块链为底层技术,具有匿名性的特征,货币监管部门难以对其实施有效监管。因此,法定数字货币在证券市场的应用,除了要解决发行难的问题外,还应破解监管难的困境。为此,应当将货币管理部门设置为智能合约证券平台中的“特权节点”,从而实现对法定数字货币的实时监管,确保法定数字货币在证券市场依法合规应用。[2]

第六节　证券监管制度的完善

基于智能合约的去中心化、匿名性和不可中止特征,在证券市场引入智能合约技术,将使我国的证券监管体系面临监管体制滞后、监管依据缺乏、监管对象模糊、监管手段失灵、监管主体弱化等难题,从而对我国现有的证券监管制度造成巨大冲击。[3] 智能合约应用下,我国证券监管制度的完善,宏观上涉及投资者保护、证券市场创新与效率等多方面的协调问题,微观上受证券发行、交易模式的影响,且

---

〔1〕 参见刘少军:《法定数字货币的法理与权义分配研究》,载《中国政法大学学报》2018年第3期。

〔2〕 参见柯达:《数字货币监管路径的反思与重构——从“货币的法律”到“作为法律的货币”》,载《商业研究》2019年第7期。

〔3〕 See Robert J. Shiller, *Capitalism and Financial Innovation*, 69 Financial Analysts' Journal 21 (2013).

需要与我国的政治体制、证券市场规模及发展程度等相适应，故须在监管理念、监管原则与监管方式等方面进行全面调整，以弥补中介机构监管职能的弱化，应对传统监管手段的失灵。

一、贯彻金融创新与风险防范并重的柔性监管理念

各国政府、各国际组织在面对金融科技时，大多采取了积极迎合且具有一定前瞻性的态度，注重强化同利益相关方的合作，以期抓住技术发展带来的时代机遇，并解决其可能带来的挑战与滥用问题。智能合约应用的背景下，在制定相关监管政策时必须找到一个平衡点——在坚守系统性风险底线的同时对金融创新和新技术应用持开放的态度，在制度的刚性与操作的弹性之间寻求恰当平衡。

（一）关照智能合约"破坏性"创新的包容性监管

金融是以合约连接地对资源的跨时间、跨空间的配置。由于合约代表着交易双方的信用关系，金融意味着信用的风险定价，只要存在金融关系，金融风险就一定会存在。[1] 根据金融稳定理事会（FSB）发布报告中的定义，金融科技是"技术驱动的金融服务创新，其能够形成新的商业模式、应用、流程或产品，并对金融服务的提供产生重大影响"[2]。金融科技是运用新科技创造的新形态的金融服务，换言之，智能合约技术这类金融科技的应用，只是用技术手段完成了信用的风险定价，并没有改变金融业务的本质。[3] 一般而言，金融科技的利润空间往往处于当时法律监管的灰色地带，因此"在某

〔1〕参见易宪容、郑丽雅、何人可：《金融科技合约关系的实质、运行机理及风险防范——基于现代金融理论的一般分析》，载《社会科学》2019 年第 5 期。

〔2〕*Financial Stability Implications from FinTech: Supervisory and Regulatory Issues that Merit Authorities' Attention*, FSB (27 June 2017), https://www.fsb.org/wp-content/uploads/R270617.pdf.

〔3〕参见易宪容、郑丽雅、何人可：《金融科技合约关系的实质、运行机理及风险防范——基于现代金融理论的一般分析》，载《社会科学》2019 年第 5 期。

种意义上,金融创新可以看成是金融机构为了规避监管、躲避管制而产生的"[1]。对于金融机构及其契约安排的回应上,金融监管部门往往表现迟钝。因此在面对新兴的金融业态时,金融监管部门常有主动介入的行为以及监管冲动。[2] 然而,凡是监管行为,在某种程度上便隐含了抑制创新的风险因素,可能会使新技术的应用错失发展良机。

从金融科技运用与金融市场发展间的关系来看,尽管智能合约等金融科技的应用过程可能在金融市场中阶段性地形成风险敞口,并导致不同程度的风险事件发生,但不可否认的是,金融科技发展所带来的不仅是交易效率的提升与交易成本的降低。在优化金融市场结构与提振经济发展方面,金融科技同样具有正向的推动作用。对以金融科技为代表的新型金融创新的监管,各国、各地区多以拥抱的姿态欢迎金融科技时代的到来,其监管目标具有相似性,但因各国、各地区的市场发展、监管模式的差异,形成了不同的监管规则。[3] 传统金融监管倾向于采取命令控制型的监管模式,当金融科技应用不当产生市场风险时,极容易出现监管机构直接以行政禁令予以绞杀的"一刀切"极端做法。对于监管机构而言,这固然是最简单、最便利的处理方法,但这种处理方法不仅对鼓励金融科技创新、保护金融消费者的价值取向极为不利,而且对监管机构防范化解重大金融风险的价值追求而言,也明显不利。[4]

---

〔1〕 吴风云、赵静梅:《统一监管与多边监管的悖论:金融监管组织结构理论初探》,载《金融研究》2002 年第 9 期。

〔2〕 参见沈伟:《金融科技的去中心化和中心化的金融监管——金融创新的规制逻辑及分析维度》,载《现代法学》2018 年第 3 期。

〔3〕 参见沈伟:《金融科技的去中心化和中心化的金融监管——金融创新的规制逻辑及分析维度》,载《现代法学》2018 年第 3 期。

〔4〕 参见朱娟:《我国区块链金融的法律规制——基于智慧监管的视角》,载《法学》2018 年第 11 期。

在一个持续、复杂的破坏性创新时代,知道何时以及如何构建监管干预措施变得更加困难。在这种情况下,监管者不可避免地会选择谨慎的做法,而不是拥抱风险,但这种谨慎做法的结果将会导致新技术更难以及时有效地进入市场。[1] 在现代话语中,治理(governance)是与统治(government)相对的概念,其意味着政府的角色开始由垄断行动者向网络平行参与者转变。[2] 因此,治理理念指导下的监管透出一种柔性的光辉——更尊重被监管主体的意志和权利,而不是简单地将其视为监管对象,更注重运用激励、协商等非强制性手段,而不是生硬地使用强制命令,更注重被监管主体的主动参与和整个民主的过程,而不是单纯选择结果控制等。[3]

所以,在面向智能合约应用的监管思路上,我们既要坚守防范系统性风险的底线,也要鼓励和包容科技创新,不再通过对创新的限制来缓释风险,而是要随着智能合约的技术发展进行适应性调整。传统监管体系建立在监管细则之上,且更为刚性,无法为金融创新提供宽松的市场环境,也无法满足金融科技的发展需求。因此,为了实现鼓励金融创新与不发生系统性金融风险二元目标的价值平衡,考虑到规则立法相对于科技发展的滞后性特征,对智能合约应用进行监管时,监管机构在监管思维上应当更多采用灵活、开放的原则性规范,尽可能地避免采取终局性的监管要求,以缓解可能引发的监管制度适度性与有效性问题。[4]

---

〔1〕 See Mark Fenwick et al. ,*Regulation Tomorrow*: *What Happens When Technology is Faster than the Law*?, 6 American University Business Law Review 561 (2017).

〔2〕 See Guy Peters & John Pierre, *Governance without Government*? *Rethinking Public Administration*, 8 Journal of Public Administration Research and Theory 223 (1988).

〔3〕 参见蒋建湘、李沫:《治理理念下的柔性监管论》,载《法学》2013 年第 10 期。

〔4〕 参见王斌:《智能合约在资产证券化法律风险控制中的应用研究》,载《证券法律评论》2019 年卷。

(二)面向智能合约风险防范的原则性监管

在2017年全国金融工作会议上,防控金融风险、守住不发生系统性风险的底线被作为当前及未来金融工作三大任务之一;党的十九大报告进一步强化了这一原则,将其作为未来几年金融工作的重点。坚持金融监管工作的目标和底线,保持金融稳定,维护金融安全,仍然是金融监管领域的重点工作。由于智能合约技术发展还存在进步空间,智能合约在证券市场的应用方案处于不断完善的阶段,仍然存在诸多不测的风险。尤其是随着区块链上节点数量的增多,智能合约的技术应用会引致去中心化证券市场的扩散。而没有中心化机构监控和疏导市场风险,缺少第三方为市场交易者提供"保险",原本局部性的市场动荡,可能演变成全面的系统性风险。

法律制度的设计与执行须建立在相应的技术发展水平的基础之上,面对信息技术的迅猛发展,"前信息时代"的制度、理论和经验都变得过时。[1] 瞬息万变的证券市场以及智能合约应用带来的全新风险环境下,各种脱序、失范行为快速"推陈出新",给智能合约法律规则的确定化带来挑战,[2]不但证券市场内的原有规则无法捕捉一切,即便想要从原有的海量监管细则中找寻精准对策也不现实。因此,只有不执着于监管细则,采取更为原则的监管方式,才能在保持法律稳定性的前提下,对监管环境的变化做出迅速反应,以上共同导向了秉持开放性标准的原则性监管。[3]

顾名思义,原则性监管以宽泛的原则作为监管的指导思想。原

---

〔1〕 参见范为:《大数据时代个人信息保护的路径重构》,载《环球法律评论》2016年第5期。

〔2〕 参见李怀胜:《三代网络环境下网络犯罪的时代演变及其立法展望》,载《法学论坛》2015年第4期。

〔3〕 参见[荷]乔安妮·凯勒曼等:《21世纪金融监管》,张晓朴译,中信出版社2016年版,第186页。

则性监管意味着不是通过具体、详细的规则，而更多依赖于高位阶的、概括性描述的监管规范（也表现为一种规则）来确立监管对象在商业活动中必须遵守的标准。[1] 从监管细则与具体实施过程中抽离出来的原则性监管，不再纠结于监管者和监管对象之间的具体对应联系，而是在认识到金融监管所处的动态调整状态后，在监管目标与监管要求之间建立直接联系，更加关注金融监管的目标达成，因此是一种结果导向性的监管。在原则性监管下，监管目标的决定权由监管者转向了监管目标，因而极大地强化了监管目标的主动参与性。

面对给证券监管带来诸多变量的智能合约技术应用，秉承开放性标准的原则性监管是较为妥适的选择。类似于立法领域内以开放式标准构建宏观的法律框架，原则性监管也能够通过未被详细界定的智能合约监管内容，以其指引性的通用标准，对智能合约在证券市场应用过程中出现的各类风险进行灵活应对，避免监管落入过于烦冗的细则“泥潭”，提供被监管机构在监管要求范围内更加宽松的金融创新空间，赋予监管部门在达成监管目标前提下更为灵活的监管权力。

综上所述，原则性导向的监管可被视为一种立足各方主体的基础共识并面向未来的监管思维，更能适应前瞻性的监管需要，有助于实现良好的金融监管。未来监管机构可针对智能合约在证券领域的应用发布相应的监管原则和倡导性条款，明确监管目标和监管结果，从而引导“智能合约 + 证券”行业有序健康发展。

二、秉承业务实质与穿透式的监管原则

证券市场中的创新产品层出不穷，新兴科技智能合约的应用使证券业务的复杂性倍增，因此，为了实现对智能合约应用下的证券市

---

〔1〕 参见刘媛：《金融领域的原则性监管方式》，载《法学家》2010 年第 3 期。

场的有效监管,理应在明晰证券市场业务创新实质的同时,秉承业务实质与穿透式的监管原则。

2016 年 10 月 13 日,国务院办公厅在《互联网金融风险专项治理工作实施方案》中正式提出“穿透式”监管这一概念,虽然智能合约与证券市场的结合并不等同于互联网金融,但在监管方面同样应当适用穿透式的监管原则。原因在于,智能合约等金融科技只是技术层面上的优化方案,而证券市场本身依然是资金融通的过程与系统,[1]智能合约技术的应用无法改变证券市场的基本功能,不能变更证券业务的运作机理,更无法掩盖证券业务内在的风险属性。创新监管的前提是洞悉新业务模式的运作机制与金融属性,明确业务实质和业务中暗含的风险。监管穿透的核心功能,并非基于所发现的事实施加新的监管,而正是在于“事实发现”,内容包括对主体的穿透、对产品属性的穿透以及对于嵌套层级的穿透。[2] 智能合约应用于证券市场后,不可被表象中的技术外衣与金融嵌套结构所迷惑,应牢牢把握证券发行融资的业务本质,穿透复杂的技术外表与业务形式,识别证券业务开展的真实情况,围绕证券交易各环节的业务实质进行监管。

在证券市场中,监管部门将实名制作为穿透式监管的重要工具,透过实名制证券账户识别投资者的身份是其常用的监管手段。境外的证券市场经常采用间接持有和多级存托的登记结算模式并建立编码制度和报告制度作为切入点推进穿透式监管。我国一方面在证券账户开立及使用环节推行实名制,要求投资者进入证券市场必须开立证券账户,开立账户时必须出具个人或机构的身份证明文件;另一

〔1〕 参见袁康:《区块链技术在证券市场应用的监管问题研究》,载《证券法苑》2017 年第 5 期。

〔2〕 参见叶林、吴烨:《金融市场的“穿透式”监管论纲》,载《法学》2017 年第 12 期。

方面采用直接持有的证券持有模式，实现证券市场内的账户看穿，从而实施穿透式监管。智能合约的匿名性特征是实质上的假名性，仍然可以与特定的数字身份相关联，根据交易节点的证券交易记录，形成属于该节点的数字信用身份，该身份可以成为交易节点的拟制身份，用以实现证券监管。

除了证券业务的穿透，“代码如何规制，代码作者是谁，以及谁控制代码作者——这些是在网络时代实践正义必须关注的问题。其答案会揭示网络空间是如何被规制的”[1]。对于智能合约系统的底层代码与运算机制，也有必要进行穿透核查，因为“取证及论证的不足，监管方式的正当性，以及最根本的，平台对技术问题的把持。如果希望突破这些局限性，更好地控制算法本身，势必要深入技术黑箱，对算法设计进行干预”[2]。然而，囿于技术的专业性限制，很难要求监管机构具备直接对代码进行查验与监管的能力，因此在预防技术优势方利用代码与算法实现规则垄断方面，至关重要的一点是关于算法的解释权问题。不同于法律解释，算法解释并不要求将算法涉及的所有代码公开，更不需要算法决策的相对人有能力知晓算法搭建、运行及其决策执行的整个过程。算法解释请求权的出现，扎根于算法决策所显示出的技术理性背景，算法解释权制度强调的是特定情形下人为因素的适当干预，并反对完全由机器操作的自动化决策，避免特定人的命运完全被机器操纵，或者遭遇不可知的极端风险。通过易于理解的方式解释算法，有助于提高算法的透明度，从而使算法运行更加地公开公正，当数据错误或者权重失衡的情况出现时能够

---

〔1〕［美］劳伦斯·莱斯格：《代码 2.0：网络空间中的法律》，李旭等译，清华大学出版社 2009 年版，第 89 页。

〔2〕邱遥堃：《法院如何规制算法——从快播案切入》，载《法律和社会科学》2017 年第 1 期。

及时地施以救济。[1]

综上所述,智能合约应用的背景下,我国应当秉持业务实质与穿透式的监管原则,发现智能合约证券系统参与者的真实身份,识别隐藏于区块链、智能合约技术背后的证券业务实质,并据此实施证券监管。同时,为了确保"智能合约+证券"穿透式监管的法治化和谦抑化实施,有必要从法律层面限定穿透式监管的边界和行使限度,确立算法解释请求权制度,从而在维护证券市场安全稳定运行的同时,还能防止监管越位和过度干预对智能合约创新性的扼杀。[2]

三、增强自律监管机构的独立地位和监管权限

由于具备去中心化特征,智能合约的应用将极大地弱化证券登记结算机构、证券公司、证券交易所等中介机构的监管职能,从而给证监会带来不小的监管压力。其实,相较于证监会,证券业协会等自律监管机构更贴近证券市场,更了解证券市场的运行情况,在监管信息的获取和分析方面也更具优势,因而更容易及时发现和制止证券发行中的不法行为。况且,与证监会的"硬约束"——证券法律法规相比,证券业协会的"软约束"——行业自律规则,不仅更容易订立和修改,灵活性、包容性更强,也更有利于为智能合约的应用留下空间。因此,为了有效缓解证监会的监管压力,弥补中介机构监管职能的缺失,促进智能合约在证券领域的应用,应当充分发挥自律监管机构的一线监管职能,使自律监管成为政府行政监管的有益补充,以弥补中介机构监管职能的弱化。在具体的规则设计方面,自律监管职能的

---

[1] 参见姜野、李拥军:《破解算法黑箱:算法解释权的功能证成与适用路径——以社会信用体系建设为场景》,载《福建师范大学学报(哲学社会科学版)》2019年第4期。

[2] 参见许恋天:《互联网金融"穿透式"监管研究》,载《金融监管研究》2019年第3期。

加强应当从以下两个方面入手：

1. 在法律上增强证券业协会的独立地位，并增加其监管权限。证券业协会作为重要的自律监管机构，能够通过制定和执行行业规则、行业标准的方式，"在行业内实施诸如准入登记备案、合规监测、违规惩戒等自我规制行为"〔1〕，对规范和约束证券发行交易和登记结算行为发挥着重要作用。然而，现行《证券法》第十一章虽然赋予了证券业协会自律监管职能——制定规则、调查管理、行业处罚、纠纷解决等，但在实践中，证券业协会主要是作为证监会的政策执行者而存在，过度依附于行政机关，独立性并不强，监管权限也极其有限，监管职能并没有得到充分发挥。〔2〕 随着《中国证券业协会自律措施实施办法》的发布，证券业协会的监管职责和监管手段将更加明晰，自律监管职能也将进一步加强。但在智能合约应用的背景下，为了最大限度发挥证券业协会的自律监管职能，防控中介机构监管职能弱化带来的监管不足风险，还有必要从法律的角度增强证券业协会的独立地位，对证监会和证券业协会的监管范围予以划分，强化和细化证券业协会在制定区块链证券规则、标准，以及对会员进行调查、处罚等方面的权限。〔3〕

2. 通过立法确立智能合约证券平台作为自律监管机构的地位。根据《证券登记结算管理办法》的规定可知，在传统证券登记结算模式下，证券登记结算机构作为自律监管机构，有权通过制定或修改业务管理制度、业务规则、章程的方式，规范投资者、证券公司等证券登记结算主体的行为。实际上，证券登记结算机构的自律监管对证券

---

〔1〕 朱娟：《我国区块链金融的法律规制——基于智慧监管的视角》，载《法学》2018年第11期。

〔2〕 参见张红：《走向"精明"的证券监管》，载《中国法学》2017年第6期。

〔3〕 参见范健、王通平：《亚洲国家和地区证券监管趋同对中国的启示》，载《南京大学学报（哲学·人文科学·社会科学版）》2012年第2期。

市场的平稳运行发挥着重要作用。然而,智能合约应用于证券领域后,由于证券登记结算机构的功能为智能合约证券平台所取代,证券登记结算机构的自律监管职能将随之被大大弱化。其实,较之于证券登记结算机构等证券中介机构,身处证券交易结算一线的智能合约证券平台,在获取证券市场交易结算信息和开展自律监管方面更具优势,可以显著提高证券监管的有效性,起到弥补中介机构“看门人”机制弱化的作用。在智能合约应用下的证券市场中,智能合约证券平台应担负起维护市场秩序的责任,辅助证券监管机构实施市场准入审查,控制证券发行人质量,发现和纠察证券市场中的操纵市场、盗取证券、泄露信息等违法行为,以保障投资者免受欺诈发行和不法行为的侵害。同时,为充分发挥智能合约证券平台的监管职能,法律应当赋予智能合约证券平台独立的自律监管职能,允许其就证券发行、证券交易、证券私钥管理、证券登记、证券结算等事项制定相关的管理制度、规则和章程,并授予其查处违反管理制度、规则和章程的行为的权力。

四、引入监管科技以创新监管手段

智能合约的应用将改变证券市场的运作模式,使监管对象呈现分散化的特征,若继续采取现有的监管手段必将收效甚微,无法实现对证券市场的有效监管。智能合约应用于证券领域后,有必要引入监管沙盒、人工智能、大数据等监管科技手段以创新监管方式,将监管机构以往滞后、被动的监管转变为实时、主动的监管,[1]促进证券监管体系现代化,以破解监管手段失灵带来的监管困境,防控智能合约在证券市场应用可能诱发的风险,从而实现对分散在区块链网络

---

〔1〕 参见杨东:《监管科技:金融科技的监管挑战与维度建构》,载《中国社会科学》2018 年第 5 期。

中的证券发行交易和登记结算活动的有效监管。

(一)建立“监管沙盒”制度

任何技术方案的成熟与完善均不会一蹴而就,而金融创新又需要具备极高的基础性条件,需要承担高昂的试错成本,稍有不慎便可能成为金融风险的策源。从发展现状来看,智能合约还远非“智能”,为了保持刚性的执行力,智能合约必须使用精确的代码,将在事后可能发生的事件与合同状态事无巨细地进行定义。[1] 然而这种运作机制下的智能合约在一定程度上陷于僵化,锁死了嵌于特定时空的主体间关系,导致未能适应变迁之主体关系。[2] 只有从目前的“If - then”条件触发机制,向根据未知场景的“What - if”推演,在计算实验和自主决策等方面实现“智能化”方向发展,[3]智能合约才能更适应复杂多变的证券市场环境。为了适应证券市场中智能合约应用实践的渐进性、阶段性特征,可以尝试引入“监管沙盒”的监管机制。

“沙盒”是计算机安全领域的专业术语,是一种计算机安全机制。为了测试来源不可信且具备破坏力,或者无法判断程序意图的应用程序,测试者人为构造出受限的网络安全环境来测试应用程序,限制授予应用程序的代码访问权限。由于“沙盒”提供了安全隔离措施,应用程序试验过程一般不会影响受保护的真实系统和数据。[4] “监管沙盒”项目是在2016年由英国金融行为监管局(FCA)所启动的项目,该项目一改此前监管中被动、滞后的监管模式,在继续秉承原则

---

〔1〕 See Jeremy M. Sklaroff, *Smart Contracts and the Cost of Inflexibility*, 166 University of Pennsylvania Law Review263 (2017).

〔2〕 参见郭少飞:《区块链智能合约的合同法分析》,载《东方法学》2019年第3期。

〔3〕 See *A Next Generation Smart Contract and Decentralized Application Platform*, ETHEREUM(30 October 2021) ,https://github.com/ethereum/wiki/wiki/White - Paper.

〔4〕 参见柴瑞娟:《监管沙箱的域外经验及其启示》,载《法学》2017年第8期。

监管和底线监管的同时，又加入了包容性监管，允许包括金融科技类的初创企业发展创新，相关主体能够不用担心监管方面的风险。[1] 事实上，"监管沙盒"模式是试验性质的金融监管，既保证了金融创新始终处于监管机构的监管范围和金融风险的可控范围内，同时又留足了金融科技的创新发展空间，类似于我国经济发展过程中实行的先行先试，或者在某些行政区域设置的改革试验区。"监管沙盒"通过局部试验的方式降低现有制度规则对业务创新造成的负面影响，特定业务模式一旦经过监管机构审核并认定已经业务成型、风险可控，便可投入市场，以避免业务模式在成熟之前给市场带来大的波动。[2] 在金融科技这个轮廓尚不清晰，规则也尚待生成的领域，"监管沙盒"很好地平衡了创新与监管、创新与规范、创新与风险之间的关系，是一种更加基于原则而非规则的适应性监管。[3]

2019 年 12 月 5 日，中国人民银行发布公告称，"为贯彻党的十九届四中全会精神，落实《金融科技（FinTech）发展规划（2019—2021 年）》（银发〔2019〕209 号文印发），中国人民银行将积极构建金融科技监管基本规则体系，探索运用信息公开、产品公示、社会监督等柔性管理方式，努力打造包容审慎的金融科技创新监管工具，着力提升金融监管的专业性、统一性和穿透性……支持在北京市率先开展金融科技创新监管试点，探索构建符合我国国情、与国际接轨的金融科技创新监管工具"[4]，由此开启了中国版的金融科技"监管沙盒"。

〔1〕 参见沈伟：《金融科技的去中心化和中心化的金融监管——金融创新的规制逻辑及分析维度》，载《现代法学》2018 年第 3 期。

〔2〕 参见王斌：《智能合约在资产证券化法律风险控制中的应用研究》，载《证券法律评论》2019 年卷。

〔3〕 参见廖凡：《论金融科技的包容审慎监管》，载《中外法学》2019 年第 3 期。

〔4〕《央行支持在北京市率先开展金融科技创新监管试点》，载证券日报网 2019 年 12 月 5 日，http://www.zqrb.cn/finance/hongguanjingji/2019-12-05/A1575545767436.htm。

事实上，采纳“监管沙盒”制度的目的之一，正是为了帮助我们正视智能合约技术发展过程中的某些风险，不断调整监管方向与监管边界。

因此，为了在有效应对智能合约应用引发的风险、缓解证券监管机构监管压力的同时，还能为智能合约的应用留下空间，避免扼杀智能合约带来的金融创新，未来我国应建立“监管沙盒”机制，使智能合约证券平台在相对封闭和安全的环境下先行测试，“并在测试过程中准确评估风险并探索合适的监管规则”〔1〕。当然，“监管沙盒”机制的有效运行需要处理好三个方面的问题，(1)授权创新的范围不能脱离监管框架，技术创新应在风险可控的基础上进行；(2)要控制承担创新风险的主体范围，创新风险不能转嫁到一般投资者身上；(3)要为“监管沙盒”的应用提供法律保障，从法律层面明晰沙盒监管的主体、权限和职责。

(二)利用智能合约实现实时自动监管

智能合约等金融科技的发展给监管机构带来“监管时点”的两难选择：过早的监管可能导致对金融创新的扼杀，而监管过晚则可能演变成大面积风险爆发时监管行动的延迟。此时，对于监管时点的精准把握成为监管机构必须面对的难题。〔2〕 事实上，监管与创新之间的脱节，不仅与监管机构缺乏有效的监管工具密切关联，也与创新发展的速度超前于现行的监管法规息息相关，深层原因则在于，传统的金融监管已落后于金融行业的发展。〔3〕 在应对智能合约等金融科技的创新发展时，之所以传统监管方式时常捉襟见肘，不容忽视的原

---

〔1〕 袁康：《区块链技术在证券市场应用的监管问题研究》，载《证券法苑》2017 年第 5 期。

〔2〕 参见周仲飞、李敬伟：《金融科技背景下金融监管范式的转变》，载《法学研究》2018 年第 5 期。

〔3〕 参见杨东：《区块链如何推动金融科技监管的变革》，载《人民论坛·学术前沿》2018 年第 12 期。

因是监管方与被监管方之间存在技术壁垒。因此,我们有必要在传统金融监管维度之外,加以创新技术加持的科技维度,形成双维监管体系,以信息的反馈与工具的创新作为智能合约规制的重要抓手,采用与金融科技发展相匹配的科技驱动型监管模式,回应金融科技监管的特殊性。[1]

金融监管科技的发展,也带来了监管方式的创新。从本质上来看,无论是智能合约的代码规则还是立法部门的法律规制,都是一种信任机制,而二者关系的不确定性导致了对代码规则两极分化的评价。其实尚有另一条路可选,即问题的焦点可以不放在对于智能合约的监管,而是聚集于利用智能合约实现最终的监管目标上。智能合约本身就是一个强有力的执行工具,而区块链又提供了完整而可靠的交易数据库,相对于调用进行二次数据归集,通过监管协调实现监管目标,"区块链+智能合约"能够提供一个自给自足的证券交易监管系统,不需要专人持续地观测和评估智能合约代码所代表的交易义务是否已经履行,从而大大降低各方的监督成本以及投机风险。很大程度上,监管的自动化有利于监管者从日常监管的琐碎中解脱,从而更加专注监管政策问题。[2]

金融监管科技不仅可以增进效率,也引起传统监管范式发生转变。利用加入智能合约技术的金融监管科技,监管机构以往滞后、被动的监管行动将转变为实时、主动的监管行为。在采用智能合约作为金融监管科技的未来监管框架中,可以在事前将监管政策与合规性要求"翻译"成数字化监管协议,并置于智能合约模板的底层代码之中,搭建监管平台作为链上节点;在事中通过嵌于区块链上的智能

---

〔1〕 参见杨东:《监管科技:金融科技的监管挑战与维度建构》,载《中国社会科学》2018 年第 5 期。

〔2〕 参见廖凡:《论金融科技的包容审慎监管》,载《中外法学》2019 年第 3 期。

合约自主自动地采集监管数据，不间断地向监管节点传输和报告证券市场的相关信息，实现对证券市场内风险态势的动态感知与智能分析；在事后结合监管合规性分析的结果，实施智能化的风险信息共享、合规情况可视化展示、风险处置干预、监管模型优化等。[1] 同时，由于预言机的存在，智能合约可以实时接收并响应来自外界的环境变化，实现区块链空间与真实世界间的交互。监管科技运用下，依托更全面翔实的市场信息与更强大的算力分析，证券监管的覆盖面与监管的有效性均将获得极大提升，市场监管的适应性也将明显改善。身兼"合规"与"监管"双维的金融监管科技，可以有效推动监管者与监管对象之间的双向互动交流。

可见，法律代码化不仅能够实现对证券发行交易活动的实时、自动监管，"形成一个法律规则和技术规则协同工作的监管框架"[2]，从而极大地提高监管效率，降低监管成本，还能促使用户在使用智能合约进行证券发行交易活动时自动遵守法律，避免传统监管手段在事前监管方面的不足，提高市场主体对证券法律规则的遵从性。

智能合约应用于证券市场后，监管机构可以在区块链上编制特定的智能合约，由智能合约定期遍历各个节点和区块，对交易状况进行实时排查。若是出现交易量过大、价格明显偏离正常情况的异常交易订单，系统将立刻报送给监管机构，从而便于监管机构及时发现交易异常状况并采取相应措施。此外，为了克服信息不对称导致的监管难题，可将证监会等监管部门设置为智能合约平台中的"超级节点"，以便于监管部门对证券市场进行实时监控；最后，还可以利用大数据提高监管信息整合的效率，采用人工智能提

---

〔1〕 参见李伟：《监管科技应用路径研究》，载《清华金融评论》2018 年第 3 期。

〔2〕 罗威：《区块链技术在金融领域的创新及应用》，载《技术经济与管理研究》2018 年第 8 期。

升监管的自动化水平,以最大限度提高证券监管效率。

当然,规范意义上的网络治理,其核心是各主体之间的权力配置,常态下权力之间彼此不僭越、不替代、不干预是基础,[1]对于监管机构而言,也需要防止其利用智能合约的新技术优势,超越职权的合理边界滥用权力。

同时,法律代码化在规范市场运行、提高证券法律遵从性、降低合规成本的同时,也存在与现行法律规则产生冲突的可能性,可能导致代码化的法律实施难以实现监管者预设的目标。为了化解代码规则与法律规则之间可能存在的冲突,对代码规则的运行形成有效规范,可以采取如下对策:以法律规则对代码规则加以规范。为了减少智能合约的代码编写漏洞,确保代码规则与法律规则的一致性,缩小代码实施和法律执行之间的差异,相关部门需要运用法律规则对代码规则进行干预、限制和矫正。这类似于市场经济体制下,当市场机制出现失灵时,政府需要进行干预,以矫正市场失灵。当代码规则与法律规则不一致或代码规则出错的时候,也需要相关机构进行干预和矫正,以防止代码失灵对证券交易秩序带来的巨大破坏。

---

〔1〕 参见何明升:《中国网络治理的定位及现实路径》,载《中国社会科学》2016 年第 7 期。

结　语

智能合约能够推动证券发行的市场化、证券交易的去中介化，实现实时化和自动化的证券发行交易和登记结算，在证券市场具有广阔的应用前景。然而，智能合约技术尚未发展成熟，关键技术亟待突破，应用于证券市场可能引发一系列风险。因此，评估智能合约应用可能引发的风险，剖析智能合约应用可能对证券法律制度、监管制度、反洗钱法律制度和银行法律制度带来的冲击和挑战，并提出相应的法律对策和监管对策，是智能合约在证券市场得以落地的前提。通过对智能合约在证券市场应用的优势、风险以及法律对策进行分析，本书得出以下结论：

1. 智能合约在证券市场应用风险与机遇并存。目前，信任缺失、信息不对称和行政色彩浓厚等问题已经严重限制了我国证券市场的发展，导致证券市场投机盛行、非法交易频发、资源配置效率低下，阻碍了证券市场更好地服务于实体经济。智能合约具备去中心、可追溯、强信任、自动执行等特征，能够实现去中心化、自动化的证券发行、交易和登记结算，不仅可以弥补现阶段我国证券市场存在的信任缺失、信息不对称和行政色彩浓厚等缺陷，也能满足证券市场在降低融资成本、提高投资者热情、提升市场自动化水平、保障交易安全等方面的需求,智能合约的应用将深刻改变整个证券行业的未来。[1] 在我国推进金融供给侧结构性改革的背景下,以智能合约等科技创新来提高证券市场资源配置效率与风险抵御能力是我国的必然选择。当然,智能合约在证券市场的应用是一把"双刃剑"。由于智能合约技术还处于发展初期,加之我国的证券法律制度是建立在现有的证券发行、交易模式的基础之上的,智能合约应用于证券市场难免面临技术风险和法律风险。因此,智能合约在证券市场的应用风险与机遇并存,在引入智能合约技术改造证券市场时,需要对智能合约应用带来的优势和风险作全面评估,并提出具有前瞻性和系统性的治理对策,以充分发挥智能合约技术对证券市场改革升级的推动作用。

2. 智能合约在证券市场应用的风险整体可控。根据前文所述,由于智能合约具有不可篡改、不可中止、匿名等特征,加之智能合约可能存在漏洞或者遭遇恶意攻击,智能合约应用于证券市场将诱发信息泄露、错误登记结算难以纠正、证券丢失等风险。不过,智能合约应用引发的风险大多是合规风险和技术风险,并不属于系统性、全局性的风险,因而多数都是可以通过技术的改进和法律法规的完善来缓解的,而且随着监管技术的不断改进,未来智能合约的应用会更加规范,技术风险也有望得到有效控制。比如针对信息泄露问题,目前已经有诸多学者提出了零知识证明、保护隐私的智能合约等解决方案。[2] 随着区块链加密技术的优化,以及投资者个人信息保护制度的完善,未来信息泄露问题将得以缓解,投资者的信息安全也会得

〔1〕 参见曹锋、宋天玮:《区块链技术在证券市场中的应用探索》,载《清华金融评论》2017 年第 4 期。

〔2〕 See Jiang Jiaying, *The Normative Role of Smart Contracts*, 15 US – China Law Review 139 (2018).

到保障。又如,代码漏洞问题是证券丢失、算法操纵市场、信息泄露等多种风险的根源,而目前已经有学者提出了通过民主决议的方式来解决代码漏洞问题。[1] 同时,随着智能合约技术的发展,以及智能合约制定标准、安全审计机制等制度的建立,智能合约漏洞频发的现状将得以改变,智能合约漏洞引发的风险也会得到控制。综上所述,随着智能合约技术的进步、证券法律制度的完善以及监管手段的创新,智能合约在证券市场应用的风险是可以控制在一定范围内的,是可以被克服的。

3. 智能合约在证券市场的应用应当循序渐进。基于风险防范的考量,由于智能合约技术尚未发展成熟,其在证券市场的应用应当遵循循序渐进原则,先在场外市场试点,再逐渐扩展到场内市场;先从清算结算环节应用,再扩展到发行交易环节;先在智能合约证券平台进行内部小范围测试,再逐步扩展至整个证券市场。具言之:

(1)智能合约在证券市场的应用应当先从场外市场展开。当前智能合约的技术漏洞问题还未得到解决,在证券市场应用可能引发交易安全风险。而场内市场流动性较高,具有交易频次高、标准化程度高和风险传递面广且迅速的特征,“对全局性风险的容忍度极低”,一旦因智能合约漏洞而产生错误交易,将会对证券市场造成极大影响,造成难以估量的损失。[2] 相形之下,场外市场流动性较差,交易的频次和标准化程度较低,风险的传递较慢,错误交易造成的影响也较小,更适合作为智能合约的试点市场。正如上海证券交易所原CTO白硕所言,就当前来说,将区块链智能合约技术引入场内市场存

[1] 参见王延川:《智能合约的构造与风险防治》,载《法学杂志》2019年第2期。
[2] 参见曹锋、宋天玮:《区块链技术在证券市场中的应用探索》,载《清华金融评论》2017年第4期。

在技术“瓶颈”,在交易效率方面也没有优势。[1] 相较而言,小生态、全链条、报价驱动、低流动性的场外市场才是智能合约的理想应用场景。[2] 当然,智能合约在场内市场的应用将会随着区块链智能合约技术的不断发展而逐步推进。

(2)无论是从实践的层面,还是从学者研究的层面,我们都可以发现证券清算结算是智能合约的最佳落地领域。从证券发行、交易和登记结算全流程来看,“现存的股票交易指令环节的过程比较高效,但股票交易的结算和清算过程容易出错”[3]。清算结算是证券市场较为容易出错、效率也不太高的领域,加之其极度依赖证券公司、证券登记结算机构等中介,存在耗时长、成本高等问题,亟须利用智能合约进行全面改革升级。基于此,证券清算结算是智能合约在证券领域的最佳落地环节。当然,随着智能合约技术的发展,未来也会逐步应用于证券发行交易环节。

从整体上来说,随着智能合约技术的蓬勃发展,证券市场即将迎来新的发展契机,困扰证券市场的权力寻租、IPO 造假、发行难、发行慢和发行贵等问题将得到有效缓解,证券交易结算效率将显著提升。当然,必须承认的是,智能合约在证券领域的应用不仅涉及证券法律制度的修订与完善,还需要智能合约基础法律规范的增加,更需要智能合约技术自身的成熟和完善。因此,智能合约在证券领域应用的前景虽然是光明的,但道路可能是曲折的,需要证券行业、智能合约行业、立法者和监管者的不断努力与探索。

---

〔1〕 参见白硕:《区块链取代场内交易没有优势,技术上仍有瓶颈》,载上海高金金融研究院 2020 年 6 月 6 日,http://www.cgftedu.com/articles/details/676。

〔2〕 参见凯文·比勒、丹尼尔·基雅蕾拉等:《区块链技术在资本市场的应用》,载《金融市场研究》2016 年第 2 期。

〔3〕 李淼焱、何利辉、李靖:《区块链技术对金融体系的冲击、塑形及风险分析》,载《宏观经济管理》2017 年第 6 期。

参 考 文 献

一、中文著作

[1]程淑娟:《证券法学》,武汉大学出版社2010年版。

[2]范健、王建文:《证券法》,法律出版社2007年版。

[3]范中超:《证券无纸化的法律问题》,中国政法大学出版社2010年版。

[4]冯果主编:《证券法》,武汉大学出版社2014年版。

[5]何诚颖:《区块链金融革命》,中国财政经济出版社2018年版。

[6]李中、周思宇、李杨编著:《审慎变革:区块链与证券市场的未来之路》,清华大学出版社2018年版。

[7]刘春长:《中国证券市场监管制度及其变迁研究》,中国金融出版社2010年版。

[8]梅世云编著:《国际证券托管结算体系研究》,中国金融出版社2013年版。

[9]强力:《金融法》,法律出版社2004年版。

[10]王静:《无纸化证券与证券法的变革》,中国法制出版社2009年版。

[11]王萍:《证券交易与监管法律研究》,中国政法大学出版社2015年版。

[12]徐士敏:《证券市场的风险控制》,上海财经大学出版社2009年版。

[13]杨东:《区块链+监管=法链》,人民出版社2018年版。

[14]叶林:《证券法》,中国人民大学出版社2006年版。

[15]张国平:《中国证券登记结算制度研究》,中山大学出版社2012年版。

[16]赵威、仲伟光:《证券间接持有法律问题研究》,中国检察出版社 2008 年版。
[17]朱伟一:《证券法》,中国政法大学出版社 2018 年版。
[18]翟艳:《投资者适当性制度研究》,中央编译出版社 2018 年版。

二、中文译著

[1][加]唐塔普斯科特、亚力克斯·塔普斯科特:《区块链革命:比特币底层技术如何改变货币、商业和世界》,凯尔、孙铭、周沁园译,中信出版社 2016 年版。
[2][美]威廉·穆贾雅:《区块链商业——开启加密经济新时代》,林华等译,中信出版集团股份有限公司 2016 年版。
[3][英]彼得·诺曼:《管道工程师与梦想家——证券结算和欧洲金融市场》,董屹译,中国发展出版社 2016 年版。
[4][英]彼得·诺曼:《全球风控家——中央对手方清算》,梁伟林译,中国金融出版社 2013 年版。
[5][美]劳伦斯·莱斯格:《代码 2.0:网络空间中的法律》,李旭、沈伟伟译,清华大学出版社 2009 年版。
[6][法]普里马韦拉·德·菲利皮、[美]亚伦·赖特:《监管区块链:代码之治》,卫东亮译,中信出版集团股份有限公司 2019 年版。
[7][美]梅兰妮·斯万:《区块链:新经济蓝图及导读》,韩锋主编,新星出版社 2018 年版。
[8][法]伊夫·居荣:《法国商法》,罗结珍、赵海峰译,法律出版社 2004 年版。
[9][古希腊]亚里士多德:《政治学》,吴寿彭译,商务印书馆 1983 年版。
[10][荷兰]乔安妮·凯勒曼、雅各布·德汗、费姆克·德弗里斯:《21 世纪金融监管》,张晓朴译,中信出版集团股份有限公司 2016 年版。

三、中文期刊文献

[1]卜学民:《论区块链对中央对手方结算的挑战及其应对》,载《北方法学》

2019 年第 6 期。
[2]崔志伟:《区块链金融:创新、风险及其法律规制》,载《东方法学》2019 年第 3 期。
[3]崔金珍:《从法律责任视角论证券市场内幕交易行为监管》,载《法学杂志》2018 年第 6 期。
[4]陈吉栋:《智能合约的法律构造》,载《东方法学》2019 年第 3 期。
[5]陈洁:《科创板注册制的实施机制与风险防范》,载《法学》2019 年第 1 期。
[6]陈思语:《区块链应用于证券交易的法律风险及防范》,载《法律适用》2019 年第 23 期。
[7]陈姿含:《数字货币法律规制:技术规则的价值导向》,载《西安交通大学学报(社会科学版)》2020 年第 3 期。
[8]陈兴良:《虚拟财产的刑法属性及其保护路径》,载《中国法学》2017 年第 2 期。
[9]蔡一博:《智能合约与私法体系契合问题研究》,载《东方法学》2019 年第 2 期。
[10]柴瑞娟:《监管沙箱的域外经验及其启示》,载《法学》2017 年第 8 期。
[11]曹锋、宋天玮:《区块链技术在证券市场中的应用探索》,载《清华金融评论》2017 年第 4 期。
[12]范健、王通平:《亚洲国家和地区证券监管趋同对中国的启示》,载《南京大学学报(哲学·人文科学·社会科学版)》2012 年第 2 期。
[13]范为:《大数据时代个人信息保护的路径重构》,载《环球法律评论》2016 年第 5 期。
[14]封思贤、杨靖:《法定数字货币运行的国际实践及启示》,载《改革》2020 年第 5 期。
[15]封涌、刘伟:《法治视野下程序化交易的市场公平性影响及相关民事责任探讨》,载《理论月刊》2015 年第 7 期。
[16]顾功耘:《证券交易异常情况处置的制度完善》,载《中国法学》2012 年

第 2 期。
[17]郭少飞：《“去中心化自治组织”的法律性质探析》，载《社会科学》2020 年第 3 期。
[18]高奇琦：《智能革命与国家治理现代化初探》，载《中国社会科学》2020 年第 7 期。
[19]高丝敏：《论股东赋权主义和股东赋能的规则构造——以区块链应用为视角》，载《东方法学》2021 年第 3 期。
[20]管斌：《论金融法的风险维度》，载《华中科技大学学报（社会科学版）》2012 年第 4 期。
[21]侯东德、苏成慧：《证券投资者个人信息的法律保护》，载《法学杂志》2018 年第 9 期。
[22]何人可：《基于区块链的智能合约在金融领域应用及风险防控》，载《理论探讨》2020 年第 5 期。
[23]何明升：《中国网络治理的定位及现实路径》，载《中国社会科学》2016 年第 7 期。
[24]金晶：《数字时代经典合同法的力量——以欧盟数字单一市场政策为背景》，载《欧洲研究》2017 年第 6 期。
[25]蒋建湘、李沫：《治理理念下的柔性监管论》，载《法学》2013 年第 10 期。
[26]井涛：《论证券结算客观性风险之法律控制》，载《现代法学》2005 年第 1 期。
[27]柯达：《区块链数字货币的证券法律属性研究——兼论我国〈证券法〉证券定义的完善》，载《金融监管研究》2020 年第 6 期。
[28]蒋舸：《作为算法的法律》，载《清华法学》2019 年第 1 期。
[29]蒋大兴：《隐退中的“权力型”证监会——注册制改革与证券监管权之重整》，载《法学评论》2014 年第 2 期。
[30]姜野、李拥军：《破解算法黑箱：算法解释权的功能证成与适用路径——以社会信用体系建设为场景》，载《福建师范大学学报（哲学社会科学版）》2019 年第 4 期。

[31]黄辉:《金融机构的投资者适当性义务:实证研究与完善建议》,载《法学评论》2021 年第 2 期。

[32]凯文·沃巴赫、林少伟:《信任,但需要验证:论区块链为何需要法律》,载《东方法学》2018 年第 4 期。

[33]刘少军:《法定数字货币的法理与权义分配研究》,载《中国政法大学学报》2018 年第 3 期。

[34]刘友华:《算法偏见及其规制路径研究》,载《法学杂志》2019 年第 6 期。

[35]刘品新:《印证与概率:电子证据的客观化采信》,载《环球法律评论》2017 年第 4 期。

[36]刘瑜恒、周沙骑:《证券区块链的应用探索、问题挑战与监管对策》,载《金融监管研究》2017 年第 4 期。

[37]刘志云、史欣媛:《论证券市场中介机构"看门人"角色的理性归位》,载《现代法学》2017 年第 4 期。

[38]刘道远:《中国证券市场国际化改革的法律困境及其破解——以美国证券法为镜鉴》,载《法商研究》2016 年第 4 期。

[39]刘胜军:《论商事外观主义》,载《河北法学》2016 年第 8 期。

[40]刘媛:《金融领域的原则性监管方式》,载《法学家》2010 年第 3 期。

[41]李东方:《证券登记结算的法理基础研究》,载《中国政法大学学报》2018 年第 5 期。

[42]李东方:《证券监管法的理论基础》,载《政法论坛》2019 年第 3 期。

[43]李曙光:《新股发行注册制改革的若干重大问题探讨》,载《政法论坛》2015 年第 3 期。

[44]李文莉:《证券发行注册制改革:法理基础与实现路径》,载《法商研究》2014 年第 5 期。

[45]李敏:《融资领域区块链数字资产属性争议及监管:美国经验与启示》,载《现代法学》2020 年第 2 期。

[46]李怀胜:《三代网络环境下网络犯罪的时代演变及其立法展望》,载《法学论坛》2015 年第 4 期。

[47]廖凡：《论金融科技的包容审慎监管》，载《中外法学》2019 年第 3 期。
[48]柳经纬：《标准与法律的融合》，载《政法论坛》2016 年第 6 期。
[49]吕成龙：《我国〈证券法〉需要什么样的证券定义》，载《政治与法律》2017 年第 2 期。
[50]马治国、刘慧：《中国区块链法律治理规则体系化研究》，载《西安交通大学学报（社会科学版）》2020 年第 3 期。
[51]马其家、卜学民：《论我国推行区块链证券结算的可能及法律监管路径》，载《中国社会科学院研究生院学报》2020 年第 6 期。
[52]戚学祥：《超越风险：区块链技术的应用风险及其治理》，载《南京社会科学》2020 年第 1 期。
[53]任春伟、孟庆江：《区块链与证券清算结算》，载《中国金融》2017 年第 5 期。
[54]倪蕴帷：《区块链技术下智能合约的民法分析、应用与启示》，载《重庆大学学报（社会科学版）》2019 年第 3 期。
[55]邱新国：《关于期货交易所“中央对手方”法律地位问题的探讨》，载《上海金融》2016 年第 10 期。
[56]石超：《区块链技术的信任制造及其应用的治理逻辑》，载《东方法学》2020 年第 1 期。
[57]沈伟：《金融科技的去中心化和中心化的金融监管——金融创新的规制逻辑及分析维度》，载《现代法学》2018 年第 3 期。
[58]苏宇：《区块链治理的政府责任》，载《法商研究》2020 年第 4 期。
[59]王利明：《数据共享与个人信息保护》，载《现代法学》2019 年第 1 期。
[60]王熠珏：《“区块链＋”时代比特币侵财犯罪研究》，载《东方法学》2019 年第 3 期。
[61]王延川：《智能合约的构造与风险防治》，载《法学杂志》2019 年第 2 期。
[62]王延川：《“除魅”区块链：去中心化、新中心化与再中心化》，载《西安交通大学学报（社会科学版）》2020 年第 3 期。
[63]王文君：《金融智能合约技术性与合法性的功能主义检视》，载《金融发

展研究》2021 年第 3 期。
[64]王潺、杨辉旭:《智能合约的私法挑战与应对思考》,载《云南社会科学》2019 年第 4 期。
[65]吴烨:《论智能合约的私法构造》,载《法学家》2020 年第 2 期。
[66]吴燕妮:《境外黑池交易平台的发展演进及法律风险防范对我国的启示》,载《兰州学刊》2018 年第 7 期。
[67]万国华、孙婷:《证券区块链金融:市场变革、法律挑战与监管回应》,载《法律适用》2018 年第 23 期。
[68]万国华、孙婷:《"区块链 + 证券"的理想、现实与监管对策研究》,载《上海金融》2017 年第 6 期。
[69]汪青松:《区块链系统内部关系的性质界定与归责路径》,载《法学》2019 年第 5 期。
[70]汪青松:《区块链作为治理机制的优劣分析与法律挑战》,载《社会科学研究》2019 年第 4 期。
[71]许可:《决策十字阵中的智能合约》,载《东方法学》2019 年第 3 期。
[72]熊光清、熊健坤:《多中心协同治理模式:一种具备操作性的治理方案》,载《中国人民大学学报》2018 年第 3 期。
[73]邢会强:《我国〈证券法〉上证券概念的扩大及其边界》,载《中国法学》2019 年第 1 期。
[74]邢会强:《内幕交易惩罚性赔偿制度的构造原理与现实选择》,载《中国社会科学》2018 年第 4 期。
[75]夏庆峰:《区块链智能合同的适用主张》,载《东方法学》2019 年第 3 期。
[76]席涛:《〈证券法〉的市场与监管分析》,载《政法论坛》2019 年第 6 期。
[77]萧鑫:《区块链技术在证券结算中的应用与监管应对》,载《行政法学研究》2020 年第 3 期。
[78]徐海燕:《论证券公司在从事经纪业务时与投资者之间的代理关系》,载《法学杂志》2008 年第 4 期。
[79]许恋天:《互联网金融"穿透式"监管研究》,载《金融监管研究》2019 年

第 3 期。
[80]易宪容、郑丽雅等:《金融科技合约关系的实质、运行机理及风险防范——基于现代金融理论的一般分析》,载《社会科学》2019 年第 5 期。
[81]姚前:《基于区块链的新型金融市场基础设施》,载《中国金融》2019 年第 23 期。
[82]姚前:《法定数字货币的经济效应分析:理论与实证》,载《国际金融研究》2019 年第 1 期。
[83]杨延超:《论数字货币的法律属性》,载《中国社会科学》2020 年第 1 期。
[84]杨志华、陈娟等:《证券型通证的海外实践与分析》,载《证券市场导报》2021 年第 4 期。
[85]杨东、陈哲立:《虚拟货币立法:日本经验与对中国的启示》,载《证券市场导报》2018 年第 2 期。
[86]杨东:《区块链如何推动金融科技监管的变革》,载《人民论坛 · 学术前沿》2018 年第 12 期。
[87]杨东、武雨佳:《智能投顾中投资者适当性制度研究》,载《国家检察官学院学报》2019 年第 2 期。
[88]袁康:《无纸化背景下我国证券登记结算制度的改革与完善》,载《证券法苑》2011 年第 2 期。
[89]袁康:《区块链技术在证券市场应用的监管问题研究》,载《证券法苑》2017 年第 5 期。
[90]袁勇、王飞跃:《区块链技术发展现状与展望》,载《自动化学报》2016 年第 4 期。
[91]叶林:《关于股票发行注册制的思考——依循“证券法修订草案”路线图展开》,载《法律适用》2015 年第 8 期。
[92]叶林、吴烨:《金融市场的“穿透式”监管论纲》,载《法学》2017 年第 12 期。
[93]郑戈:《区块链与未来法治》,载《东方法学》2018 年第 3 期。
[94]郑玉双:《破解技术中立难题——法律与科技之关系的法理学再思》,载《华东政法大学学报》2018 年第 1 期。

[95] 中国人民大学课题组、叶林:《证券登记结算法律制度完善研究》,载《证券法苑》2014 年第 1 期。

[96] 赵刚:《区块链技术的本质与未来应用趋势》,载《人民论坛 · 学术前沿》2018 年第 12 期。

[97] 赵磊:《区块链技术的算法规制》,载《现代法学》2020 年第 2 期。

[98] 张保红:《我国证券登记结算制度的缺陷及重构——兼论〈中华人民共和国证券法〉第七章的修订》,载《法商研究》2014 年第 2 期。

[99] 张红:《走向"精明"的证券监管》,载《中国法学》2017 年第 6 期。

[100] 张付标、刘鹏:《投资者适当性的法律定位及其比较法分析》,载《证券市场导报》2014 年第 5 期。

[101] 张超:《证券型 Token 发行的监管范式转变》,载《行政法学研究》2020 年第 3 期。

[102] 张付标、李玫:《论证券投资者适当性的法律性质》,载《法学》2013 年第 10 期。

[103] 张才琴、金琦雯:《论我国证券错误交易撤销制度的构建——域外经验及其借鉴》,载《法商研究》2014 年第 5 期。

[104] 张庆立:《区块链应用的不法风险与刑事法应对》,载《东方法学》2019 年第 3 期。

[105] 张文显:《构建智能社会的法律秩序》,载《东方法学》2020 年第 5 期。

[106] 张凌寒:《风险防范下算法的监管路径研究》,载《交大法学》2018 年第 4 期。

[107] 赵磊:《论比特币的法律属性——从 HashFast 管理人诉 Marc Lowe 案谈起》,载《法学》2018 年第 4 期。

[108] 赵磊、石佳:《依法治链:区块链的技术应用与法律监管》,载《法律适用》2020 年第 3 期。

[109] 赵磊:《商事信用:商法的内在逻辑与体系化根本》,载《中国法学》2018 年第 5 期。

[110] 赵万一、华德波:《公司治理问题的法学思考——对中国公司治理法律

Review 139 (2018).

[15] Adam J. Kolber, *Not - So - Smart Blockchain Contracts and Artificial Responsibility*, 21 Stanford Technology Law Review 198 (2018).

[16] Lucy Kelly, *What Is Enabled: How Blockchain Enabling Legislation Fails Commercial Contracts*, 16 Rutgers Journal of Law and Public Policy 1 (2019).

[17] Karen Yeung, *Regulation by Blockchain: The Emerging Battle for Supremacy between the Code of Law and Code as Law*, 82 Modern Law Review 207 (2019).

[18] Lee Joseph, *Distributed Ledger Technologies (Blockchain) in Capital Markets: Risk and Governance*, SSRN Electronic Journal 1 (2018).

[19] Mills David & Kathy Wang et al., *Distributed Ledger Technology in Payments, Clearing, and Settlement*, Finance and Economics Discussion Series (Sept. 5, 2016), https://doi.org/10.17016/FEDS.2016.095.

[20] Miraz M. H. & Donald D. C., *Application of Blockchain in Booking and Registration Systems of Securities Exchanges*, 2018 International Conference on Computing, Electronics & Communications Engineering (Aug. 17, 2018), https://ieeexplore.ieee.org/document/8658726.

[21] Philipp Paech, *The Governance of Blockchain Financial Networks*, 80 Modern Law Review 1073 (2017).

[22] Pinna Andrea & W. Ruttenberg, *Distributed Ledger Technologies in Securities Post - Trading Revolution or Evolution*, ECB Occasional Paper 172 (April 2016), https://www.ecb.europa.eu//pub/pdf/scpops/ecbop172.en.pdf.

[23] Philipp Paech, *Securities, Intermediation and the Blockchain: An Inevitable Choice between Liquidity and Legal Certainty*, 21 Uniform Law Review 612 (2016).

[24] Orna Rabinovich - Einy & Ethan Katsch, *Blockchain and the Inevitability of Disputes: The Role for Online Dispute Resolution*, 2 Journal of Dispute

Resolution 47 (2019).

[25] Jonathan Rohr & Aaron Wright, *Blockchain - Based Token Sales, Initial Coin Offerings, and the Democratization of Public Capital Markets*, 70 Hastings Law Journal 463 (2019).

[26] Max Raskin, *The Law and Legality of Smart Contracts*, 1 Georgetown Law Technology Review 304 (2017).

[27] Vsha R. Rodrigwes, *Law and the Blockchain*, 104 Iowa Law Review 679 (2019).

[28] Elizabeth Sara Ross, *Nobody Puts Blockchain in Corner: The Disruptive Role of Blockchain Technology in the Financial Services Industry and Current Regulatory Issues*, 25 Catholic University Journal of Law and Technology 253 (2017).

[29] Amy Schmitz & Colin Rule, *Online Dispute Resolution for Smart Contracts*, 2019 Journal of Dispute Resolution 103 (2019).

[30] Svikhart R. T, *Blockchain's Big Hurdle*, 70 Stanford Law Review Online 100 (2018).

[31] Morgan N. Temte, *Blockchain Challenges Traditional Contract Law: Just How Smart Are Smart Contracts*, 19 Wyoming Law Review 87 (2019).

[32] The Federal Council, Legal Framework for Distributed Ledger Technology and Blockchain in Switzerland: An Overview with a Focus on the Financial Sector, December 2018.

[33] Alistair Milne & Michael Mainelli, *The Impact and Potential of Blockchain on the Securities Transaction Lifecycle*, SWIFT Institute Working Paper (May 9, 2016), https://papers.ssrn.com/sol3/papers.cfm?abstract_id=2777404#.

[34] Dirk A. Zetzsche, Ross P. Buckley & Donglas W. Arner, *The Distributed Liability of Distributed Ledgers: Legal Risks of Blockchain*, 4 University of Illinois Law Review 1361 (2018).